Os Estabelecidos
e os Outsiders

Norbert Elias
e John L. Scotson

Os Estabelecidos e os Outsiders

*Sociologia das relações de poder
a partir de uma pequena comunidade*

Tradução:
Vera Ribeiro

Tradução do Posfácio
à edição alemã:
Pedro Süssekind

Apresentação e revisão técnica:
Federico Neiburg
*Professor do PPGAS (Museu Nacional/UFRJ)
Pesquisador do CNPq*

9ª reimpressão

Para nossos amigos do
Departamento de Sociologia
da Universidade de Leicester,
que nos deram grande ajuda e incentivo

Copyright © 1994 by Norbert Elias Stichting
Copyright da versão inglesa da Introdução © 1994 by Norbert Elias Stichting
Copyright do Posfácio à edição alemã © 1990 by Norbert Elias

Tradução autorizada da segunda edição inglesa publicada em 1994
por Sage Publications, de Londres, Inglaterra

Título original
The Established and the Outsiders: A Sociological
Enquiry into Community Problems

Capa
Carol Sá
Sérgio Campante

CIP-Brasil. Catalogação-na-fonte
Sindicato Nacional dos Editores de Livros, RJ

     Elias, Norbert, 1897-1990
E41e Os estabelecidos e os outsiders: sociologia das relações de poder a partir de uma pequena comunidade / Norbert Elias e John L. Scotson; tradução, Vera Ribeiro; tradução do posfácio à edição alemã, Pedro Süssekind; apresentação e revisão técnica, Federico Neiburg. – 1ª ed. – Rio de Janeiro: Zahar, 2000.

     Tradução de: The Established and the Outsiders: A Sociological Enquiry into Community Problems.
     Apêndices
     Inclui bibliografia
     ISBN 978-85-7110-547-8

     1. Pesquisa social – Grã-Bretanha – Estudo de casos. I. Scotson, John L. II. Título.

CDD: 303.3
00-0308
CDU: 303.8

[2021]
Todos os direitos desta edição reservados à
EDITORA SCHWARCZ S.A.
Praça Floriano, 19, sala 3001 – Cinelândia
20031-050 – Rio de Janeiro – RJ
Telefone: (21) 3993-7510
www.companhiadasletras.com.br
www.blogdacompanhia.com.br
facebook.com/editorazahar
instagram.com/editorazahar
twitter.com/editorazahar

SUMÁRIO

APRESENTAÇÃO À EDIÇÃO BRASILEIRA, *por Federico Neiburg* 7
NOTA INTRODUTÓRIA 13
PREFÁCIO 15
INTRODUÇÃO: *Ensaio teórico sobre as relações estabelecidos-outsiders* 19

1. Considerações sobre o método 51
2. A formação das relações de vizinhança 61
3. Visão geral da Zona 1 e da Zona 2 70
4. As famílias matrifocais da Zona 2 85
5. As associações locais e a "rede de famílias antigas" 92
6. Visão geral da Zona 3 107
7. Observações sobre a fofoca 121
8. Os jovens de Winston Parva 134
9. Conclusão 165

Apêndice 1. Aspectos sociológicos da identificação 187
Apêndice 2. Nota sobre os conceitos de "estrutura social" e "anomia" 190
Apêndice 3. Da relação entre "família" e "comunidade" 194

POSFÁCIO À EDIÇÃO ALEMÃ 199
BIBLIOGRAFIA SELECIONADA 215
ÍNDICE REMISSIVO 219

Apresentação à Edição Brasileira
A sociologia das relações de poder de Norbert Elias

Federico Neiburg

As palavras *establishment* e *established* são utilizadas, em inglês, para designar grupos e indivíduos que ocupam posições de prestígio e poder. Um *establishment* é um grupo que se autopercebe e que é reconhecido como uma "boa sociedade", mais poderosa e melhor, uma identidade social construída a partir de uma combinação singular de tradição, autoridade e influência: os established fundam o seu poder no fato de serem um modelo moral para os outros.

Na língua inglesa, o termo que completa a relação é *outsiders*, os não membros da "boa sociedade", os que estão fora dela. Trata-se de um conjunto heterogêneo e difuso de pessoas unidas por laços sociais menos intensos do que aqueles que unem os *established*. A identidade social destes últimos é a de um grupo. Eles possuem um substantivo abstrato que os define como um coletivo: são o *establishment*. Os outsiders, ao contrário, existem sempre no plural, não constituindo propriamente um grupo social.

Os ingleses utilizam os termos *establishment* e *established* para designar a "minoria dos melhores" nos mundos sociais mais diversos: os guardiães do bom gosto no campo das artes, da excelência científica, das boas maneiras cortesãs, dos distintos hábitos burgueses, a comunidade de membros de um clube social ou desportivo.

Os habitantes do povoado industrial no qual Norbert Elias e John Scotson realizaram a pesquisa que serve de base a este livro também descreviam a diferença e a desigualdade social como relações entre estabelecidos e outsiders. Ainda que, segundo os indicadores sociológicos correntes (como renda, educação ou tipo de ocupação), Winston Parva fosse uma comunidade relativamente homogênea, não era esta a percepção daqueles que ali moravam. Para eles, o povoado estava claramente dividido entre um grupo que se percebia, e que era reconhecido, como o establishment local e um outro conjunto de indivíduos e famílias outsiders. Os primeiros fundavam a sua distinção e o seu poder em um princípio de antiguidade: moravam em Winston Parva muito antes do que os outros, encarnando os valores da tradição e da boa sociedade. Os outros viviam estigmatizados por todos os atributos associados com a anomia, como a delinqüência, a violência e a desintegração.

Como explica Elias no importante ensaio teórico que abre o livro, Winston Parva se transformou, aos olhos dos pesquisadores, em um verdadeiro laboratório para a análise sociológica, revelando as propriedades gerais de toda relação de poder. As categorias estabelecidos e outsiders se definem na relação que as nega e que as constitui como identidades sociais. Os indivíduos que fazem parte de ambas estão, ao mesmo tempo, separados e unidos por um laço tenso e desigual de interdependência.

Superioridade social e moral, autopercepção e reconhecimento, pertencimento e exclusão são elementos dessa dimensão da vida social que o par estabelecidos-outsiders ilumina exemplarmente: as relações de poder. Junto com o termo "establishment", são palavras rigorosamente intraduzíveis, pois descrevem uma forma "tipicamente inglesa" de conceituar as relações de poder, de um modo abstrato ou puro, independente dos vários contextos concretos nos quais essas relações podem realizar-se. A força da sociologia de Elias consiste em mostrar de modo empiricamente consistente o conteúdo universal dessa forma singular de relações de poder – em descobrir, como diriam os antropólogos, a contribuição inglesa, e de Winston Parva, para uma teoria geral das relações de poder.

* * *

Norbert Elias chegou a Londres em 1935, dois anos depois de ter deixado a Alemanha, seu país de origem. Morou quase quatro décadas na Inglaterra, até que na metade dos anos 70 mudou-se para Amsterdã, quando sua obra começava a ser reconhecida internacionalmente. *Os estabelecidos e os outsiders* é o trabalho mais importante realizado por Elias durante esses 40 anos nos quais pouco publicou, ocupando um lugar marginal com relação à sociologia da época. A pesquisa foi realizada no final dos anos 50 em uma pequena comunidade batizada com o nome fictício de Winston Parva. O livro foi editado pela primeira vez em 1965, quando Elias era professor da Universidade de Leicester.

Os estabelecidos e os outsiders ocupa um lugar singular na história da teoria social do período posterior à Segunda Guerra Mundial, quando a sociologia (e, principalmente, a sociologia escrita em língua inglesa) estava dominada pelo modelo estrutural-funcionalista, associado à figura de Talcott Parsons. Segundo esse modelo, que se organizava em torno da oposição sociologia teórica-sociologia empírica, quanto mais localizado fosse o objeto de estudo e quanto menor fosse a sua escala, menor seria o alcance da teoria, a pretensão de uma obra e o status de um autor. Nessa hierarquia de autores, obras e objetos, textos como o de Elias e Scotson estavam condenados a ocupar um lugar menor. No quadro da divisão do trabalho sociológico, o livro podia ser identificado com os "estudos de comunidade", um gênero que, apesar de estar em franca expansão na época, ocupava um lugar claramente subordinado e sobre o qual pesava um estigma equivalente ao atribuído aos subúrbios operários que eram o seu principal referencial empírico.

Trata-se do único livro propriamente etnográfico realizado por Norbert Elias, cuja obra é mais associada à sociologia histórica, centrada na interpretação de fontes escritas. *Os estabelecidos e os outsiders* é o resultado de aproximadamente três anos de trabalho de campo. Durante esse período, Scotson era professor de uma escola de Winston Parva, enquanto Elias trabalhava para um Programa de Educação de Adultos na região. É uma monografia em que se combinam dados oriundos de fontes diferentes: estatísticas oficiais, relatórios governamentais, documentos jurídicos e jornalísticos, entrevistas e, principalmente, "observação participante". Uma das suas virtudes principais reside, precisamente, na produtividade teórica desse ecleticismo metodológico. O tratamento de fontes diversas permite alcançar o conjunto de pontos de vista (e de posições sociais) que formam uma figuração social, e compreender a natureza dos laços de interdependência que unem, separam e hierarquizam indivíduos e grupos sociais.

No entanto, no livro, não há nenhuma discussão puramente teórica deste argumento. Há, em compensação, várias demonstrações empíricas, entre as quais se destaca a discussão relativa à noção de "anomia". Ao longo do texto, e especialmente em um dos seus apêndices, Elias propõe recuperar o sentido *descritivo* que tinha essa noção no estudo do suicídio realizado por Émile Durkheim no final do século passado. Para o sociólogo francês, lembra Elias, o "suicídio anômico" resultava de condições sociais específicas, fazendo parte de uma forma social particular. Na sociologia anglo-saxã do pós-guerra, ao contrário, a noção de anomia referia-se a um estado de ausência, de falta de regras e de ordem, de não-estrutura; possuía o sentido *normativo* de um julgamento moral, associado aos mesmos valores que, em Winston Parva, serviam para estigmatizar os outsiders. Elias não só demonstra que existe uma afinidade entre o ponto de vista de algumas teorias sociológicas e, por exemplo, as fofocas dos estabelecidos sobre os recém-chegados (analisadas especificamente em um dos capítulos), mas também considera alguns dos canais que comunicam esse pontos de vista: a presença de outros agentes sociais que contribuem para a naturalização dessas diferenças sociais e das formas de percebê-las, como os "sociólogos aplicados", os jornalistas e os elaboradores e implementadores de políticas (no duplo sentido de públicas e de partidárias).

Como em outros trabalhos de Elias, dados empíricos aparentemente menores e insignificantes (os "costumes" no caso de *O processo civilizador*) transformam-se aqui em via privilegiada para tomar distância das formas consagradas de enunciar os problemas em ciências sociais, mostrar como essas teorias contribuem para a construção da realidade social e iluminar as formas mais gerais da vida social. Essa "reflexividade" singular, que é uma das características mais notáveis da sociologia de Elias, confere a este livro uma enorme atualidade, sugerindo caminhos para criticar e reformular algumas das questões que organizam a agenda da ciência social contemporânea em torno de expressões como "exclusão" ou "violência".

* * *

A versão em português que estamos apresentando contém o posfácio que Elias escreveu em 1990 para a edição alemã do livro, publicada em 1993. Elias fala ali de dois mundos sociais, diferentes de Winston Parva, que ilustram bem uma das virtualidades de toda relação entre estabelecidos e outsiders: o uso da força física, a violência e o assassinato. Um desses mundos é o das relações raciais e de gênero no sul dos Estados Unidos, nas primeiras décadas deste século. Depois da abolição da escravidão, os homens brancos perderam os seus privilégios sobre as mulheres negras, mas continuava sendo legítimo para eles utilizar a força física contra os negros e, ainda, matá-los se não respeitassem o tabu referente às mulheres brancas. Toda relação sexual entre um homem negro e uma mulher branca era vista como "violação" (física, da vítima, e da ordem social estabelecida) e, por isso, suscetível de ser penalizada jurídica e moralmente, segundo os códigos de honra que legitimavam essa manifestação de superioridade que é um assassinato.

O outro universo social mencionado no texto é o das relações entre alemães e judeus alemães antes da Segunda Guerra Mundial, o mundo da sua própria infância, adolescência e juventude. Norbert Elias nasceu em 1897 na cidade de Breslau, que hoje, com o nome de Wroclaw, pertence à Polônia. Sua família era uma das tantas famílias de "judeus alemães" que viviam em um mundo social atravessado pela tensão entre o sentido de inclusão e o de exclusão, uma vez que os judeus ocupavam o lugar de minoria estigmatizada nessa figuração social que era a nação alemã. Entre os presentes que Elias recebeu quando fez treze anos de idade, por ocasião do seu *barmitzvá* (o ritual judeu de entrada no mundo dos adultos), encontravam-se peças da cultura clássica do seu país: livros de Schiller e Goethe. No início da Primeira Guerra Mundial, o jovem Elias se alistou como voluntário no exército e lutou na frente ocidental. Em 1933, quando os nacional-socialistas chegaram ao governo, encontrava-se preparando sua "tese de habilitação", sob a orientação de Alfred Weber, e desempenhando a função de assistente de Karl Mannheim na Universidade de Frankfurt. A rápida transformação do anti-semitismo em política de Estado teve o efeito de abortar sua promissora carreira universitária, o que, sem dúvida, deve ter influenciado na sua rápida decisão de abandonar a Alemanha. Os seus pais, como muitos outros judeus alemães, demoraram bem mais a perceber que nas relações entre ambos os termos (judeu e alemão) havia se produzido uma alteração que tornava possível o extermínio. O último encontro de Elias com seus pais ocorreu em 1938, em Londres. Hermann Elias morreu em Breslau em 1940; sua mãe, Sophie, foi assassinada em Auschwitz, em 1941.

Quando, em 1977, a Universidade de Frankfurt instituiu o prêmio Theodor W. Adorno, Norbert Elias, então com 80 anos, foi o primeiro a ser homenageado (Elias morreu, em 1990, em Amsterdã). Na cerimônia de premiação, realizada no dia 2 de outubro, no auditório principal da universidade, Wolf Lepenies referiu-se a Elias como um outsider, propondo algumas conexões entre a vida do sociólogo alemão e a sua singular sensibilidade sociológica (Lepenies: 1978). Suas palavras sugeriam que a figura de Elias oferece uma interessante oportunidade para refletir sobre a biografia social de um autor — incluindo os vínculos entre a sua trajetória pessoal, o conteúdo e as leituras da sua obra. Trata-se, sem dúvida, de um árduo problema para a sociologia. Um problema para o qual *Os estabelecidos e os outsiders* (livro escrito em inglês sobre a Inglaterra) parece contribuir de forma particular, permitindo-nos considerar as relações existentes entre a experiência social de um indivíduo e a dimensão nacional da vida social.

Referências Bibliográficas

ELIAS, Norbert. 1950. "Studies in the genesis of the naval profession", *The British Journal of Sociology*, vol.I, p.291-309.
―――――― 1986. *Was ist Sociologie?*, Munique: Juventa. [Ed. port.: *Introdução à Sociologia*. Lisboa: 70, 1986.]
―――――― 1989. *Studien über die Deutschen (Machtkämpfe und Habitusentwicklung im 19. und 20. Jahrhundert)*. Frankfurt: Suhrkamp, 1989. [Ed. bras.: *Os alemães. A luta pelo poder e a evolução do habitus nos séculos XIX e XX*. Rio de Janeiro: Zahar, 1997.]
―――――― 1990. *Norbert Elias über sich selbst*, Frankfurt: Suhrkamp. [Ed. bras.: *Norbert Elias por ele mesmo*. Rio de Janeiro: Zahar, no prelo.]
ELIAS, Norbert e DUNNIG, Eric. 1986. *Quest for Excitement. Sport and Leisure in the Civilizing Process*. Oxford: Basil Blackwell. [Ed. port.: *Em busca da excitação*. Lisboa: Difel, 1995.]
LEPENIES, Wolf. 1978. "An outsider full of unprejudiced insight", *New German Critique*, 15: 57-64.

NOTA INTRODUTÓRIA

Os estabelecidos e os outsiders foi publicado pela primeira vez em 1965. Nasceu de um estudo realizado numa comunidade próxima de Leicester, no fim da década de 1950 e início da de 1960, por John Scotson, um professor da região que estava interessado na delinqüência juvenil. Nas mãos de Norbert Elias, porém, esse estudo circunscrito foi reelaborado de maneira a esclarecer processos sociais de alcance geral na sociedade humana — inclusive a maneira como um grupo de pessoas é capaz de monopolizar as oportunidades de poder e utilizá-las para marginalizar e estigmatizar membros de outro grupo muito semelhante (por exemplo, através do poderoso instrumento da fofoca), e a maneira como isso é vivenciado nas "imagens de nós" de ambos os grupos, em suas auto-imagens coletivas.

Dez anos depois, Elias ditou, em inglês, uma longa introdução inédita para a tradução holandesa do livro. Esse "Ensaio teórico sobre as relações entre estabelecidos e outsiders" esclareceu como era possível aplicar sua teoria a toda uma gama de padrões mutáveis da desigualdade humana: relações entre classes, grupos étnicos, colonizadores e colonizados, homens e mulheres, pais e filhos, homossexuais e heterossexuais. Durante muitos anos, supôs-se que algumas partes do texto em inglês desse importante ensaio se houvessem perdido, mas elas foram encontradas em 1994 e a versão final foi montada por mim e por Saskia Visser. O ensaio é publicado pela primeira vez neste volume, exatamente como Elias o ditou, exceto por ligeiras mudanças editoriais. Pouco antes de morrer, em 1990, Elias acrescentou, para a edição alemã do livro, um pequeno posfácio sobre um livro de Harper Lee, *To Kill a Mocking Bird* [incluído igualmente nesta edição brasileira].

maio de 1994
STEPHEN MENNEL
University College, Dublin

Prefácio

Os estabelecidos e os outsiders é um estudo sobre uma pequena comunidade que tinha por núcleo um bairro relativamente antigo e, ao redor dele, duas povoações formadas em época mais recente. A pesquisa começou, como muitas outras, porque moradores do lugar nos chamaram a atenção para o fato de que um desses bairros tinha um índice de delinqüência sistematicamente mais elevado que o dos outros. No plano local, esse bairro específico era tido como uma zona de delinqüência de baixo nível. Ao começarmos a investigar os fatos e buscar explicações, nosso interesse deslocou-se dos diferenciais de delinqüência para as diferenças de caráter desses bairros e para as relações entre eles. No decorrer de uma exploração bastante minuciosa do microcosmo de Winston Parva, com seus três bairros distintos, passamos a conhecer bastante bem a localidade e alguns de seus membros. O fascínio exercido em nós por seus problemas foi aumentando sistematicamente – sobretudo à medida que percebemos, pouco a pouco, que alguns deles tinham um caráter paradigmático: lançavam luz sobre problemas comumente encontrados, em escala muito maior, na sociedade como um todo.

Conforme se veio a constatar, o deslocamento do interesse da pesquisa, ao passar do problema da delinqüência para o problema mais geral da relação entre diferentes zonas de uma mesma comunidade, evitou o que poderia ter sido um desperdício de nosso esforço. No terceiro ano da pesquisa, os diferenciais de delinqüência entre as duas áreas maiores (que haviam fundamentado a idéia local de que uma delas era uma zona de delinqüência) praticamente desapareceram. O que não desapareceu foi a imagem que os bairros mais antigos tinham do mais recente, com seu índice de delinqüência antes mais elevado. Os bairros mais antigos continuaram a estigmatizá-lo como uma área em que a delinqüência grassava. Saber por que persistiam as opiniões sobre esses fatos, muito embora os fatos em si se houvessem alterado, foi uma das questões que se impuseram a nós no decorrer da pesquisa, ainda que não houvéssemos partido de uma determinação de explorá-la. Outra questão era saber por que os fatos em si se haviam modificado – por que o diferencial de delinqüência entre os dois bairros havia mais ou menos desaparecido.

Portanto, o estudo aqui apresentado não foi projetado dessa maneira desde o início. Em muitos momentos, seguimos indícios e abordamos novos problemas que foram surgindo em nosso caminho e, em um ou dois casos, o que descobrimos nesse percurso modificou a direção geral da pesquisa.

Uma investigação conduzida por não mais de duas pessoas, que só tinham que prestar contas a elas mesmas e não eram estorvadas pelas estipulações prévias que costumam estar implícitas no recebimento de verbas de pesquisa, podia ser conduzida de maneira relativamente flexível, sem necessidade de adesão a um problema predeterminado ou a um calendário fixo. A oportunidade de seguir as pistas tal como se apresentavam e de alterar o rumo da pesquisa quando elas parecessem promissoras revelou-se vantajosa em termos gerais. Ajudou a neutralizar a rigidez de qualquer idéia preconcebida que tivéssemos sobre o que era e o que não era significativo no estudo de uma comunidade. Permitiu-nos vasculhar o horizonte em busca de fenômenos não evidentes, passíveis de ter uma importância inesperada. E essa experimentação, aparentemente difusa, acabou por levar a um quadro bastante denso e abrangente de aspectos de uma comunidade que podem ser considerados centrais — sobretudo as relações de poder e de status e as tensões que lhes estão associadas. Procuramos descobrir as razões por que alguns grupos de Winston Parva tinham mais poder do que outros e o que descobrimos contribuiu um pouco para explicar essas diferenças. Num plano mais amplo, a pesquisa lançou luz sobre os méritos e limitações dos estudos microssociológicos intensivos. Enquanto a realizávamos, nós mesmos nos surpreendemos ao ver com que freqüência as figurações e regularidades que desvendávamos no microcosmo de Winston Parva sugeriam hipóteses que poderiam servir de guia até mesmo para levantamentos macrossociológicos. *Grosso modo*, a pesquisa indicou que os problemas em pequena escala do desenvolvimento de uma comunidade e os problemas em larga escala do desenvolvimento de um país são inseparáveis. Não faz muito sentido estudar fenômenos comunitários como se eles ocorressem num vazio sociológico.

Em linhas gerais, nossa intenção foi manter o equilíbrio entre a simples exposição dos fatos e as considerações teóricas. Não temos nenhuma certeza de havê-lo conseguido. Mas procuramos não permitir que nossos interesses teóricos preponderassem sobre nosso interesse pela vida social das pessoas da própria comunidade de Winston Parva.

Uma investigação como esta teria sido impossível sem a ajuda e a colaboração amistosas de terceiros. Somos gratos à população de Winston Parva, que contribuiu para fazer das entrevistas uma tarefa tão agradável quanto esclarecedora. Nossa intromissão em suas casas não trouxe nenhum ressentimento. Muitas dessas pessoas demonstraram um vivo e estimulante interesse pela pesquisa. Recebemos uma enorme ajuda dos dirigentes e membros das organizações beneficentes de Winston Parva. Somos particularmente gratos ao County Probation Service [Serviço de Liberdade Condicional do Município] e ao Senior Probation Officer [Chefe do Serviço de Liberdade Condicional]. Acima de tudo, somos gratos ao dr. Bryan Wilson, professor de sociologia em Oxford. Nos estágios finais, ele releu cuidadosamente todo o manuscrito. Este deve muito a sua ajuda e orientação competentes, bem como a seu poder de persuasão, que muitas vezes se fez necessário para nos convencer dos aperfeiçoamentos por ele sugeridos.

fevereiro de 1964
NORBERT ELIAS
JOHN L. SCOTSON

Introdução
*Ensaio teórico sobre as relações estabelecidos-outsiders**

A descrição de uma comunidade da periferia urbana apresentada neste livro mostra uma clara divisão, em seu interior, entre um grupo estabelecido desde longa data e um grupo mais novo de residentes, cujos moradores eram tratados pelo primeiro como outsiders. O grupo estabelecido cerrava fileiras contra eles e os estigmatizava, de maneira geral, como pessoas de menor valor humano. Considerava-se que lhes faltava a virtude humana superior – o carisma grupal distintivo – que o grupo dominante atribuía a si mesmo.

Assim, encontrava-se ali, nessa pequena comunidade de Winston Parva, como que em miniatura, um tema humano universal. Vez por outra, podemos observar que os membros dos grupos mais poderosos que outros grupos interdependentes se pensam a si mesmos (se auto-representam) como humanamente superiores. O sentido literal do termo "aristocracia" pode servir de exemplo. Tratava-se de um nome que a classe mais alta ateniense, composta de guerreiros que eram senhores de escravos, aplicava ao tipo de relação de poder, que permitia a seu grupo assumir a posição dominante em Atenas. Mas significava, literalmente, "dominação dos melhores". Até hoje, o termo "nobre" preserva o *duplo* sentido de categoria social elevada e de atitude humana altamente valorizada, como na expressão "gesto nobre"; do mesmo modo, "vilão", derivado de um termo que era aplicado a um grupo social de condição inferior e, portanto, de baixo valor humano, ainda conserva sua significação neste último sentido – como expressão designativa de uma pessoa de moral baixa. É fácil encontrar outros exemplos.

Essa é a auto-imagem normal dos grupos que, em termos do seu diferencial de poder, são seguramente superiores a outros grupos interdependentes. Quer se trate de quadros sociais, como os senhores feudais em relação aos vilões, os "brancos" em relação aos "negros", os gentios em relação aos judeus, os protestantes em relação aos católicos e vice-versa, os homens em relação às mulheres (antigamente), os Estados nacionais grandes e poderosos em relação a seus homólogos pequenos e relativamente impotentes, quer, como no caso de Winston

---
* Tenho uma grande dívida de gratidão para com Cas Wouters e Bram van Stolk. Discutir com eles alguns problemas da tradução para o holandês ajudou-me a aperfeiçoar o texto e eles me estimularam a redigir este ensaio.

Parva, de uma povoação da classe trabalhadora, estabelecida desde longa data, em relação aos membros de uma nova povoação de trabalhadores em sua vizinhança, os grupos mais poderosos, na totalidade desses casos, vêem-se como pessoas "melhores", dotadas de uma espécie de carisma grupal, de uma virtude específica que é compartilhada por todos os seus membros e que falta aos outros. Mais ainda, em todos esses casos, os indivíduos "superiores" podem fazer com que os próprios indivíduos inferiores se sintam, eles mesmos, carentes de virtudes – julgando-se humanamente inferiores.

Como se processa isso? De que modo os membros de um grupo mantêm entre si a crença em que são não apenas mais poderosos, mas também seres humanos melhores do que os de outro? Que meios utilizam eles para impor a crença em sua superioridade humana aos que são menos poderosos?

O estudo de Winston Parva versa sobre alguns desses problemas e sobre questões correlatas, que são discutidos aqui com referência a diferentes agrupamentos no interior de uma pequena comunidade de vizinhos. Bastava falar com as pessoas de lá para deparar com o fato de que os moradores de uma área, na qual viviam as "famílias antigas", consideravam-se humanamente superiores aos residentes da parte vizinha da comunidade, de formação mais recente. Recusavam-se a manter qualquer contato social com eles, exceto o exigido por suas atividades profissionais; juntavam-nos todos num mesmo saco, como pessoas de uma espécie inferior. Em suma, tratavam todos os recém-chegados como pessoas que não se inseriam no grupo, como "os de fora". Esses próprios recém-chegados, depois de algum tempo, pareciam aceitar, com uma espécie de resignação e perplexidade, a idéia de pertencerem a um grupo de menor virtude e respeitabilidade, o que só se justificava, em termos de sua conduta efetiva, no caso de uma pequena minoria. Assim, nessa pequena comunidade, deparava-se com o que parece ser uma constante universal em qualquer figuração de estabelecidos-outsiders: o grupo estabelecido atribuía a seus membros características humanas superiores; excluía todos os membros do outro grupo do contato social não profissional com seus próprios membros; e o tabu em torno desses contatos era mantido através de meios de controle social como a fofoca elogiosa [*praise gossip*], no caso dos que o observavam, e a ameaça de fofocas depreciativas [*blame gossip*] contra os suspeitos de transgressão.

Estudar os aspectos de uma figuração universal no âmbito de uma pequena comunidade impõe à investigação algumas limitações óbvias. Mas também tem suas vantagens. O uso de uma pequena unidade social como foco da investigação de problemas igualmente encontráveis numa grande variedade de unidades sociais, maiores e mais diferenciadas, possibilita a exploração desses problemas com uma minúcia considerável – microscopicamente, por assim dizer. Pode-se construir um modelo explicativo, em pequena escala, da figuração que se acredita ser universal – um modelo pronto para ser testado, ampliado e, se necessário, revisto através da investigação de figurações correlatas em maior escala. Nesse sentido, o modelo de uma figuração estabelecidos-outsiders que resulta da investigação de uma comunidade pequena, como a de Winston Parva, pode funcionar como uma espécie de "paradigma empírico". Aplicando-o como gabarito a outras configurações mais complexas desse tipo, pode-se compreender melhor as características estruturais que elas têm em comum e as razões por que, em condições diferentes, elas funcionam e se desenvolvem segundo diferentes linhas.

Andando pelas ruas das duas partes de Winston Parva, o visitante ocasional talvez se surpreendesse ao saber que os habitantes de uma delas julgavam-se imensamente superiores aos da outra. No que concerne aos padrões habitacionais, as diferenças entre as duas áreas não eram particularmente evidentes. Mesmo examinando essa questão mais de perto, era surpreendente, a princípio, que os moradores de uma área tivessem a necessidade e a possibilidade de tratar os da outra como inferiores a eles e, até certo ponto, conseguissem fazê-los *sentirem-se* inferiores. Não havia diferenças de nacionalidade, ascendência étnica, "cor" ou "raça" entre os residentes das duas áreas, e eles tampouco diferiam quanto a seu tipo de ocupação, sua renda e seu nível educacional – em suma, quanto a sua classe social. As duas eram áreas de trabalhadores. A única diferença entre elas era a que já foi mencionada: um grupo compunha-se de antigos residentes, instalados na região havia duas ou três gerações, e o outro era formado por recém-chegados.

Sendo assim, que é que induzia as pessoas que formavam o primeiro desses dois grupos a se colocarem como uma ordem melhor e superior de seres humanos? Que recursos de poder lhes permitiam afirmar sua superioridade e lançar um estigma sobre os outros, como pessoas de estirpe inferior? Em geral, depara-se com esse tipo de figuração no contexto de diferenças grupais étnicas, nacionais e outras já mencionadas, e, nesse caso, alguns de seus aspectos mais destacados tendem a passar despercebidos. Em Winston Parva, entretanto, todo o arsenal de superioridade grupal e desprezo grupal era mobilizado entre dois grupos que só diferiam no tocante a seu tempo de residência no lugar. Ali, podia-se ver que a "antigüidade" da associação, com tudo o que ela implicava, conseguia, por si só, criar o grau de coesão grupal, a identificação coletiva e as normas comuns capazes de induzir à euforia gratificante que acompanha a consciência de pertencer a um grupo de valor superior, com o desprezo complementar por outros grupos.

Ao mesmo tempo, ali se podiam ver as limitações de qualquer teoria que explique os diferenciais de poder tão-somente em termos da posse monopolista de objetos não humanos, tais como armas ou meios de produção, e que desconsidere os aspectos figuracionais dos diferenciais de poder que se devem puramente a diferenças no grau de organização dos seres humanos implicados. Como passamos gradativamente a reconhecer em Winston Parva, estes últimos, sobretudo os diferenciais do grau de coesão interna e de controle comunitário, podem desempenhar um papel decisivo na relação de forças entre um grupo e outro – como se pode ver, aliás, em inúmeros outros casos. Naquela pequena comunidade, a superioridade de forças do grupo estabelecido desde longa data era desse tipo, em grande medida. Baseava-se no alto grau de coesão de famílias que se conheciam havia duas ou três gerações, em contraste com os recém-chegados, que eram estranhos não apenas para os antigos residentes como também entre si. Era graças a seu maior potencial de coesão, assim como à ativação deste pelo controle social, que os antigos residentes conseguiam reservar para as pessoas de seu tipo os cargos importantes das organizações locais, como o conselho, a escola ou o clube, e deles excluir firmemente os moradores da outra área, aos quais, como grupo, faltava coesão. Assim, a exclusão e a estigmatização dos outsiders pelo grupo estabelecido eram armas poderosas para que este último preservasse sua identidade e afirmasse sua superioridade, mantendo os outros firmemente em seu lugar.

Ali se encontrava, sob forma particularmente pura, uma fonte de diferenciais de poder entre grupos inter-relacionados que também desempenha um papel em muitos outros contextos sociais, mas que, nestes, muitas vezes se dissimula, aos olhos do observador, por outras características marcantes dos grupos em questão, tais como a cor ou a classe social. Mediante um exame mais detido, é freqüente poder-se descobrir que, também nesses outros casos, tal como em Winston Parva, um grupo tem um índice de coesão mais alto do que o outro e essa integração diferencial contribui substancialmente para seu excedente de poder; sua maior coesão permite que esse grupo reserve para seus membros as posições sociais com potencial de poder mais elevado e de outro tipo, o que vem reforçar sua coesão, e excluir dessas posições os membros dos outros grupos – o que constitui, essencialmente, o que se pretende dizer ao falar de uma figuração estabelecidos-outsiders.

Entretanto, embora possa variar muito a natureza das fontes de poder em que se fundamentam a superioridade social e o sentimento de superioridade humana do grupo estabelecido em relação a um grupo de fora, a própria figuração estabelecidos-outsiders mostra, em muitos contextos diferentes, características comuns e constantes. Foi possível descobri-las no âmbito restrito de Winston Parva e, uma vez descobertas, elas se destacaram com mais clareza em outros contextos. Assim, ficou patente que o conceito de uma relação entre estabelecidos e outsiders veio preencher, em nosso aparato conceitual, uma lacuna que nos impedia de perceber a unidade estrutural comum e as variações desse tipo de relação, bem como de explicá-las.

Um exemplo das constantes estruturais nas relações entre estabelecidos e outsiders poderá ajudar os leitores a descobrirem outras por si mesmos, à medida que forem avançando. Como indica o estudo de Winston Parva, o grupo estabelecido tende a atribuir ao conjunto do grupo outsider as características "ruins" de sua porção "pior" – de sua minoria anômica. Em contraste, a auto-imagem do grupo estabelecido tende a se modelar em seu setor exemplar, mais "nômico" ou normativo – na minoria de seus "melhores" membros. Essa distorção *pars pro toto*, em direções opostas, faculta ao grupo estabelecido provar suas afirmações a si mesmo e aos outros; há sempre algum fato para provar que o próprio grupo é "bom" e que o outro é "ruim".

As condições em que um grupo consegue lançar um estigma sobre outro – a sociodinâmica da estigmatização – merecem certa atenção, nesse contexto. Deparava-se com esse problema tão logo se falava com os moradores das partes mais antigas de Winston Parva. Todos eles concordavam em que as pessoas "de lá", da parte mais nova, eram de uma espécie inferior. Era impossível não notar que a tendência de um grupo a estigmatizar outro, que desempenha um papel tão importante nas relações entre grupos diferentes no mundo inteiro, podia ser encontrada até mesmo ali, naquela pequena comunidade – na relação entre dois grupos que, em termos de nacionalidade e classe, mal chegavam a se diferenciar –, e, uma vez que ali se podia observá-la como que num microcosmo social, ela parecia mais manejável. Era fácil perceber, nesse contexto, que a possibilidade de um grupo afixar em outro um rótulo de inferioridade humana e fazê-lo prevalecer era função de uma figuração específica que os dois grupos formavam entre si. Em outras palavras, na pesquisa fazia-se necessária uma abordagem figuracional. Atualmente, há uma tendência a discutir o problema da estigmatização social como se ele fosse uma simples questão de pessoas que demonstram, in-dividualmente, um desapreço acentuado por outras pessoas como indivíduos. Um modo conhecido de conceituar esse tipo de observação é classificá-la como preconceito. Entretanto, isso equivale a discernir apenas no plano individual algo que não pode ser entendido sem que se o perceba, ao mesmo tempo, no nível do grupo. Na atualidade, é comum não se distinguir a estigmatização grupal e o preconceito individual e não relacioná-los entre si. Em Winston Parva, como em outros lugares, viam-se membros de um grupo estigmatizando os de outro, não por suas qualidades individuais como pessoas, mas por eles pertencerem a um grupo coletivamente considerado diferente e inferior ao próprio grupo. Portanto, perde-se a chave do problema que costuma ser discutido em categorias como a de "preconceito social" quando ela é exclusivamente buscada na estrutura de personalidade dos indivíduos. Ela só pode ser encontrada ao se considerar a figuração formada pelos dois (ou mais) grupos implicados ou, em outras palavras, a natureza de sua interdependência.

A peça central dessa figuração é um equilíbrio instável de poder, com as tensões que lhe são inerentes. Essa é também a precondição decisiva de qualquer estigmatização eficaz de um grupo outsider por um grupo estabelecido. Um grupo só pode estigmatizar outro com eficácia quando está bem instalado em posições de poder das quais o grupo estigmatizado é excluído. Enquanto isso acontece, o estigma de desonra coletiva imputado aos outsiders pode fazer-se prevalecer. O desprezo absoluto e a estigmatização unilateral e irremediável dos outsiders, tal como a estigmatização dos intocáveis pelas castas superiores da Índia ou a dos escravos africanos ou seus descendentes na América, apontam para um equilíbrio de poder muito instável. Afixar o rótulo de "valor humano inferior" a outro grupo é uma das armas usadas pelos grupos superiores nas disputas de poder, como meio de manter sua superioridade social. Nessa situação, o estigma social imposto pelo grupo mais poderoso ao menos poderoso costuma penetrar na auto-imagem deste último e, com isso, enfraquecê-lo e desarmá-lo. Conseqüentemente, a capacidade de estigmatizar diminui ou até se inverte, quando um grupo deixa de estar em condições de manter seu monopólio das principais fontes de poder existentes numa sociedade e de excluir da participação nessas fontes outros grupos interdependentes — os antigos outsiders. Tão logo diminuem as disparidades de força ou, em outras palavras, a desigualdade do equilíbrio de poder, os antigos grupos outsiders, por sua vez, tendem a retaliar. Apelam para a contra-estigmatização, como no caso dos negros na América, dos povos antes submetidos à dominação européia na África e dos operários da indústria, como classe anteriormente subjugada, na própria Europa.

Isso talvez baste para indicar, sucintamente, por que o tipo de estigmatização — de "preconceito" intergrupal — encontrado no universo em miniatura de Winston Parva requeria uma investigação da estrutura global da relação, vigente entre os dois grupos principais, que dotava um deles do poder de lançar o outro no ostracismo. Ele exigia, em outras palavras, como primeiro passo, um desprendimento — ou um distanciamento — de ambos os grupos. O problema a ser explorado não consistia em saber qual dos lados estava errado e qual tinha razão, mas em saber que características estruturais da comunidade em desenvolvimento de Winston Parva ligavam dois grupos de tal maneira que os membros de um deles sentiam-se impelidos — e tinham para isso recursos de poder suficientes — a tratar os de outro, coletivamente, com certo desprezo, como pessoas menos educadas e, portanto, de valor humano inferior, se comparadas com eles.

Em Winston Parva esse problema apresentou-se com particular intensidade, pois a maioria das explicações atuais sobre os diferenciais de poder não era aplicável à situação constatada. Os dois grupos, como já afirmei, não diferiam quanto a sua classe social, nacionalidade, ascendência étnica ou racial, credo religioso ou nível de instrução. A principal diferença entre os dois grupos era exatamente esta: um deles era um grupo de antigos residentes, estabelecido naquela área havia duas ou três gerações, e o outro era composto de recém-chegados. A expressão sociológica desse fato era uma diferença acentuada na coesão dos dois grupos. Um era estreitamente integrado, o outro, não. É provável que os diferenciais de coesão e integração, como uma faceta dos diferenciais de poder, não tenham recebido a atenção que merecem. Em Winston Parva, sua importância como fonte de desigualdade de forças revelou-se com muita clareza. Uma vez descoberta ali essa faceta, foi fácil virem à lembrança outros exemplos de diferenciais de coesão como fontes de diferenciais de poder.

O modo como estes funcionavam em Winston Parva era bastante óbvio. O grupo de antigos residentes, famílias cujos membros se conheciam havia mais de uma geração, estabelecera para si um estilo de vida comum e um conjunto de normas. Eles observavam certos padrões e se orgulhavam disso. Por conseguinte, o afluxo de recém-chegados a seu bairro era sentido como uma ameaça a seu estilo de vida já estabelecido, embora os recém-chegados fossem seus compatriotas. Para o grupo nuclear da parte antiga de Winston Parva, o sentimento do status de cada um e da inclusão na coletividade estava ligado à vida e às tradições comunitárias. Para preservar o que julgavam ter alto valor, eles cerravam fileiras contra os recém-chegados, com isso protegendo sua identidade grupal e afirmando sua superioridade. Essa é uma situação conhecida. Ela mostra com muita clareza a complementaridade do valor humano superior – o carisma do grupo – atribuído a si mesmo pelo grupo já estabelecido, e as características "ruins" – a desonra grupal – que atribuía aos outsiders. Os recém-chegados eram desconhecidos não apenas dos antigos residentes, mas também entre eles; não tinham coesão, e, por isso, não conseguiam cerrar fileiras e revidar.

A complementaridade entre o carisma grupal (do próprio grupo) e a desonra grupal (dos outros) é um dos aspectos mais significativos do tipo de relação estabelecidos-outsiders encontrada aqui. Ela merece um momento de consideração, pois fornece um indício da barreira emocional erguida nesse tipo de figuração pelos estabelecidos contra os outsiders. Mais do que qualquer outra coisa, talvez, essa barreira afetiva responde pela rigidez, amiúde extrema, da atitude dos grupos estabelecidos para com os grupos outsiders – pela perpetuação do tabu contra o contato mais estreito com os outsiders, geração após geração, mesmo que diminua sua superioridade social ou, em outras palavras, seu excedente de poder. Podemos observar um bom número de exemplos dessa inflexibilidade emocional em nossa própria época. Assim, a legislação estatal da Índia pode abolir a posição de párias dos antigos intocáveis, mas a repulsa dos indianos das castas superiores ao contato com eles persiste, especialmente nas zonas rurais daquele vasto país. Do mesmo modo, a legislação estadual e federal dos Estados Unidos vem reduzindo cada vez mais a incapacidade jurídica do grupo antes escravizado e estabelecendo sua equiparação institucional ao grupo de seus antigos senhores, como concidadãos de uma mesma nação. No entanto, o "preconceito social", as barreiras emocionais erguidas pelo sentimento de sua virtude superior, especialmente por parte dos descendentes dos senhores de escravos, e o sentimento de um valor humano inferior, de uma desonra grupal dos descendentes de escravos, não têm acompanhado o ritmo dos ajustes jurídicos. Daí tornar-se visivelmente mais forte a onda de contra-estigmatização em uma batalha de poder na qual o equilíbrio entre os diferenciais de poder vai se reduzindo aos poucos.

Não é fácil entender a mecânica da estigmatização sem um exame mais rigoroso do papel desempenhado pela imagem que cada pessoa faz da posição de seu grupo entre outros e, por conseguinte, de seu próprio status como membro desse grupo. Já afirmei que os grupos dominantes com uma elevada superioridade de forças atribuem a si mesmos, como coletividades, e também àqueles que os integram, como as famílias e os indivíduos, um carisma grupal característico. Todos os que "estão inseridos" neles participam desse carisma. Porém têm que pagar um preço. A participação na superioridade de um grupo e em seu carisma grupal singular é, por assim dizer, a recompensa pela submissão às normas específicas do grupo. Esse preço tem que ser individualmente pago por cada um de seus membros, através da sujeição de sua conduta a padrões específicos de controle dos afetos. O orgulho por encarnar o carisma do grupo e a satisfação de pertencer a ele e de representar um grupo poderoso — e, segundo a equação afetiva do indivíduo, singularmente valioso e humanamente superior — estão funcionalmente ligados à disposição dos membros de se submeterem às obrigações que lhes são impostas pelo fato de pertencerem a esse grupo. Tal como em outros casos, a lógica dos afetos é rígida: a superioridade de forças é equiparada ao mérito humano e este a uma graça especial da natureza ou dos deuses. A satisfação que cada um extrai da participação no carisma do grupo compensa o sacrifício da satisfação pessoal decorrente da submissão às normas grupais.

Costumeiramente, os membros dos grupos outsiders são tidos como não observantes dessas normas e restrições. Essa é a imagem preponderante desses grupos entre os membros dos grupos estabelecidos. Os outsiders, tanto no caso de Winston Parva quanto noutros locais, são vistos — coletiva e individualmente — como anômicos. O contato mais íntimo com eles, portanto, é sentido como desagradável. Eles põem em risco as defesas profundamente arraigadas do grupo estabelecido contra o desrespeito às normas e tabus coletivos, de cuja observância dependem o status de cada um dos seus semelhantes no grupo estabelecido e seu respeito próprio, seu orgulho e sua identidade como membro do grupo superior. Entre os já estabelecidos, cerrar fileiras certamente tem a função social de preservar a superioridade de poder do grupo. Ao mesmo tempo, a evitação de qualquer contato social mais estreito com os membros do grupo outsider tem todas as características emocionais do que, num outro contexto, aprendeu-se a chamar de "medo da poluição". Como os outsiders são tidos como anômicos, o contato íntimo com eles faz pairar sobre os membros do grupo estabelecido a ameaça de uma "infecção anômica": esses membros podem ficar sob a suspeita de estarem rompendo as normas e tabus de seu grupo; a rigor, estariam rompendo essas normas pela simples associação com membros do grupo outsider. Assim, o contato com os outsiders ameaça o "inserido" de ter seu status rebaixado dentro do grupo estabelecido. Ele pode perder a consideração dos membros deste — talvez não mais pareça compartilhar do valor humano superior que os estabelecidos atribuem a si mesmos.

Os conceitos usados pelos grupos estabelecidos como meio de estigmatização podem variar, conforme as características sociais e as tradições de cada grupo. Em muitos casos, não têm nenhum sentido fora do contexto específico em que são empregados, mas, apesar disso, ferem profundamente os outsiders, porque os grupos estabelecidos costumam encontrar um aliado numa voz interior de seus inferiores sociais. Com freqüência, os próprios nomes dos grupos que estão numa situação de outsiders trazem em si, até mesmo para os ouvidos de seus membros, implicações de inferioridade e desonra. A estigmatização, portanto, pode surtir um efeito paralisante nos grupos de menor poder. Embora sejam necessárias outras fontes de superioridade de forças para manter a capacidade de estigmatizar, esta última, por si só, é uma arma nada insignificante nas tensões e conflitos ligados ao equilíbrio de poder. Por algum tempo, ela pode entravar a capacidade de retaliação dos grupos dotados de uma parcela menor de poder, bem como sua capacidade de mobilizar as fontes de poder que estejam a seu alcance. Pode até ajudar a perpetuar, durante algum tempo, a primazia de status de um grupo cuja superioridade de poder já tenha diminuído ou desaparecido.

Nos países de língua inglesa, como em todas as outras sociedades humanas, a maioria das pessoas dispõe de uma gama de termos que estigmatizam outros grupos, e que só fazem sentido no contexto de relações específicas entre estabelecidos e outsiders. "Crioulo", "gringo", "carcamano", "sapatão" e "papa-hóstia"* são exemplos. Seu poder de ferir depende da consciência que tenham o usuário e o destinatário de que a humilhação almejada por seu emprego tem o aval de um poderoso grupo estabelecido, em relação ao qual o do destinatário é um grupo outsider, com menores fontes de poder. Todos esses termos simbolizam o fato de que é possível envergonhar o membro de um grupo outsider, por ele não ficar à altura das normas do grupo superior, por ser anômico em termos dessas normas. Nada é mais característico do equilíbrio de poder extremamente desigual, nesses casos, do que a impossibilidade de os grupos outsiders retaliarem com termos estigmatizantes equivalentes para se referirem ao grupo estabelecido. Mesmo quando dispõem de termos desse tipo para que seus membros se comuniquem entre si (o termo iídiche "goy" é um exemplo), estes são inúteis como armas numa disputa de insultos, porque um grupo de outsiders não tem como envergonhar os membros de um grupo estabelecido: enquanto o equilíbrio de poder entre eles é muito desigual, seus termos estigmatizantes não significam nada, não têm poder de feri-los. Quando eles começam a ser insultuosos, é sinal de que a relação de forças está mudando.

Já afirmei que a estigmatização dos outsiders exibe alguns traços comuns numa vasta gama de configurações de estabelecidos-outsiders. A anomia talvez seja a censura mais freqüente a lhes ser feita; repetidamente, constata-se que outsiders são vistos pelo grupo estabelecido como indignos de confiança, indisciplinados e desordeiros. Eis como um membro do antigo sistema aristocrático

---

* Respectivamente usados com referência aos negros, judeus (ou outros estrangeiros, no Brasil), italianos (ou seus descendentes), lésbicas e católicos. Os termos ingleses são *nigger, yid, wop, dike* e *papist*. (N.T.)

ateniense, o chamado Velho Oligarca, referiu-se ao *demos*, classe em ascensão de cidadãos atenienses — artesãos, mercadores e camponeses livres —, a qual, ao que parece, expulsara seu grupo para o exílio e instaurara a democracia, o governo pelo *demos*:

> No mundo inteiro, a aristocracia dos Estados opõe-se à democracia, pois as características naturais de uma aristocracia são a disciplina, a obediência às leis e a mais rigorosa consideração ao que é respeitável, ao passo que as características naturais da plebe são a extrema ignorância, a indisciplina e a imoralidade... Pois aquilo que considerais desrespeito à lei é, na verdade, o fundamento em que se assenta a força da plebe.*

A semelhança do padrão de estigmatização usado pelos grupos de poder elevado em relação a seus grupos outsiders no mundo inteiro — a semelhança desse padrão a despeito de todas as diferenças culturais — pode afigurar-se meio inesperada a princípio. Mas os sintomas de inferioridade humana que os grupos estabelecidos muito poderosos mais tendem a identificar nos grupos outsiders de baixo poder e que servem a seus membros como justificação de seu status elevado e prova de seu valor superior costumam ser gerados nos membros do grupo inferior — inferior em termos de sua relação de forças — pelas próprias condições de sua posição de outsiders e pela humilhação e opressão que lhe são concomitantes. Sob alguns aspectos, eles são iguais no mundo inteiro. A pobreza — o baixo padrão de vida — é um deles. Mas existem outros, não menos significativos em termos humanos, dentre os quais figuram a exposição constante aos caprichos das decisões e ordens dos superiores, a humilhação de ser excluído das fileiras deles e as atitudes de deferência instiladas no grupo "inferior". Além disso, quando o diferencial de poder é muito grande, os grupos na posição de outsiders avaliam-se pela bitola de seus opressores. Em termos das normas de seus opressores, eles se consideram deficientes, se vêem como tendo menos valor. Assim como, costumeiramente, os grupos estabelecidos vêem seu poder superior como um sinal de valor humano mais elevado, os grupos outsiders, quando o diferencial de poder é grande e a submissão inelutável, vivenciam afetivamente sua inferioridade *de poder* como um sinal de inferioridade *humana*. Desse modo, uma olhadela nos casos mais extremos de desigualdade de forças nas figurações estabelecidos-outsiders, nos quais o impacto sobre a estrutura de personalidade dos outsiders mostra-se em todo o seu rigor, poderá ajudar-nos a observar, numa perspectiva melhor, as características de personalidade e as experiências dos outsiders nos casos em que o desequilíbrio é menor e em que a pobreza, a

---

* *The Old Oligarch: Pseudo-Xenophon's "Constitution of Athens"*, Londres, London Association of Classical Teachers, 1969; e *in* J.M. Moore, *Aristotle and Xenophon on Democracy and Oligarchy*, Londres, Chatto & Windus, 1975. O texto grego pode ser encontrado em E.C. Marchant (org.), *Xoenophontis Opera*, vol.5, Oxford Classical Texts, Oxford, Clarendon Press, 1900-20.

deferência e o sentimento de inferioridade são mais moderados. Sondando os aspectos vivenciais das figurações estabelecidos-outsiders, podemos atingir camadas da experiência humana em que as diferenças de tradição cultural desempenham um papel menor.

Os grupos estabelecidos que dispõem de uma grande margem de poder tendem a vivenciar seus grupos outsiders não apenas como desordeiros que desrespeitam as leis e as normas (as leis e normas dos estabelecidos), mas também como não sendo particularmente limpos. Em Winston Parva, o opróbrio da imundície ligado aos recém-chegados era relativamente brando (e justificado, quando muito, no caso da "minoria dos piores"). Não obstante, as famílias antigas nutriam a suspeita de que as casas "deles", e especialmente as cozinhas, não eram tão limpas quanto deveriam ser. Em quase toda parte, os membros dos grupos estabelecidos e, mais até, os dos grupos que aspiram a fazer parte do establishment, orgulham-se de ser mais limpos, nos sentidos literal e figurado, do que os recém-chegados e, dadas as condições mais precárias de muitos grupos outsiders, é provável que tenham razão com freqüência. O sentimento difundido de que o contato com membros dos grupos outsiders contamina, observado nos grupos estabelecidos, refere-se à contaminação pela anomia e pela sujeira, misturadas numa coisa só. Shakespeare falou de um "artesão magricela e pouco limpo".* De 1830 em diante, mais ou menos, a expressão "os grandes mal lavados" [*the great unwashed*] tornou-se corrente como denominação das "camadas inferiores" da Inglaterra em processo de industrialização e o *Oxford English Dictionary* cita alguém que teria escrito em 1868: "Toda vez que falo das... classes trabalhadoras, faço-o no sentido de 'os grandes mal lavados'."

No caso de diferenciais de poder muito grandes e de uma opressão correspondentemente acentuada, os grupos outsiders são comumente tidos como sujos e quase inumanos. Tomemos como exemplo uma descrição feita por um antigo grupo outsider do Japão, os burakumin (cujo antiga denominação estigmatizada, "eta", com o sentido literal de "repletos de imundície", só é usada em sigilo hoje em dia):

> Essas pessoas têm moradias piores, são menos instruídas, têm empregos mais árduos e mal remunerados e são mais propensas a enveredar pelo caminho do crime do que os japoneses comuns. Poucos japoneses comuns dispõem-se conscientemente a ter um convívio social com elas. Um número ainda menor deixaria que um filho ou uma filha se casasse com um membro de uma família de párias.
> No entanto, o mais extraordinário é que não há nenhuma diferença física essencial entre os descendentes dos párias e os demais japoneses....
> Séculos de discriminação, sendo tratados como sub-humanos e levados a crer que, em sua condição de burakumin, eles não eram suficientemente bons para fazer parte da vida dos japoneses comuns, deixaram cicatrizes na mente dos burakumin....

---

* Shakespeare, *Vida e morte do rei João*, ato IV, cena II. (N.T.)

Eis uma entrevista feita com um burakumin anos atrás: perguntou-se ao homem se ele se sentia igual a um japonês comum. Resposta: "Não, nós matamos animais, somos sujos e algumas pessoas acham que não somos humanos." Pergunta: "Você acha que é humano?" Resposta (depois de uma longa pausa): "Não sei... Somos ruins e sujos."*

Dê-se a um grupo uma reputação ruim e é provável que ele corresponda a essa expectativa. No caso de Winston Parva, o setor mais severamente marginalizado do grupo de outsiders ainda conseguia revidar, de maneira sub-reptícia. Até que ponto se transforma em apatia paralisante a vergonha dos recém-chegados, produzida pela estigmatização inescapável de um grupo estabelecido, ou até que ponto ela se transforma em normas agressivas ou em anarquia são coisas que dependem da situação global. Eis o que se constatava em Winston Parva:

> As crianças e adolescentes da minoria desprezada do loteamento habitacional eram evitados, rejeitados e tratados com frieza pelos colegas "respeitáveis" da "aldeia", com um rigor e crueldade ainda maiores do que os reservados a seus pais, porque o "mau exemplo" que davam era uma ameaça às defesas dos jovens "respeitáveis" contra seus próprios impulsos internos de desregramento; e, como a minoria mais rebelde dos jovens sentia-se rejeitada, procurava revidar, portando-se mal de maneira ainda mais deliberada. Saber que, sendo barulhentos, destrutivos e insultuosos, eles conseguiam incomodar aqueles por quem eram rejeitados e tratados como párias funcionava como um incentivo adicional... para o "mau comportamento". Eles gostavam de fazer exatamente as coisas que lhes eram censuradas, como um ato de vingança contra aqueles que os censuravam.**

E vejamos o que se pode ler num estudo sobre os burakumin:

> Essas identidades pessoais minoritárias podem implicar um retraimento social em enclaves como guetos ou, quando o contato com a maioria é necessário ou conveniente, a assunção de papéis sociais desviantes em relação ao grupo majoritário. Esses papéis desviantes envolvem, com freqüência, uma grande dose de hostilidade velada contra qualquer forma de autoridade exercida pelos membros do grupo majoritário. Tais sentimentos são conseqüência da exploração vivida geração após geração... Verifica-se que as crianças marginalizadas são mais propensas à agressividade e, em certo sentido, materializam os estereótipos que lhes são atribuídos, pelo menos até certo ponto.***

---

* Mark Frankland, "Japan's Angry Untouchables", *Observer Magazine*, 2 de novembro de 1975, p.40ss.

** Ver p.140-1, adiante.

*** Ben Whitaker, "Japan's Outcasts: The Problem of the Burakumin", *in* Ben Whitaker (org.), *The Fourth World: Victims of Group Oppression*, Londres, Sidgwick & Jackson, 1972, p.316. Há um outro paralelo com a situação de Winston Parva: "Convém enfatizar que as condutas desviantes ocorrem apenas entre uma minoria de excluídos, ainda que se trate de uma proporção significativamente elevada quando comparada à população geral" (p.317).

Adquiriu-se o hábito de explicar relações de grupo como as aqui descritas como resultado de diferenças raciais, étnicas ou, às vezes, religiosas. Nenhuma dessas explicações funciona neste caso. A minoria burakumin do Japão provém da mesma origem da maioria dos japoneses. Eles parecem descender de grupos encarregados de atividades profissionais de baixa categoria, como aquelas ligadas à morte, ao parto, ao abate de animais e aos produtos derivados dessa atividade. Com a transformação das formas de sensibilidade dos guerreiros e sacerdotes em um novo establishment (o que é um aspecto de todo processo civilizador, no Japão como em outros lugares, e evidenciado nesse país pelo desenvolvimento do ensino xintoísta e budista), é provável que esses grupos de outsiders tenham sido submetidos a alguma forma de segregação hereditária, rigidamente aplicada mais ou menos a partir de 1600.* O contato com eles era tido como poluidor. Exigia-se que alguns usassem um pedaço de couro na manga do quimono. O casamento misto com a maioria dos japoneses era rigorosamente proibido.

Embora as diferenças entre os párias e os outros japoneses resultassem do surgimento de uma relação entre estabelecidos e outsiders, e fossem, por conseguinte, de origem inteiramente social, o grupo outsider exibiu, em estudos recentes, muitas das características que hoje costumam ser associadas às diferenças raciais ou étnicas. Talvez baste mencionar uma delas: "Relatórios recentes de psicólogos japoneses demonstram que há uma diferença sistemática entre os escores obtidos nos testes de QI e de realização por crianças que freqüentam as mesmas escolas mas provêm do grupo majoritário ou do grupo dos párias."** Isso faz parte das provas cada vez maiores de que crescer como membro de um grupo outsider estigmatizado pode resultar em déficits intelectuais e afetivos específicos.*** Não há nada de acidental em se descobrirem aspectos semelhantes nas relações estabelecidos-outsiders que não estão vinculadas a diferenças raciais ou étnicas e naquelas ligadas a essas diferenças. Os indícios sugerem que, também neste último caso, tais aspectos não se devem às diferenças raciais ou étnicas em si, mas ao fato de um dos grupos ser estabelecido, dotado de recursos superiores de poder, enquanto o outro é um grupo outsider, imensamente inferior em termos do seu diferencial de poder e contra o qual o grupo estabelecido pode cerrar fileiras. As chamadas "relações raciais", em outras palavras, simplesmente cons-

---

* Ibid., p.310.

** Ibid., p.314-5.

*** Um dos fatores capazes de modificar o impacto da situação nos membros dos grupos outsiders é sua posse de uma tradição cultural própria. Tal tradição, especialmente quando incorpora, como no caso dos judeus, uma vigorosa relação como saber livresco e uma alta valorização das realizações intelectuais, tem a probabilidade de proteger as crianças desses grupos, até certo ponto, do efeito traumático exercido em seu desenvolvimento pela exposição à estigmatização perpétua por parte do grupo estabelecido – à humilhação não apenas delas mesmas, mas também de seus pais e de todo o grupo cuja imagem e valor constituem uma parte vital de sua auto-imagem, de sua identidade individual e auto-avaliação.

tituem relações de estabelecidos-outsiders de um tipo particular. O fato de os membros dos dois grupos diferirem em sua aparência física ou de os membros de um grupo falarem com um sotaque e uma fluência diferentes a língua em que ambos se expressam serve apenas como um sinal de reforço, que torna os membros do grupo *estigmatizado* mais fáceis de reconhecer em sua condição. Tampouco a denominação "preconceito racial" é particularmente adequada. A aversão, desprezo ou ódio que os membros de um grupo estabelecido sentem pelos de um grupo outsider, assim como o medo de que um contato mais estreito com estes últimos possa contaminá-los, não diferem nos casos em que os dois grupos são claramente distintos em sua aparência física e naqueles em que são fisicamente indistinguíveis, a ponto de os párias menos dotados de poder serem obrigados a usar uma insígnia que mostre sua identidade.

Parece que adjetivos como "racial" ou "étnico", largamente utilizados nesse contexto, tanto na sociologia quanto na sociedade em geral, são sintomáticos de um ato ideológico de evitação. Ao empregá-los, chama-se a atenção para um aspecto periférico dessas relações (por exemplo, as diferenças na cor da pele), enquanto se desviam os olhos daquilo que é central (por exemplo, os diferenciais de poder e a exclusão do grupo menos poderoso dos cargos com maior potencial de influência). Quer os grupos a que se faz referência ao falar de "relações raciais" ou "preconceito racial" difiram ou não quanto a sua ascendência "racial" e sua aparência, o aspecto saliente de sua relação é eles estarem ligados de um modo que confere a um recursos de poder muito maiores que os do outro e permite que esse grupo barre o acesso dos membros do outro ao centro dos recursos de poder e ao contato mais estreito com seus próprios membros, com isso relegando-os a uma posição de outsiders. Assim, mesmo quando existem nesses casos as diferenças de aparência física e outros aspectos biológicos a que nos referimos como "raciais", a sociodinâmica da relação entre grupos interligados na condição de estabelecidos e outsiders é determinada por sua forma de vinculação e não por qualquer característica que os grupos tenham, independentemente dela.

As tensões e conflitos de grupo inerentes a essa forma de relação podem manter-se latentes (o que costuma acontecer quando os diferenciais de poder são muito grandes) ou aparecer abertamente, sob a forma de conflitos contínuos (o que costuma acontecer quando a relação de poder se altera em favor dos outsiders). Seja qual for o caso, só se consegue apreender a força irresistível desse tipo de vínculo, bem como o singular desamparo de pessoas ligadas entre si dessa maneira, quando se discerne com clareza que elas estão aprisionadas num vínculo duplo. Este pode não se tornar operante, quando a dependência é quase inteiramente unilateral e, portanto, o diferencial de poder entre estabelecidos e outsiders é muito grande — como acontece, por exemplo, no caso dos ameríndios de alguns países latino-americanos. Nesses casos, os outsiders não têm nenhuma função para os grupos estabelecidos: simplesmente estão em seu caminho e, com muita freqüência, são exterminados ou postos de lado até perecerem.

Inversamente, quando os grupos outsiders são necessários de algum modo aos grupos estabelecidos, quando têm alguma função para estes, o vínculo duplo começa a funcionar mais abertamente e o faz de maneira crescente quando a desigualdade da dependência, sem desaparecer, diminui − quando o equilíbrio de poder pende um pouco a favor dos outsiders. Para constatar isso, podemos considerar mais uma vez as duas citações anteriores − a do aristocrata ateniense, acostumado a mandar e desdenhoso da plebe, e a do buraku excluído que avaliava seu grupo e a si mesmo pela bitola do establishment. Essas duas figuras representam dois pólos opostos, uma totalmente convencida do valor superior de seu grupo, outra, do caráter ruim do seu.

A superioridade de poder confere vantagens aos grupos que a possuem. Algumas são materiais ou econômicas. Sob a influência de Marx, elas despertaram especial atenção. Estudá-las é, na maioria dos casos, indispensável à compreensão das relações estabelecidos-outsiders. Mas elas não são as únicas vantagens auferidas pelo grupo estabelecido e muito poderoso em relação a um grupo outsider e de poder relativamente pequeno. Na relação entre estabelecidos e outsiders em Winston Parva, a busca de vantagens econômicas pelos primeiros desempenhava um papel ínfimo. Que outras vantagens incitam os grupos estabelecidos a lutar ferozmente pela manutenção de sua superioridade? Que outras privações sofrem os grupos outsiders, afora as privações econômicas? Não é somente no seio da pequena comunidade suburbana a que concerne este estudo que se podem descobrir camadas não econômicas do conflito entre grupos estabelecidos e outsiders. Mesmo nos casos em que a luta pela distribuição dos recursos econômicos parece ocupar o centro do palco, como no caso da luta entre os operários e a direção de uma fábrica, há outras fontes de disputa em jogo além da relação entre salários e lucros. Na verdade, a supremacia dos aspectos econômicos tem acentuação máxima quando o equilíbrio de poder entre os contendores é mais desigual − quando pende mais acentuadamente a favor do grupo estabelecido. Quanto menos isso acontece, mais claramente reconhecíveis se tornam outros aspectos não econômicos das tensões e conflitos. Quando os grupos outsiders têm que viver no nível de subsistência, o montante de sua receita prepondera sobre todas as suas outras necessidades. Quanto mais eles se colocam acima do nível de subsistência, mais a sua própria renda − seus recursos econômicos − serve de meio para atender a outras aspirações humanas que não a satisfação das necessidades animais ou materiais mais elementares, e mais agudamente os grupos nessa situação tendem a sentir a inferioridade social − a inferioridade de poder e de status de que sofrem. E é nessa situação que a luta entre os estabelecidos e os outsiders deixa de ser, por parte destes últimos, uma simples luta para aplacar a fome, para obter os meios de subsistência física, e se transforma numa luta para satisfazer também outras aspirações humanas.

A natureza dessas aspirações, até certo ponto, ainda é obscurecida pelos efeitos da grande descoberta de Marx e pela tendência a ver nela o ponto de chegada das indagações sobre as sociedades humanas. Entretanto, mais se poderia vê-la como a manifestação de um começo.

Entre os objetivos que entram em choque nas relações estabelecidos-outsiders, a meta destes últimos de saciar sua fome, de atender às necessidades animais ou materiais mais elementares, além de se defenderem da aniquilação física por inimigos humanos – em suma, o simples objetivo da sobrevivência física –, assume prioridade em relação a todas as demais sempre que sua obtenção é incerta. Até hoje, essa continua a ser a meta primordial de grandes setores da humanidade, em parte porque outros setores, mais poderosos, têm um consumo excessivo, já que a população humana costuma crescer mais depressa do que seu abastecimento de víveres e a humanidade é dividida demais para adotar qualquer medida conjunta contra a aflição dos grupos menos poderosos, e em parte porque a crescente interdependência de todos os setores da humanidade intensificou suas lutas mortíferas e ainda não se aprendeu a lição de que, num mundo cada vez mais interdependente, a dominação de um setor da humanidade sobre os outros está fadada a ter um efeito de bumerangue.

Assim, Marx desvendou uma verdade importante ao apontar para a distribuição desigual dos meios de produção e, portanto, para a distribuição desigual dos meios necessários à satisfação das necessidades materiais humanas. Mas foi uma meia verdade. Ele apresentou, como raiz principal do confronto de objetivos entre os grupos poderosos e os inferiores, o choque em torno de objetivos econômicos, tais como o de assegurar um abastecimento suficiente de alimentos. E até hoje a busca dos objetivos econômicos, por mais elástico e ambíguo que seja esse uso da palavra "econômico", afigura-se a muitos a verdadeira aspiração fundamental dos grupos humanos, diante da qual as outras parecem menos reais, seja qual for o sentido dado a esse termo.

Sem dúvida, no caso extremo dos grupos humanos expostos à fome prolongada, o desejo intenso de comida ou, em termos mais gerais, de sobrevivência física pode realmente ter prioridade sobre todas as outras metas. As pessoas podem humilhar-se, matar e comer umas às outras, com isso regredindo a um nível quase animalesco. Já vimos exemplos disso. O alimento, a satisfação das necessidades materiais, é realmente básico. Mas, quando a busca da satisfação desse tipo de anseio humano predomina à exclusão de todos os demais, os seres humanos tendem a perder parte das características específicas que os distinguem dos outros animais. Talvez já não consigam buscar outras metas especificamente humanas cuja satisfação também pode estar em jogo nas disputas de poder entre os grupos humanos. Há uma certa dificuldade de encontrar os conceitos certos para fazer referência a elas, porque os existentes têm uma ressonância idealista, soam como se estivéssemos falando de algo não muito real – não tão real e tangível quanto a meta humana de saciar a fome. No entanto, na tentativa de explicar e compreender a dinâmica das relações entre estabelecidos e outsiders ilustradas neste livro, impõe-se dizer com toda a clareza que elas desempenham um papel muito real nos choques entre os grupos humanos assim interligados.

Tomemos como exemplo, mais uma vez, a declaração do membro do grupo burakumin anteriormente citado. Podemos presumir que, no Japão como noutros lugares, a condição de pária desse grupo tenha caminhado de mãos dadas com formas de exploração econômica. Entretanto, os burakumin tinham um lugar e uma função tradicionais na sociedade japonesa. Atualmente, alguns parecem ser pobres, embora não muito mais do que a maioria dos japoneses pobres, e outros estão muito bem de vida. Mas o estigma não desaparece. A principal privação sofrida pelo grupo outsider não é a privação de alimento. Que nome devemos dar-lhe? Privação de valor? De sentido? De amor-próprio e auto-respeito?

A estigmatização, como um aspecto da relação entre estabelecidos e outsiders, associa-se, muitas vezes, a um tipo específico de fantasia coletiva criada pelo grupo estabelecido. Ela reflete e, ao mesmo tempo, justifica a aversão – o preconceito – que seus membros sentem perante os que compõem o grupo outsider. Assim, de acordo com a tradição de fofocas da maioria dos japoneses, os burakumin carregam no corpo um sinal físico hereditário da sua inclusão no grupo de párias – um sinal de nascença azulado, abaixo das axilas.* Isso ilustra muito vividamente a operação e a função das crenças do establishment a respeito de seus grupos outsiders: o estigma social que seus membros atribuem ao grupo dos outsiders transforma-se, em sua imaginação, num estigma material – é coisificado. Surge como uma coisa objetiva, implantada nos outsiders pela natureza ou pelos deuses. Dessa maneira, o grupo estigmatizador é eximido de qualquer responsabilidade: não fomos *nós*, implica essa fantasia, que estigmatizamos essas pessoas e sim as forças que criaram o mundo – elas é que colocaram um sinal nelas, para marcá-las como inferiores ou ruins. A referência à cor diferente da pele e a outras características inatas ou biológicas dos grupos que são ou foram tratados como inferiores por grupos estabelecidos tem a mesma função objetificadora, nessa relação, que a referência ao estigma azul imaginário

---

* Whitaker, "Japan's Outcasts", p.337. Um poeta buraku, Maruoke Tadao, escreveu um poema, citado no artigo em pauta, que se refere a essa crença. Aqui estão duas de suas estrofes:

  Ouvi sussurrarem,
  Como um sopro de vento de boca em boca,
  Que abaixo de cada axila tenho uma marca
  Do tamanho de uma mão espalmada.
  ...
  Quem marcou meus flancos? Por que causa ignorada?
  Por que esse estigma desconhecido em meu eu e minh'alma?
  Ainda hoje, meus pensamentos minguantes,
  Muito pálidos e frios, transparentes como o vidro,
  Mantêm-me desperto.

dos burakumin. O sinal físico serve de símbolo tangível da pretensa anomia do outro grupo, de seu valor humano inferior, de sua maldade intrínseca; assim como a fantasia do estigma azul, a referência a esses sinais "objetivos" tem uma função de defesa da distribuição vigente de oportunidades de poder, bem como uma função exculpatória. Pertence ao mesmo grupo dos argumentos *pars pro toto*, simultaneamente defensivos e agressivos, de estigmatização dos grupos outsiders – a formação de sua imagem em termos de sua minoria anômica. Mais próxima de nós, a visão das classes trabalhadoras do século XIX como "os grandes mal lavados" é outro exemplo.

A abordagem de uma figuração estabelecidos-outsiders como um tipo de relação estática, entretanto, não pode ser mais do que uma etapa preparatória. Os problemas com que nos confrontamos numa investigação como essa só se evidenciam quando se considera que o equilíbrio de poder entre esses grupos é mutável e compõe um modelo que mostra, pelo menos em linhas gerais, os problemas humanos – inclusive econômicos – inerentes a essas mudanças. No momento, ainda é essencialmente obscura a complexa polifonia do movimento de ascensão e declínio dos grupos ao longo do tempo – dos grupos estabelecidos que se tornam outsiders ou desaparecem por completo como grupos e dos representantes dos grupos de outsiders que passam a fazer parte de um novo establishment, integrando posições que antes lhes eram negadas ou que, conforme o caso, são paralisados pela opressão. Também obscuro é o rumo dessas mudanças no longo prazo, como o da passagem de disputas pelo poder restritas ao âmbito local, entre uma grande multidão de unidades sociais relativamente pequenas, para as disputas entre um número cada vez menor de unidades sociais cada vez maiores. Num período em que se multiplicam os movimentos de antigos grupos de outsiders rumo a posições de poder e, ao mesmo tempo, o eixo central da tensão no nível global situa-se entre unidades estatais que nunca foram tão amplas, a inexistência de uma teoria geral das mudanças nos diferenciais de poder e dos problemas humanos associados a elas talvez seja um tanto surpreendente.

Todavia, a preocupação com os problemas existentes no curto prazo e a concepção do desenvolvimento das sociedades no longo prazo, como um prelúdio histórico não estruturado do presente, continuam ainda hoje a bloquear a compreensão das longas seqüências de desenvolvimento das sociedades e de seu caráter direcional – de seqüências como o movimento de ascensão e declínio dos grupos e a dialética da opressão e da contra-opressão dos ideais de grandeza de um grupo estabelecido, esvaziadas pelos ideais dos antigos outsiders que ascendem à posição de um novo establishment. Do mesmo modo, a herança do antigo Iluminismo tem seu papel nesse bloqueio da compreensão dos processos no longo prazo. Apesar de todas as provas em contrário, a crença consoladora de que os seres humanos, não apenas como indivíduos, mas também como grupos, normalmente agem de maneira racional conserva ainda uma intensa força na percepção das relações intergrupais. O ideal da racionalidade na condução das questões humanas continua a barrar o acesso à estrutura e à dinâmica das figurações estabelecidos-outsiders, bem como às fantasias grupais de grandeza que elas suscitam, e que são dados sociais *sui generis*, nem racionais nem irracionais. No momento, as fantasias grupais continuam a escapar pelas malhas de nossa rede conceitual. Surgem como fantasmas proto-históricos que parecem ir e vir arbitrariamente. No estágio atual do conhecimento, chegamos ao ponto de reconhecer que as experiências afetivas e as fantasias dos indivíduos não são arbitrárias – que têm uma estrutura e dinâmica próprias. Aprendemos a perceber que essas experiências e fantasias individuais, num estágio primitivo da vida, podem influenciar profundamente a moldagem dos afetos e a conduta em etapas posteriores. Mas ainda estamos por elaborar um arcabouço teórico passível de verificação para ordenar as observações sobre as fantasias coletivas relacionadas com o desenvolvimento dos grupos. Talvez isso pareça surpreendente, posto que a construção de fantasias enaltecedoras e depreciativas desempenha um papel muito óbvio e vital na condução das questões humanas em todos os níveis das relações de poder; e não é menos patente que todas elas têm um caráter diacrônico e de desenvolvimento. No plano global existem, por exemplo, o sonho americano e o sonho russo. Antes disso, já houve a missão civilizadora dos países europeus e o sonho do Terceiro Reich, sucessor do Primeiro e Segundo Reichs. E existe a contra-estigmatização de antigos outsiders, como, por exemplo, a dos países africanos em busca de sua negritude e de seu próprio sonho.

Num nível diferente, como veremos neste livro, existe a idéia dos antigos residentes de Winston Parva, que, em nome de seu maior valor humano, rejeitam o convívio com os recém-chegados e os estigmatizam de maneira mais branda, porém implacável, como pessoas de menos valor. Por que eles agem assim?

Muitas questões diferentes podem expor às claras as tensões e conflitos entre estabelecidos e outsiders. No fundo, porém, todas são lutas para modificar o equilíbrio do poder; como tal, podem ir desde os cabos-de-guerra silenciosos que se ocultam sob a cooperação rotineira entre os dois grupos, num contexto de desigualdades instituídas, até as lutas francas pela mudança do quadro institucional que encarna esses diferenciais de poder e as desigualdades que lhes são concomitantes. Seja qual for o caso, os grupos outsiders (enquanto permanecem totalmente intimidados) exercem pressões tácitas ou agem abertamente no sentido de reduzir os diferenciais de poder responsáveis por sua situação inferior, ao passo que os grupos estabelecidos fazem a mesma coisa em prol da preservação ou aumento desses diferenciais.

Entretanto, uma vez evidenciado o problema da distribuição das chances de poder que está no cerne das tensões e conflitos entre estabelecidos e outsiders, torna-se mais fácil descobrir um problema subjacente, que costuma passar despercebido. Os grupos ligados entre si sob a forma de uma configuração de estabelecidos-outsiders são compostos de seres humanos individuais. O problema é saber como e por que os indivíduos percebem uns aos outros como pertencentes a um mesmo grupo e se incluem mutuamente dentro das fronteiras grupais que estabelecem ao dizer "nós", enquanto, ao mesmo tempo, excluem outros seres humanos a quem percebem como pertencentes a outro grupo e a quem se referem coletivamente como "eles".

Como veremos, os primeiros recém-chegados de Winston Parva não percebiam os antigos moradores como diferentes deles sob nenhum aspecto. Tentaram estabelecer contato com alguns, como é comum fazermos ao mudar para um novo bairro. Mas foram rejeitados. Foi assim que se conscientizaram de que os antigos residentes percebiam-se como um grupo fechado, ao qual se referiam como "nós", e percebiam os novatos como um grupo de intrusos, a quem se referiam como "eles" e que pretendiam manter à distância. Ao tentarmos descobrir por que eles agiam assim, percebemos o papel decisivo que a dimensão temporal ou, em outras palavras, o desenvolvimento de um grupo, desempenha como determinante de sua estrutura e suas características. O grupo de "famílias antigas" de Winston Parva (alguns membros do qual, evidentemente, eram muito jovens) tinha um passado comum; os recém-chegados, não. Essa era uma diferença de grande peso, tanto para a constituição interna de cada grupo quanto para a relação entre eles. O grupo estabelecido de antigos residentes compunha-se de famílias que haviam morado naquela região por duas ou três gerações. Elas haviam atravessado juntas um processo grupal – do passado para o futuro através do presente – que lhes dera um estoque de lembranças, apegos e aversões comuns. Sem levar em conta essa dimensão grupal diacrônica, é impossível compreender a lógica e o sentido do pronome pessoal "nós" que elas usavam para se referir umas às outras.

Por terem vivido juntas bastante tempo, as famílias antigas possuíam uma coesão, como grupo, que faltava aos recém-chegados. Ligavam-se pela intimidade competitiva e ambivalente que caracteriza os círculos de "famílias antigas" por toda parte, sejam elas da aristocracia, da alta sociedade urbana, da pequena burguesia ou, como nesse caso, da classe operária. Tinham sua própria hierarquia interna e sua ordem de precedência. Cada família e cada membro das famílias, individualmente, tinham sua posição fixada nessa escala hierárquica num dado momento. Alguns dos princípios dessa escala hierárquica são expostos neste livro; outros ficam implícitos. Tanto a ordem hierárquica quanto seus critérios eram corriqueiramente conhecidos por todos os que pertenciam ao grupo, especialmente as senhoras. Mas só eram conhecidos no nível da prática social ou, em outras palavras, num nível baixo de abstração, e não, de maneira explícita, no nível relativamente alto de abstração que é representado por termos como "posição social das famílias" ou "ordem hierárquica interna de um grupo". Ainda hoje, muitos dados sociais são conceitualmente representados apenas num nível comparável ao que foi atingido por nossos ancestrais quando eles conseguiram distinguir entre quatro e cinco maçãs ou entre dez e vinte elefantes, mas ainda não eram capazes de trabalhar num nível de abstração mais elevado, com números como três e quatro, dez e vinte, como símbolos de relações puras, sem nenhuma referência a qualquer objeto tangível específico. Similarmente, nesse caso, os membros do grupo estabelecido eram capazes de transmitir a avaliação que faziam de suas respectivas posições na ordem hierárquica interna do grupo, nos encontros cara a cara diretamente através de suas atitudes e nas conversas sobre pessoas ausentes através de pequenas expressões simbólicas e da inflexão da voz, mas não de afirmações explícitas sobre o status superior ou inferior de famílias e pessoas na hierarquia interna e na ordem de precedência do grupo.

Ademais, os membros do grupo das "famílias antigas" ligavam-se entre si por laços de intimidade emocional, que incluíam antigas amizades e velhas aversões. Assim como as rivalidades de status associadas a eles, também esses vínculos emocionais eram de um tipo que só se desenvolve entre seres humanos que vivenciam juntos um processo grupal de certa duração. Sem levá-los em conta, não é possível compreender as barreiras que os membros do grupo estabelecido de Winston Parva erguiam quando falavam de si como "nós" e dos recém-chegados como "eles". Uma vez que os laços mútuos resultantes desse processo grupal eram invisíveis, os recém-chegados, que de início perceberam os antigos residentes apenas como pessoas iguais a eles, nunca entendiam muito bem as razões de sua exclusão e estigmatização. Por sua vez, os antigos residentes só conseguiam explicá-las em termos de seus sentimentos imediatos, de sua sensação de pertencer a uma parte superior da vizinhança, com atividades de lazer, instituições religiosas e uma vida política local que eram apreciadas por todos, e não queriam misturar-se em sua vida particular com pessoas de áreas inferiores da localidade, a quem viam como menos respeitáveis e menos cumpridoras das normas do que eles.

É sintomático do alto grau de controle que um grupo coeso é capaz de exercer sobre seus membros que, durante toda a investigação, não tenhamos ouvido falar sequer uma vez que um membro do grupo "antigo" houvesse quebrado o tabu grupal contra o contato pessoal não profissional com membros do grupo "novo".

A opinião interna de qualquer grupo com alto grau de coesão tem uma profunda influência em seus membros, como força reguladora de seus sentimentos e sua conduta. Quando se trata de um grupo estabelecido, que reserva monopolisticamente para seus membros o acesso recompensador aos instrumentos de poder e ao carisma coletivo, esse efeito é particularmente pronunciado. Isso se deve, em parte, ao fato do diferencial de poder de um membro do grupo diminuir quando seu comportamento e seus sentimentos contrariam a opinião grupal, fazendo-a voltar-se contra ele. Uma vez que uma ou outra forma de luta intestina[*] — seja ela surda ou declarada e ruidosa — é sempre um traço dos grupos coesos, o rebaixamento da posição de um membro dentro da ordem hierárquica interna do grupo reduz sua capacidade de se manter firme na competição interna pelo poder e pelo status; nos casos mais graves, pode deixá-lo sujeito à pressão dos boatos depreciativos sussurrados à boca pequena ou até à franca estigmatização

---

[*] Ver também adiante, p.163-4.

dentro do grupo (sem que ele possa revidar), que pode ser tão implacável e contundente quanto a estigmatização dos outsiders. A aprovação da opinião grupal, como veremos no estudo sobre Winston Parva, requer a obediência às normas grupais. A punição pelo desvio do grupo ou, às vezes, até pela suspeita de desvio,* é perda de poder, acompanhada de rebaixamento do status.

Entretanto, o impacto da opinião interna do grupo em cada um de seus membros vai além disso. A opinião grupal tem, sob certos aspectos, a função e o caráter de consciência da própria pessoa. Esta, na verdade, sendo formada num processo grupal, permanece ligada àquela por um cordão elástico, ainda que invisível. Quando o diferencial de poder é suficientemente grande, um membro de um grupo estabelecido pode ser indiferente ao que os outsiders pensam dele, mas raramente ou nunca é indiferente à opinião dos seus pares [*insiders*] – daqueles que têm acesso aos instrumentos de poder de cujo controle monopolista ele participa ou procura participar e com quem compartilha, no grupo, um mesmo orgulho, um carisma coletivo comum. A auto-imagem e a auto-estima de um indivíduo estão ligadas ao que os outros membros do grupo pensam dele. Apesar de variável e elástica, a ligação entre, de um lado, a auto-regulação de sua conduta e seus sentimentos – o funcionamento das camadas mais conscientes e até de algumas menos conscientes da consciência – e, de outro, a opinião normativa interna deste ou daquele de seu "nós" [*we-group*] só se rompe com a perda da sanidade mental. Em outras palavras, só se rompe se ele perder seu senso de realidade, sua capacidade de distinguir entre o que acontece nas fantasias e o que acontece independentemente delas. A autonomia relativa de cada pessoa, o grau em que sua conduta e seus sentimentos, seu auto-respeito e sua consciência relacionam-se funcionalmente com a opinião interna dos grupos a que ela se refere como "nós" [*we*], certamente está sujeito a grandes variações. A visão, hoje muito difundida, de que um indivíduo mentalmente sadio pode tornar-se totalmente independente da opinião do "nós" [*we-group*] e, nesse sentido, ser absolutamente autônomo, é tão enganosa quanto a visão inversa, que reza que sua autonomia pode desaparecer por completo numa coletividade de robôs. É isso que se pretende dizer quando se fala da elasticidade dos vínculos que unem a auto-regulação da pessoa às pressões reguladoras do "nós". Essa elasticidade tem seus limites, mas não um ponto zero. A relação entre esses dois tipos de funções reguladoras (freqüentemente distinguidas como "sociais" e "psicológicas"), nos diferentes estágios do processo grupal chamado de "desenvolvimento social", merece um estudo à parte. Explorei alguns aspectos desse problema num outro trabalho.** Aqui, o que se destaca de maneira mais acentuada é a maneira

---

* Ver o caso da mulher que convidou o lixeiro a entrar em sua casa, adiante, p.71-2.
** Ver N. Elias, *O processo civilizador*, 2 vols., Rio de Janeiro, Zahar, 1990, 1993 (originalmente publicado como *Über den Prozess der Zivilisation*, em dois volumes separados, em 1939, Basiléia, Haus zum Falken).

como a auto-regulação dos membros de um grupo estabelecido muito coeso está ligada à opinião interna que esse grupo faz de si. Nesse caso, a susceptibilidade desses indivíduos à pressão do "nós" [*we-group*] é particularmente grande, pois pertencer a tal grupo instila em seus membros um intenso sentimento de maior valor humano em relação aos outsiders.

Em épocas anteriores, o impacto que a crença de um grupo em sua graça e virtude exclusivas tinha na auto-regulação dos sentimentos e da conduta de cada um de seus membros em relação aos outsiders, mostrava-se mais visivelmente nos grupos dominados por ordens clericais e, portanto, promovia a união contra os outsiders através de uma crença sobre-humana comum. Em nossa época, esse impacto da crença carismática grupal em seus membros tem sua forma mais exemplar no caso das nações poderosas dominadas por establishments de partidos-governos e, portanto, unidas contra os forasteiros por uma crença social coletiva em sua virtude e graça nacionais ímpares. Em Winston Parva, podia-se observar, em miniatura, o núcleo de um grupo formado por membros das famílias antigas, uma ordem *estabelecida* central que preservava a virtude e a respeitabilidade especiais do vilarejo inteiro e que, como uma ordem *estabelecida* de nível inferior, cerrava solidamente suas fileiras contra os membros de um bairro considerado menos respeitável, como habitado por pessoas de menor valor humano. Nesse caso, o controle representado pela opinião grupal podia ser ainda mais rigoroso, na medida em que os estabelecidos eram um pequeno grupo face a face. Não havia nenhuma deserção isolada do grupo estabelecido, nenhuma quebra isolada do tabu contra o contato pessoal mais íntimo com os outsiders, o que mostra com que eficiência, nesse contexto, a auto-regulação de cada membro pode ser mantida através do mecanismo da vara e da cenoura a que aludi antes. Ela pode ser mantida através da participação gratificante no valor humano superior do grupo e da correspondente acentuação do amor-próprio e auto-respeito dos indivíduos, reforçados pela aprovação contínua da opinião interna do grupo e, ao mesmo tempo, pelas restrições impostas por cada membro a si mesmo, de acordo com as normas e padrões grupais. O estudo do grupo estabelecido de Winston Parva, portanto, mostra em pequena escala como o autocontrole individual e a opinião grupal estão articulados entre si.

Devemos a Freud um grande avanço na compreensão dos processos coletivos ao longo dos quais ganham forma as instâncias de autocontrole do homem. O próprio Freud, entretanto, conceituou predominantemente suas constatações de um modo que levou a crer que todo ser humano é uma unidade fechada em si mesma, um *homo clausus*. Ele reconheceu a capacidade especificamente humana de aprender a controlar e, até certo ponto, moldar os impulsos libidinais maleáveis nas experiências vividas dentro das normas grupais. Mas conceituou as funções de autocontrole que viu crescerem com a ajuda dessas experiências como se elas fossem órgãos do corpo, como os rins e o coração. Em suma, seguiu uma tradição que ainda é tão difundida dentro da classe médica quanto no público leigo em geral. Ele representou conceitualmente as funções de controle e orientação, no nível da personalidade do organismo humano, formadas através da aprendizagem, como se elas fossem órgãos de um de seus níveis inferiores, pouco afetados pela aprendizagem. Descobriu que os processos grupais de uma relação pai-mãe-filho têm uma influência determinante na moldagem das pulsões elementares e na formação das funções de autocontrole da pessoa na primeira infância. Contudo, uma vez formadas, elas lhe pareceram funcionar sozinhas, independentemente dos outros processos grupais em que toda pessoa continua envolvida, desde a infância até a velhice. Como resultado, ele formulou a concepção das funções de autocontrole dos seres humanos – o eu e o supereu ou ideal do eu [*ego-ideal*], como as denominou – de tal maneira que elas têm a característica de funcionar no que parece ser uma autonomia absoluta dentro do indivíduo. Mas as camadas da estrutura de personalidade que permanecem mais direta e estreitamente ligadas aos processos grupais de que as pessoas participam, sobretudo a imagem do nós e do ideal de nós [*we-ideal*] ficaram fora de seu horizonte. Ele não as conceituou e é provável que as tenha considerado parte do que chamava realidade, em contraposição às fantasias afetivas e aos sonhos, os quais viu, provavelmente, como seu próprio campo de interesse. Por mais que ele tenha contribuído para a compreensão dos laços que unem as pessoas, seu conceito do homem continuou a ser, basicamente, o do indivíduo isolado. Em seu campo de visão, as *pessoas* pareciam estruturadas e as sociedades formadas por pessoas interdependentes afiguravam-se um pano de fundo, uma "realidade" não estruturada, cuja dinâmica, aparentemente, não exercia nenhuma influência no ser humano individual.

A imagem do nós e o ideal do nós de uma pessoa fazem parte de sua auto-imagem e seu ideal do eu tanto quanto a imagem e o ideal do eu da pessoa singular a quem ela se refere como "eu". Não é difícil perceber que afirmações como "eu, Pat O'Brien, sou irlandesa" implicam uma imagem do eu e uma imagem do nós. O mesmo acontece com afirmações como "sou mexicano", "sou budista", "sou da classe trabalhadora" ou "somos de uma antiga família escocesa". Esses e outros aspectos da identidade grupal da pessoa não são menos integrantes de sua identidade pessoal do que outros aspectos que a distinguem de outros membros de seu "nós" [*we-group*].

Certa vez, Freud observou que um desmoronamento da estrutura da personalidade, como no caso dos distúrbios neuróticos ou psicóticos, pode facultar ao observador perceber mais claramente suas funções interligadas do que seu funcionamento normal. *Mutatis mutandis*, podemos dizer o mesmo da imagem do nós e do ideal do nós. Eles são sempre um compósito de fantasias emotivas e imagens realistas, porém se destacam com a máxima nitidez quando a fantasia e a realidade se dissociam. É que, nesse caso, seu conteúdo fantasioso fica acentuado. A diferença é que, no caso de funções de personalidade como a imagem do eu e o ideal do eu, as fantasias emotivas representam experiências puramente pessoais de um processo grupal. No caso da imagem do nós e do ideal do nós, essas fantasias são versões pessoais de fantasias coletivas.

Um exemplo notável de nossa época é o da imagem e do ideal do nós de nações anteriormente poderosas, cuja superioridade em relação a outras sofreu um declínio. Seus membros podem sofrer durante séculos, porque o ideal do nós carismático coletivo, moldado numa auto-imagem idealizada dos tempos de grandeza, permanece por muitas gerações como um modelo ao qual eles crêem dever conformar-se, sem ter a possibilidade de fazê-lo. O brilho de sua vida coletiva como nação extinguiu-se; sua superioridade de poder em relação a outros grupos, afetivamente entendida como um sinal de seu valor humano superior em relação ao valor inferior desses outros, está irremediavelmente perdida. Não obstante, o sonho de seu carisma especial mantém-se vivo de diversas maneiras – através do ensino da história, das construções antigas, das obras-primas da nação em seus tempos de glória ou de novas realizações que pareçam confirmar a grandeza do passado. Por algum tempo, o escudo fantasioso de seu carisma imaginário, como grupo estabelecido e dominante, pode dar a uma nação em declínio forças para seguir em frente. Nesse sentido, pode ter um valor de sobrevivência. Mas a discrepância entre a situação real e a situação imaginária do grupo entre outros também pode acarretar uma avaliação errônea dos instrumentos de poder de que ele dispõe e, por conseguinte, sugerir uma estratégia coletiva de busca de uma imagem fantasiosa da própria grandeza, que é capaz de levar à autodestruição e à destruição de outros grupos interdependentes. Os sonhos das nações (como os de outros grupos) são perigosos.* Um ideal do nós

---

* A rigidez da imagem do nós e a conseqüente incapacidade dos grupos de adaptá-la às condições mutáveis de vida mostram-se não apenas no destino dos grandes grupos, como as classes sociais e as nações, mas também no dos pequenos grupos. Um exemplo eloqüente pode ser encontrado em "De Tragedie der Puttenaren", num livro de A. van Dantzig, *Normaal is niet gewoon*, Amsterdã, De Bezige Bij, 1974, p.21ss. O autor descreve o destino de um grupo de 452 pessoas que haviam passado a vida inteira numa pequena comunidade aldeã holandesa, quando, em novembro de 1944, foram subitamente deportadas e, a título de represália, enviadas – como grupo – a um campo de concentração. Rotineiramente, elas continuaram a obedecer às antigas normas do vilarejo, isto é, trabalhavam com o mesmo afinco de antes, faziam as pausas que consideravam justificadas, mostravam-se indignadas diante de diversos aspectos da vida no campo etc. Em suma, estando juntas, não conseguiram comportar-se de um modo que a opinião pública de sua aldeia pudesse reprovar. O controle mútuo automático dos aldeãos não permitiu que eles adaptassem seus padrões de conduta às condições de vida de um campo de concentração, completamente diferentes daquelas. Apenas 32 deles retornaram a Putten, onde outros três faleceram. Naturalmente, não se pode ter certeza de que seu índice de sobrevivência fosse mais alto se eles não tivessem sido mandados para o campo como um grupo ainda razoavelmente integrado. O que se pode afirmar, entretanto, é que esse fato – o eles terem sido mandados para um campo de concentração como grupo (o que, noutros casos, muitas vezes é considerado um fator de sobrevivência positivo) –, nesse caso, contribuiu para seu baixíssimo índice de sobrevi-

hipertrofiado é sintoma de uma doença coletiva. Muito se poderia extrair de uma melhor compreensão da dinâmica das figurações estabelecidos-outsiders e, portanto, dos problemas implícitos na mudança de posição dos grupos em relação uns aos outros, da ascensão de grupos à posição de ordem estabelecida monopolista da qual os outros são excluídos e do declínio ou queda dessa posição numa outra na qual eles mesmos, sob certos aspectos, são os excluídos outsiders. Também nesse aspecto, o ideal de "racionalidade", herança do antigo Iluminismo, continua a bloquear o caminho para um melhor entendimento desses problemas. Ele perpetua a idéia de que as nações, assim como seus líderes, em geral agem "racionalmente", o que provavelmente significa, nesse contexto, de forma realista.

Os conceitos aqui expostos como parte de uma teoria da figuração estabelecidos-outsiders, tais como carisma grupal e ideal do nós, podem contribuir para uma avaliação mais adequada dessas relações grupais. O exemplo de establishments poderosos, como os grupos nacionais, que perdem seu status de grande potência e descem para as categorias de establishments de segundo ou terceiro nível, mostra, mais uma vez, a estreita ligação entre os diferenciais de poder dos grupos e as *imagens do nós* de seus membros. Evidenciar essas ligações não significa que elas constituam uma parte imutável da natureza humana. Na verdade, quanto maior a consciência da equação emotiva entre grande poder e grande valor humano, maior é a probabilidade de uma avaliação crítica e de uma mudança. No auge de seu poderio, os grupos dominantes das nações ou das classes sociais e outros agrupamentos de seres humanos são dados a idéias de grandeza. O caráter auto-engrandecedor de um diferencial maior de poder lisonjeia o amor-próprio coletivo, que é também a recompensa pela submissão às normas específicas do grupo, aos padrões de continência afetiva característicos desse grupo, que são tidos como ausentes nos grupos menos poderosos, "inferiores", de outsiders e párias. Daí o fato de os padrões tradicionais de continência, bem como as normas de conduta que distinguem um antigo grupo superior, tenderem a se fragilizar ou até a se desarticular quando vacila o amor-próprio recompensador, a crença no carisma especial do grupo antes poderoso, em função do declínio de sua grande superioridade de poder. Também nesse caso, porém, tal processo leva tempo. O choque da realidade pode demorar muito a se impor. Durante gerações, a crença reconfortante na virtude, na graça e na missão especiais de um grupo estabelecido pode proteger seus membros do pleno reconhecimento emotivo de sua mudança de situação, da consciência de que os deuses falharam,

---

vência. Em resumo, como diz o autor: "Muitos habitantes de Putten foram incapazes de se libertar das leis que, durante muito tempo, haviam-lhes determinado o curso da vida e a estrutura de sua comunidade." Diz van Dantzig, com toda razão: "A psicanálise e a sociologia poderiam ter-se encontrado nesse ponto." O caso que ele descreve tão vividamente mostra com muita clareza a necessidade de considerar o ideal do nós, juntamente com o ideal do eu, como parte da estrutura de personalidade.

de que o grupo não se manteve fiel a eles. Eles podem *saber* da mudança como um fato, mas a crença no carisma especial de seu grupo e nas atitudes e estratégias comportamentais que o acompanham mantém-se inalterada, como um escudo imaginário que as impede de *sentir* essa mudança e, por conseguinte, de conseguir ajustar-se às novas condições de sua imagem e sua estratégia grupais. Assim, uma vez que o ajuste realista é uma precondição sem a qual elas não podem, como grupo cujos recursos de poder diminuíram, realizar nada que seja capaz de provar seu valor humano a elas mesmas e a outrem, a negação emotiva da mudança, a preservação tácita da imagem carismática do grupo amado revela-se autodestrutiva.

Mais cedo ou mais tarde, o choque da realidade se impõe, e sua chegada costuma ser traumática. Podem-se observar grupos — em nossa época, sobretudo os grupos nacionais — nos quais muitos membros, sem se aperceberem disso, parecem permanecer num estado de luto pela grandeza perdida. É como se dissessem: se não podemos ficar à altura da imagem do nós da época de nossa grandeza, realmente não vale a pena fazer nada.

Com a ajuda dessa referência a casos em que as mudanças da posição de um grupo em relação a outros grupos acentuam os aspectos irrealistas de sua imagem e seu ideal coletivos, podemos ficar mais aptos a compreender o funcionamento da imagem e ideal do nós do grupo estabelecido no estudo que se segue. Nesse caso específico, deparamos com um desses grupos num momento em que sua situação de superioridade em relação aos outsiders ainda é plenamente mantida. A própria existência de outsiders interdependentes, que não partilham do reservatório de lembranças comuns nem tampouco, ao que parece, das mesmas normas de respeitabilidade do grupo estabelecido age como um fator de irritação; é percebida pelos membros desse grupo como um ataque a sua imagem e seu ideal do nós. A rejeição e a estigmatização dos outsiders constituem seu contra-ataque. O grupo estabelecido sente-se compelido a repelir aquilo que vivencia como uma ameaça a sua superioridade de poder (em termos de sua coesão e seu monopólio dos cargos oficiais e das atividades de lazer) e a sua superioridade humana, a seu carisma coletivo, através de um contra-ataque, de uma rejeição e humilhação contínuas do outro grupo.

A circulação de fofocas depreciativas [*blame gossip*] e a auto-imagem maculada dos outsiders podem ser consideradas traços constantes desse tipo de figuração. Em outros casos, eles se tornam rotineiros e podem persistir por séculos. Dentre os aspectos mais reveladores da estratégia dos grupos estabelecidos figura a imputação aos outsiders, como motivo de censura, de algumas de suas próprias atitudes usuais, as quais, no caso deles, freqüentemente são motivo de louvor. Assim, numa aldeia hindu, os intocáveis tinham que tirar os sapatos ao passar pelas ruas dos indianos das castas superiores, já que usar sapatos equivalia a um "exibicionismo". Noutros lugares, os párias do sexo masculino não tinham permissão de usar bigodes com as pontas voltadas para cima, já que isso significava uma auto-afirmação.*

Do mesmo modo, um escritor norte-americano, não desvinculado do establishment de seu país,** falou dos intelectuais negros, com toda a inocência, como "ávidos por um gosto de poder", esquecido de que, desde longa data, os brancos norte-americanos usavam sua própria superioridade como meio de excluir os descendentes de escravos da participação nos instrumentos de poder que monopolizavam.

Um dos aspectos mais notáveis das abordagens atuais das relações estabelecidos-outsiders com conotações "raciais" é a freqüência com que as discussões são conduzidas em termos de um problema do aqui e agora. A exclusão dos processos grupais de longo prazo – que não devem ser confundidos com o que chamamos "história" – do estudo desse tipo de relação estabelecidos-outsiders tende a distorcer o problema. Ao discutir os problemas "raciais", tende-se a pôr a carroça adiante dos bois. Afirma-se, em geral, que as pessoas percebem as outras como pertencentes a outro grupo porque a cor de sua pele é diferente. Seria mais pertinente indagar como foi que surgiu no mundo o hábito de perceber as pessoas com outra cor de pele como pertencentes a um grupo diferente. Esse problema coloca prontamente em foco o longo processo durante o qual os grupos humanos se desenvolveram em diferentes partes da Terra, adaptaram-se a condições físicas diferentes e, mais tarde, após longos períodos de isolamento, entraram em contato uns com os outros, não raro como conquistadores e conquistados e, portanto, dentro de uma mesma sociedade, como estabelecidos e outsiders. Foi em decorrência desse longo processo de interpenetração, no qual grupos com diferentes características físicas tornaram-se interdependentes como senhores e escravos, ou ocupando outras posições com grandes diferenciais de poder, que as diferenças na aparência física passaram a ser sinais da pertença das pessoas em grupos como diferenças de poder, com pertenças diferentes e com normas distintas. Isso faz lembrar, mais uma vez, a necessidade de reconstituir o caráter temporal dos grupos e suas relações como processos na seqüência temporal, caso queiramos entender as fronteiras que as pessoas traçam ao estabelecer uma distinção entre grupos a que se referem como "nós" e grupos a que se referem como "eles".

O desenvolvimento da figuração indiana castas-párias pode servir-nos de exemplo. É um dos mais longos processos grupais desse tipo sobre os quais dispomos de provas documentais escritas, que remontam ao segundo milênio antes de nossa era. Dificilmente se podem compreender e explicar as relações multidimensionais entre estabelecidos e outsiders, na Índia, desde as castas

---

* Relatório da Comissão Elayaperumal, 1960, citado in Dilip Hiro, *The Untouchables of India*, relatório n.26, Londres, Minority Rights Group, 1975, p.9.
** Ver Eric Hoffer, *The Temper of Our Time*, Nova York, 1969, p.64.

superiores até os párias, tal como as encontramos hoje em dia, sem fazer referência ao longo processo coletivo durante o qual essa figuração transformou-se no que é. O ponto de partida foi a sujeição gradativa dos antigos habitantes da Índia por conquistadores que a invadiram pelo norte. Aparentemente, eles provinham das estepes da Rússia meridional através do Irã, falavam uma língua indo-européia e, em alguns documentos, referiam-se a si mesmos como arianos de tez clara, facilmente distinguíveis, pela aparência física, das tribos de pele escura que submeteram a seu jugo. Entre esses arianos, em contraste com os outros ramos do mesmo tronco que conhecemos como tribos helênicas e germânicas, a luta primeva entre guerreiros e sacerdotes havia resultado na vitória destes últimos. Essa situação, aliada ao fato de que, em termos numéricos, os grupos conquistadores provavelmente eram muito menores do que a população subjugada e talvez tivessem uma escassez de mulheres, levou a uma política sistemática de fechamento e exclusão por parte do grupo estabelecido em seu relacionamento com a população dominada — exceto pelas relações dos conquistadores com as mulheres subjugadas, que resultaram, ao longo das gerações, num decréscimo sistemático das diferenças físicas — as chamadas diferenças raciais —, embora sem resultar num decréscimo da exclusão. Cristalizada numa tradição, essa política resultou numa situação em que todos os grupos cerraram fileiras contra quaisquer outros tidos como de status inferior. Todos os grupos que se distinguiam dos demais por sua posição e suas funções sociais tornavam-se hereditários, sendo, em princípio, ainda que nem sempre na prática, inacessíveis aos que não nasciam em seu seio.

Assim, à medida que a sociedade hindu tornou-se mais diferenciada, foi assumindo o caráter de uma hierarquia de castas hereditárias e, nos níveis mais baixos, de párias hereditários. A rigidez dessa tradição de exclusão grupal talvez tenha decorrido, antes de mais nada, do medo sentido pelos invasores de pele clara, e especialmente por seus sacerdotes, de perder sua identidade e sua posição privilegiada. Assim, os conquistadores obrigaram a população conquistada a viver fora de suas aldeias. Excluíram-na da participação nas cerimônias religiosas, nos sacrifícios e orações aos deuses e, portanto, das bênçãos que estes conferiam aos participantes. Ao lhes negar a participação em seu próprio carisma grupal e suas normas, os conquistadores empurraram os conquistados para a situação de pessoas anômicas aos olhos delas mesmas e, ao mesmo tempo, desprezaram-nos por não obedecerem às normas que eles observavam. O establishment sacerdotal, os brâmanes, usou sistematicamente seu monopólio dos meios de orientação e do controle das forças invisíveis como um instrumento de dominação e uma arma de exclusão. A tradição das relações entre estabelecidos e outsiders, que a princípio estava ligada à política dos conquistadores em relação aos conquistados e que, com o tempo, permeou a hierarquia de castas, cada vez mais diferenciada, até os párias, na base da pirâmide social, assumiu sua rigidez ímpar, no caso indiano, por ter sido firmemente inscrita num molde de crenças religiosas e práticas mágicas pelo establishment dominante dos sacerdotes.

Em contraste com a política tradicional dos establishments religiosos, como a do cristianismo e a do islamismo, que se voltou para a conversão e a assimilação dos grupos externos, os brâmanes foram habituados, desde os primórdios, a uma política de exclusão; esta se voltava para uma rigorosa segregação hierárquica dos grupos, como precondição de sua própria supremacia. Assim como, nos primeiros tempos, as populações não arianas subjugadas foram rigidamente excluídas da participação nos rituais e orações dos grupos dominantes, também todas as divisões funcionais da sociedade indiana, posteriormente, desde os sacerdotes até os varredores de rua, foram concebidas em termos de uma exclusão sancionada pela religião, de uma hierarquia de divisões sociais hereditárias entre castas superiores e inferiores. As diferenças eram explicadas em termos dos "bons" ou "maus" atos praticados numa vida anterior. Assim, no dizer de Hiro, reza o Manusmriti, um dos livros sagrados, que:

> "Em conseqüência dos muitos maus atos cometidos com o corpo, o homem transforma-se, no nascimento seguinte, numa coisa inanimada; em conseqüência dos maus atos cometidos através da fala, numa ave ou animal; em conseqüência dos pecados do espírito, renasce numa casta inferior." Com isso, o establishment brâmane impôs às castas inferiores aceitarem sem questionamento sua posição e se lembrarem que, se seguissem o *dharma* (ou seja, o dever) que lhes fora atribuído nesta vida, seriam recompensadas com uma posição melhor na vida seguinte.*

Um dos recursos clássicos dos establishments sob pressão consiste em reforçar as restrições que seus membros impõem a si mesmos e ao grupo dominado mais amplo, e a observância dessas restrições pode ser usada, por sua vez, como um sinal do carisma do próprio grupo e da desgraça dos outsiders. Entre 100 a.C. e 100 d.C., o establishment bramanista foi pressionado por missionários budistas rivais, que vinham aumentando desde a época do imperador budista Ashoka. Foi durante esse período que os próprios brâmanes renunciaram a comer carne, os membros das castas passaram a se abster de comer carne de boi e as vacas assumiram o status pleno de símbolos de uma divindade, com isso não mais podendo ser abatidas. Tal como no Japão, já existiam, antes disso, grupos ocupacionais cujo trabalho era visto como sujo e que, portanto, eram considerados socialmente poluentes. O fortalecimento do tabu contra o abate e o consumo de animais ratificou sua condição de párias. Os açougueiros, trabalhadores de curtume, pescadores, carrascos, garis e outros grupos ocupacionais similares ficaram vistos como seres humanos cujo contato contaminava os demais. Ao longo dos séculos, seus membros foram tratados como estando fora das castas, como párias hereditários.

---

* Hiro, *The Untouchables of India*, p.5.

Para quem vive numa sociedade industrializada relativamente rica, é preciso um exercício de imaginação para fazer uma idéia do estilo de vida e dos sentimentos dos seres humanos postos em tal situação. Mas é um exercício que merece ser feito. Durante todo esse longo período, a imagem maculada do nós de cada um dominou e coloriu sua auto-imagem. Eclipsou sua imagem de pessoa individual, de um modo a que não temos acesso prontamente nas sociedades em que o sentimento de poluição pelos outsiders não é sancionado pelas crenças dominantes. O mundo de pesadelo da imagem do nós suja pode facilmente parecer estranho. No entanto, é provável que algumas das crianças que cresceram no "beco dos ratos" de Winston Parva (tal como era chamado o loteamento pelo grupo estabelecido) tenham sofrido de uma imagem do nós similarmente maculada e por isso se tornado desviantes. Sempre que há relações entre estabelecidos e outsiders, esses sentimentos nunca estão inteiramente ausentes. O profundo constrangimento despertado pelo contato com membros dos grupos outsiders pode ser menos acentuado, mas, mesmo sem as sanções religiosas, tem características parecidas. Em sua raiz encontra-se o medo do contato com um grupo que, aos olhos do indivíduo e de seu semelhante, é anômico. Seus membros infringem normas que ele está obrigado a observar e de cuja observância dependem seu auto-respeito e o respeito dos semelhantes. Disso também depende a participação do indivíduo na graça e virtude especiais, no carisma de seu grupo.

Mesmo num âmbito tão pequeno como o de Winston Parva, algumas dessas características puderam ser observadas. Pareceu útil permitir que o microcosmo de uma pequena comunidade esclarecesse o macrocosmo das sociedades em larga escala e vice-versa. É essa a linha de raciocínio que está por trás do emprego de um pequeno cenário como paradigma empírico de relações estabelecidos-outsiders que, muitas vezes, existem em outros lugares em escala diferente. Nesse cenário, é possível focalizar melhor alguns detalhes do que nos estudos sobre essas relações em cenários mais amplos. Outros se destacam aqui com mais clareza. Juntos, eles podem contribuir para uma compreensão melhor da sociodinâmica das relações estabelecidos-outsiders. Uma vez que esse tipo de estudo engloba num mesmo conceito guarda-chuva certos tipos de relações que tradicionalmente só são percebidos como diferentes, verifica-se que todos eles se destacam com mais nitidez.

Pode-se ver com mais clareza, por exemplo, o papel desempenhado nas relações estabelecidos-outsiders pelas diferenças entre as normas e, em especial, entre os padrões de autocontrole. O grupo estabelecido tende a vivenciar essas diferenças como um fator de irritação, em parte porque seu cumprimento das normas está ligado a seu amor-próprio, às crenças carismáticas de seu grupo, e em parte porque a não observância dessas normas por terceiros pode enfraquecer sua própria defesa contra o desejo de romper as normas prescritas. Assim, os outsiders interdependentes, que são mais tolerantes ou apenas suspeitos de serem mais tolerantes no cumprimento de restrições cuja observância rigorosa é vital para os membros do grupo estabelecido, para que estes mantenham seu status perante seus semelhantes, são vistos pelo grupos estabelecidos como uma ameaça a sua posição, a sua virtude e graça especiais. Essa foi uma das principais razões por que, no caso de Winston Parva, os estabelecidos revidaram com tamanha contundência. Com ou sem razão, eles, como muitos outros grupos estabelecidos, sentiram-se expostos a um ataque tríplice – contra seu monopólio das fontes de poder, contra seu carisma coletivo e contra suas normas grupais. Repeliram o que vivenciaram como um ataque, cerrando suas fileiras contra os recém-chegados, excluindo-os e humilhando-os. Os outsiders, por sua vez, dificilmente teriam a intenção de agredir os antigos residentes. Mas foram colocados numa situação infausta e, muitas vezes, humilhante. O drama todo foi encenado pelos dois lados como se eles fossem marionetes.

1 | Considerações sobre o método

Em 1959-60, Winston Parva* fazia parte de uma área de construções suburbanas nos arredores de uma grande e próspera cidade industrial da região central da Inglaterra. Uma ferrovia separava-a de outras partes desse conjunto que proliferava; uma ponte sobre a via férrea era o único elo com Winston Magna e com o restante de Winston. Ali viviam menos de 5.000 habitantes, que formavam uma comunidade bastante coesa, com suas próprias fábricas, escolas, igrejas, lojas e clubes. E com suas próprias divisões.

A área se compunha de três bairros, conhecidos e reconhecidos como diferentes pelos próprios habitantes. A Zona 1 era o que se costuma chamar de área residencial de classe média. A maioria de seus moradores a via como tal. As Zonas 2 e 3 eram áreas operárias, uma das quais, a Zona 2, abrigava quase todas as fábricas locais. Em termos de faixas de renda, tipos de ocupação profissional e "classe social", os habitantes das Zonas 2 e 3 não pareciam marcantemente diferentes. Um observador habituado a avaliar apenas nesses termos a estrutura social de um grupo de vizinhos talvez esperasse constatar que as duas zonas da classe trabalhadora tinham muita coisa em comum, que os moradores se percebiam mais ou menos como iguais e que a principal linha divisória da vida comunitária de Winston Parva, em termos da classificação mútua dos habitantes e das barreiras erguidas contra as relações sociais e a comunicação, situava-se entre a zona da classe média, de um lado, e as duas zonas operárias, do outro.

Mas a figuração encontrada, na verdade, foi diferente. Um levantamento preliminar sugeriu que não só os habitantes de classe média da Zona 1, mas também os moradores operários da Zona 2 consideravam a si mesmos e a seus vizinhos como tendo um status social superior aos da Zona 3 e que as barreiras sociais que separavam os dois bairros operários entre si eram no mínimo iguais, se não maiores, que as barreiras às relações sociais e à comunicação entre os bairros da classe trabalhadora e o bairro de classe média da região. Os próprios residentes da Zona 3 pareciam aceitar a inferioridade de status localmente atribuída a seu bairro, em comparação com a Zona 2, ainda que de mau grado e com certa amargura. Era impossível não perguntar por que eles aquiesciam. Como

---
* Todos os nomes reconhecíveis deste estudo foram modificados.

conseguiam os habitantes da Zona 2 afirmar e sustentar sua superioridade de status? Quais eram as fontes de poder que lhes permitiam fazê-lo? Seriam as diferenças ocupacionais entre os habitantes dos dois distritos operários maiores do que pareciam e seriam elas responsáveis pelas diferenças de status atribuídas aos dois bairros? Haveria diferenças acentuadas no padrão de renda entre os dois grupos ou nas dimensões e no aluguel de suas casas? Se assim não fosse, que outros fatores poderiam explicar essas diferenças de status, com tudo o que implicavam em termos de relações humanas?

Não foi difícil encontrar uma resposta provisória. A Zona 2 era um bairro operário antigo, a Zona 3, um bairro novo. Os moradores da Zona 2, em sua maior parte, eram membros de famílias que viviam na região havia bastante tempo, que ali se haviam estabelecido como antigos residentes, que acreditavam fazer parte do lugar e achavam que lhes pertencia. Os moradores da Zona 3 eram recém-chegados que haviam passado a morar em Winston Parva em data relativamente recente, e que continuavam a ser forasteiros em relação aos habitantes mais antigos. O exame dessa relação parecia valer a pena. É freqüente surgirem novos loteamentos habitacionais em bairros antigos e, além da mobilidade social migratória que é o concomitante normal da urbanização e industrialização crescentes por toda parte, as guerras e revoluções repetidamente levam exércitos de migrantes, como residentes potenciais, para a vizinhança de comunidades mais antigas.

Como observação informal, o fato de que o tempo de residência pode ser um fator na classificação das famílias e grupos é bastante conhecido. Particularmente em estudos sobre grupos das classes alta e média, não são raras as alusões às famílias antigas e novas, ou às antigas fortunas e aos novos ricos, e a existência de sociedades cujo núcleo é formado por uma rede de famílias antigas é muito conhecida, não apenas no plano nacional, mas também no nível local, como um poderoso fator de estratificação social e de estruturação social de muitas comunidades.

Menos conhecido, talvez, é o fato de que distinções similares também podem desempenhar um papel nas relações entre grupos da classe trabalhadora. E um caso desse tipo presta-se bem para dar maior destaque ao problema geral que vincula todos esses fenômenos entre si – o problema de por que, em certas condições, a "antigüidade" de um grupo é considerada um fator de prestígio e sua presença mais recente, um fator de censura. Seria de esperar que os grupos da classe trabalhadora fossem menos propensos a esse tipo de hierarquização, já que, nas outras classes, ele costuma ser associado à "antigüidade" ou "novidade" da riqueza. Contudo, expressões como "antigo bairro operário" ocorrem na literatura pertinente, embora geralmente permaneçam no nível da observação informal do leigo, sem nenhum vínculo com a teoria sociológica. É bastante claro que os epítetos "antigo" e "novo", aplicados às formações sociais, apontam para diferenças no tempo de residência ou de conhecimento de seus membros e famílias. Talvez menos evidente é que esses termos apontam para diferenças específicas na estrutura dos grupos e que esse tipo de diferença estrutural desempenha um papel em sua hierarquização.

Uma comunidade pequena, como a de Winston Parva, parecia oferecer uma boa oportunidade de se aprender um pouco mais sobre esses problemas. A questão era saber se e até que ponto uma investigação mais sistemática confirmaria a impressão que se tinha da relação entre as três zonas da comunidade e se seria possível esclarecer melhor as razões dessa configuração e criar um modelo provisório para esse tipo de relação, capaz de servir de guia em estudos de fenômenos similares ou correlatos e passível de verificação.

Ao lado de problemas substantivos como esses, havia alguns problemas de método. Winston Parva era uma comunidade relativamente pequena. Um dos autores trabalhara lá por alguns anos e a conhecia de perto, por experiência pessoal. Ele realizou entrevistas com membros de cada trigésima casa constante do registro eleitoral de todas as três zonas. Entrevistou os líderes das associações beneficentes locais e analisou suas listas de membros. Durante algum tempo, organizou um clube juvenil e lecionou numa escola local. Os autores também puderam servir-se de fichas escolares que mostravam a ocupação e o local de residência de todos os pais de alunos primários de Winston Parva.

As entrevistas e fichas de registro permitiram compilar dados quantitativos e apresentar alguns deles sob a forma de tabelas estatísticas. Mas os dados quantitativos assim compilados só podiam ser considerados parte das provas necessárias a pesquisas sobre esse tipo de problemas. Podiam ajudar a avaliar se as diferenças "estruturais" do tipo que se costuma ter em mente ao empregar o termo "estrutura" nesse contexto, tais como as diferenças profissionais ou de renda, eram ou não suficientemente grandes para explicar as diferenças de status que se afirmava existirem no local entre dois bairros operários, as diferentes imagens que os bairros tinham de si mesmos e a postura excludente, relativamente acentuada, que tinham os membros da zona "superior" em relação aos da "inferior".

Como se constatou, tais alegações, imagens e barreiras à comunicação social não podiam ser explicadas apenas em termos de um ou outro fator quantificável. Não podiam ser explicadas por meio de métodos voltados para a medição de "fatores" ou "variáveis", como se cada um deles existisse e pudesse variar por si, independentemente da configuração social completa — em suma, através de métodos baseados no pressuposto tácito de que os fenômenos sociais seriam combinações de variáveis, comparáveis às combinações de partículas atômicas que servem aos cientistas naturais como um de seus principais modelos.

Tampouco era possível explicá-las com base no pressuposto, freqüentemente implícito nas utilizações atuais dos métodos estatísticos, de que as atitudes e crenças individuais constatadas durante a realização de entrevistas, por exemplo, teriam sido formadas pelos entrevistados, antes de mais nada, independentemente de outros indivíduos, como que na quietude de sua torre de marfim, e só secundariamente teriam entrado em contato com as de outras pessoas. Menos plausível ainda, nesse contexto, era outro desses pressupostos tácitos subjacentes a muitos levantamentos estatísticos sobre as atitudes e opiniões — o pressuposto de que a distribuição do poder seria tão uniforme entre os indivíduos que todos eles poderiam enunciar suas opiniões, independentemente do que os outros pensassem.

Todos esses pressupostos estavam bem dentro do espírito de um método que restringia seu uso a um conceito das sociedades como congéries ou amontoados de pessoas, como "populações estatísticas", desviando a atenção das configurações específicas que as pessoas formam entre si — das estruturas sociais específicas.

Em Winston Parva, logo ficou muito patente que as respostas recebidas nas entrevistas ou noutros contextos, particularmente as que diziam respeito às configurações existentes dentro dos vários bairros e entre eles, não eram, para começar, a expressão de idéias separadamente formadas, por cada indivíduo. As respostas individuais eram parte integrante das crenças e atitudes comuns, mantidas por várias formas de pressão e controle sociais, sobretudo na Zona 2, onde a coesão entre os vizinhos era relativamente alta, e também pelas pressões de uma situação comum, especialmente na Zona 3, onde a coesão era menor. Em outras palavras, elas representavam variações individuais das crenças e atitudes padronizadas que circulavam nessas áreas.

É bem possível que algumas das pessoas entrevistadas tivessem opiniões individuais divergentes das idéias e crenças típicas de seu bairro. Mas as entrevistas de tipo convencional são métodos aproximativos de avaliar as atitudes e opiniões das pessoas. Raramente fazem mais do que arranhar a superfície. Em comunidades como essas, era de se esperar que, em entrevistas com pessoas relativamente estranhas, os entrevistados fossem mais propensos a exprimir as idéias-padrão dominantes do que quaisquer opiniões individuais que se desviassem desses padrões. Ficou bem claro que, numa comunidade solidamente unida, como a Zona 2, as pessoas ansiavam por apresentar uma postura idêntica e causar a melhor impressão possível nos estranhos. Até os outsiders da Zona 2 (reconhecíveis como tais, para quem tivesse mais do que um conhecimento superficial dessa área) davam, rotineiramente, as respostas padronizadas que prevaleciam no bairro.

Quem trabalhasse por algum tempo em Winston Parva não teria mais nenhuma dúvida quanto a elas. Nem havia necessidade de técnicas estatísticas altamente sofisticadas para discerni-las. A idéia de que o conceito pessoal das normas de uma comunidade é uma abstração ou uma generalização feita a partir de um conjunto de opiniões individuais logo se dissipava nesse contexto social, desde que os olhos do observador não fossem vendados por dogmas preconcebidos. As opiniões de cada um sobre seu bairro e os bairros vizinhos, nesse contexto como em muitos outros, não eram inicialmente formadas por cada indivíduo para si mesmo; formavam-se no âmbito de uma troca de idéias contínua dentro da comunidade, no decorrer da qual os indivíduos exerciam considerável pressão uns sobre os outros, para que todos se conformassem à imagem coletiva da comunidade na fala e no comportamento; nesse padrão de controle da vizinhança, as redes familiares mais altamente respeitadas ocupavam uma posição chave: enquanto tinham poder suficiente, agiam como guardiãs da imagem comunitária e das opiniões e atitudes aprovadas. Mesmo sem um levantamento quantitativo, podia-se ter um alto grau de certeza quanto à imagem comunitária normativa que os membros da Zona 2 compartilhavam, porque ela era mencionada com freqüência nas conversas, direta ou indiretamente, como uma coisa que todos tinham como fato. Provavelmente, haveria uma grande comoção se uma pessoa pertencente àquela zona deixasse de aceitá-la. Mas, tanto quanto se podia avaliar, ninguém jamais o fazia. A uniformidade de opinião a esse respeito mal chegava a ser menor que a da linguagem usada pela população. Em tal contexto, podia-se ter um altíssimo grau de certeza das crenças e atitudes comunitárias das pessoas, sem fazer o clássico levantamento de opiniões numa amostragem ao acaso, embora, em nome da tradição, esse levantamento tenha sido realizado.

Também outros aspectos da pesquisa indicaram que, naquele contexto social, as inferências feitas unicamente a partir da análise estatística das entrevistas seriam de valor limitado, sem o conhecimento adquirido por meio de uma investigação sistemática, feita por um observador participante devidamente preparado. Eis um exemplo.

Em geral, os habitantes das três zonas de Winston Parva viam a si mesmos e uns aos outros em termos bastante convencionais. Viam a Zona 1 como uma "área de classe mais alta" ou uma "área residencial", e as Zonas 2 e 3 como "bairros operários", embora os moradores da Zona 2 vissem sua área como amplamente superior. Contudo, examinando mais de perto, logo se descobria que cada zona tinha seu grupo minoritário. A Zona 1 tinha uma fileira de casas modestas, habitadas por trabalhadores braçais, e em algumas casas de classe média moravam famílias de operários que haviam adquirido seu imóvel na Zona 1 com a ajuda da poupança de bônus de guerra ou da renda conjunta do casal. Em geral, eles encaravam a moradia na Zona 1 como um símbolo de ascensão social e sucesso. A Zona 2 tinha um pequeno grupo de residentes de classe média; a Zona 3 tinha uma pequena minoria de "famílias-problema", particularmente numerosas e inconvenientes, que extraíam parte de sua renda, embora não a totalidade, da mão-de-obra não especializada.

As estatísticas profissionais ajudariam a evidenciar os contornos dessa configuração, mas o papel exato que ela desempenhava nas imagens e relações das três zonas não podia ser discernido unicamente através de inferências pautadas na análise estatística. A minoria da Zona 1 não desempenhava papel algum na imagem do bairro. Nunca foi mencionada, nem nas conversas nem nas entrevistas, em relação à reputação ou ao status dessa zona. Vez por outra, a minoria da Zona 2 era mencionada por seus residentes, sempre com visível orgulho; ela reforçava sua pretensão de um status superior ao dos vizinhos da Zona 3. Em contraste, a imagem e a reputação da Zona 3 eram enormemente afetadas pela minoria relativamente pequena de "famílias-problema". A reputação dos "estabelecidos" era engrandecida por um pequeníssimo número de famílias "socialmente superiores", enquanto a dos "outsiders" era decisivamente marcada pelas atividades de seu setor "mais baixo".

Assim, nesse âmbito reduzido, encontrava-se e, até certo ponto, aprendia-se a compreender uma ilusão de óptica que é característica da construção das imagens sociais de vários outros contextos sociais muito mais amplos: a imagem que os estabelecidos, os poderosos setores dirigentes de uma sociedade têm de si e transmitem aos outros tende a se pautar na "minoria dos melhores", ou seja, tende para a idealização. A imagem dos outsiders, dos grupos relativamente pouco poderosos em comparação com os setores estabelecidos, tende a se modelar na "minoria dos piores", isto é, tende a estar denegrida.

Foi possível testar esse modelo hipotético de uma configuração específica, à medida que ele emergiu nas observações preliminares, por meio de entrevistas e da observação mais sistemática. Mas a organização das entrevistas e a compilação das observações que possibilitavam esse teste pressupunham a presença de um observador apto a reconhecer esse tipo de configurações – treinado não apenas na análise estatística, mas também na análise e sinopse das configurações. Embora estas últimas sejam largamente praticadas entre os sociólogos, é freqüente se conceituarem os métodos sociológicos como se o único processo cientificamente fidedigno e legítimo fosse a análise estatística. Parecem achar muitas vezes que somente ela é capaz de trazer a certeza impessoal que se espera de uma pesquisa sociológica. As afirmações que não se pautam em medidas de propriedades quantificáveis são comumente descartadas como "fundadas em impressões", "meramente descritivas", ou "subjetivas". Outros pesquisadores, antes de nós, devem ter tido problemas com a insuficiência de uma conceituação que torna necessariamente pouco fidedigna, imprecisa e cientificamente suspeita qualquer declaração verbal que não faça referência direta a dados estatísticos e implica que as únicas certezas que se pode ter sobre os fenômenos sociais são as que se baseiam em afirmações sobre quanto existe ou existiu do fenômeno A mais do que do fenômeno B. Muitas vezes, porém, as afirmações deste último tipo não são muito esclarecedoras, a menos que sejam combinadas com outras afirmações sobre a forma de vínculo entre A e B – a menos que os métodos voltados para as certezas acerca das quantidades sejam enriquecidos por métodos voltados para certezas acerca das configurações.

Na verdade, esses métodos – a análise e a sinopse das configurações – são parte integrante de muitas pesquisas sociológicas. Desempenham um papel, por exemplo, na construção de modelos de grande e pequena escala – modelos de burocracias e de vilarejos, de sistemas de relações de força e de famílias; encontram-se por toda parte, na criação, desenvolvimento e revisão de hipóteses e teorias sociológicas. Desempenham um papel, mas ainda são insuficientemente conceituados como métodos característicos de uma ciência cuja tarefa central é o estudo dos indivíduos como grupos, das configurações de indivíduos como tais. É estranha a idéia de que os indivíduos devem ser primeiramente estudados como elementos isolados e de que as configurações que eles compõem entre si derivam do que são sem elas; tal idéia confunde profundamente as pesquisas sobre tais configurações. O empobrecimento da sociologia como ciência que resultou da avaliação vigente dos métodos sociológicos — do pressuposto de que basta usar métodos estatísticos para obter respostas fidedignas aos problemas sociológicos — é bastante óbvio. Ele levou a uma situação em que vastas áreas de problemas sociologicamente relevantes permanecem inexploradas ou, quando exploradas, protegidas da pecha de "meramente descritivas" (por não serem estatísticas) apenas pela presença de um grande nome (como no caso da maior parte do trabalho empírico de Max Weber), ou, então, objeto de investigações não estatísticas pelo simples fato de parecerem fecundas, sem que haja qualquer reflexão explícita sobre a natureza do método que responde por essa riqueza.

Por conseguinte, o uso desses métodos de análise e sinopse das configurações ainda se restringe, predominantemente, ao acaso dos talentos individuais. Ainda não é parte integrante da formação dos sociólogos aprender a observar e conceituar sistematicamente o modo como os indivíduos se agregam, como e por que eles formam entre si uma dada configuração ou como e por que as configurações assim formadas se modificam e, em alguns casos, se desenvolvem. No entanto, só é possível superar as limitações das pesquisas sociológicas centradas em métodos estatísticos quando os pesquisadores treinados para discernir e manipular fatores ou variáveis isolados aliam-se (ou têm, eles próprios, essa qualificação) a pesquisadores formados para discernir e, ao menos conceitualmente, manipular as configurações como tais — especializados tanto na sinopse precisa quanto na análise precisa.

Os modelos das configurações, dos padrões ou estruturas sociais podem ser tão precisos e fidedignos quanto os resultados da mensuração quantitativa de fatores ou variáveis isolados. O que lhes falta é o caráter ilusoriamente conclusivo das inferências baseadas unicamente na análise quantitativa, que muitas vezes são confundidas com a exatidão. Tal como as hipóteses e teorias em geral, eles representam ampliações, progressos ou aperfeiçoamentos do reservatório de conhecimentos existentes, mas não podem ter a pretensão de ser um marco final absoluto na busca do saber, marco este que, tal como a pedra filosofal, não existe. Os modelos e os resultados das pesquisas de configurações fazem parte de um processo, de um campo crescente de investigação, à luz de cujo desenvolvimento estão eles mesmos sujeitos a revisões, críticas e aperfeiçoamentos, fruto de novas investigações.

O aparente caráter conclusivo de toda pesquisa estatística e o caráter aberto e evolutivo da pesquisa configuracional, como elos numa cadeia, têm uma estreita relação com algumas diferenças fundamentais entre o tipo de reflexão exigido por uma análise puramente estatística e o exigido por uma análise sociológica. Em ambos os casos, analisar significa concentrar a atenção num componente de uma configuração de cada vez — num "fator", "variável", "aspecto" ou seja qual for o nome que se lhe dê. Mas, numa análise puramente estatística, o estudo desses elementos, isoladamente, é tratado como a tarefa primária e, muitas vezes, principal; os "fatores" ou "variáveis", bem como suas propriedades quantitativas, são tratados como se de fato fossem independentes de seu lugar e função numa configuração e as correlações estatísticas, inclusive as correlações estatísticas das relações, nunca deixam de ser correlações de elementos isolados. A análise sociológica baseia-se no pressuposto de que todos os elementos de uma configuração, com suas respectivas propriedades, só são o que são em virtude da posição e função que têm nela. Assim, a análise ou separação dos elementos é meramente uma etapa temporária numa operação de pesquisa, que requer a complementação por outra, pela integração ou sinopse dos elementos, do mesmo modo que esta requer a suplementação pela primeira; aqui, o movimento dialético entre análise e síntese não tem começo nem fim.

Com base nos pressupostos subjacentes às formas tradicionais da análise estatística, teria sido lícito pensar que bastava determinar as dimensões numéricas ou outras propriedades quantitativas de cada uma das três zonas de Winston Parva e, nelas, dos grupos minoritários e majoritários, para explicar a diferença do papel desempenhado pelas minorias nessas três zonas e em suas respectivas imagens. Os problemas confrontados numa análise e sinopse configuracional eram de tal monta que a simples descoberta de relações quantitativas, por mais precisa que fosse, não levaria a respostas adequadas. Esses problemas centravam-se em configurações como "minoria operária em área residencial de classe média", "minoria de classe média em antiga área operária", "famílias-problema no novo bairro operário", "rede de famílias antigas em relação aos recém-chegados", "elites do poder estabelecido em relação aos outsiders". Por maior que fosse o número de correlações estatísticas que se quisesse estabelecer, elas não poderiam, por si mesmas, levar a um entendimento claro da maneira como aquelas configurações funcionavam e afetavam a população residente. Era impossível inferir de uma mera análise quantitativa, por exemplo, que para as pessoas de uma área de classe média, para seu estilo de vida, para as imagens que elas tinham de sua zona e das demais, a existência de uma minoria operária em seu próprio bairro não tinha a menor importância, ao passo que, tanto para as condições de vida quanto para as imagens da nova área operária, sua minoria era de extrema significação. Em alguns casos, as diferenças e relações quantitativas eram extremamente úteis como indicadores sociais. O fato de os aluguéis serem geralmente mais baixos na Zona 3 do que na Zona 2, e mais baixos nesta do que na Zona 1, certamente era sugestivo. Mas a configuração efetiva, a relação complexa entre essas três zonas, só podia ser satisfatoriamente apresentada e explicada por símbolos verbais. Sem o uso das palavras como instrumentos de pesquisa, os números ficam mudos. Os diferentes papéis das minorias nas diferentes configurações são um exemplo disso. No contexto de uma área como a Zona 3, uma minoria específica desempenhava um papel totalmente desproporcional a suas dimensões numéricas. Muitas vezes, a utilização atual das estatísticas parece implicar que, quanto maiores as dimensões numéricas, maior a importância. No caso das minorias de Winston Parva, como em muitos outros, a significação sociológica de modo algum era idêntica à significação estatística. Elas apontavam para um fato conhecido de outras pesquisas, ainda que, talvez, não suficientemente salientado: o de que os dados sociais podem ser sociologicamente significativos sem ter significação estatística e podem ser estatisticamente significativos sem ter significação sociológica.

A necessidade dessa distinção é reforçada pelo fato de que dificilmente os problemas sociológicos podem ser enquadrados de maneira satisfatória quando parecem concernir exclusivamente a fenômenos sociais de um local e um momento exatos – a estruturas que, para usar a linguagem cinematográfica, têm a forma de um "plano fixo". Eles só se aproximam mais daquilo que se pode observar, levando a explicações globais, quando são concebidos como problemas de fenômenos que têm a forma de processos, que fazem parte de um movimento temporal. O papel desempenhado neste estudo pela "antigüidade" e "novidade" relativas dos bairros é um exemplo disso. Ele deixa claro que os fenômenos examinados tinham uma dimensão histórica e que a descoberta de índices quantitativos, mesmo que se incluísse o "tempo de residência", não seria suficiente para dar acesso às diferenças configurativas, estruturais, a que se referiam os rótulos de "antigo" e "novo".

Se as diferenças de "antigüidade" e "novidade" ainda são raramente percebidas como propriedades referentes a diferenças estruturais dos grupos, isso se deve basicamente ao fato de que o conceito vigente de estrutura social tem uma forte tendência a fazer as pessoas perceberem as estruturas como "planos fixos", como "estruturas situacionais permanentes", ao passo que os movimentos das estruturas no tempo, tenham eles a forma do desenvolvimento ou de outros tipos de mudanças sociais, são tratados como "históricos", o que comumente significa, no linguajar dos sociólogos, algo separado da estrutura e não uma propriedade indelével das próprias estruturas sociais.

Foi bastante fácil, no presente caso, determinar a antigüidade da Zona 2 em comparação com a Zona 3, saber há quanto tempo mais as famílias da classe operária haviam-se instalado numa área do que na outra. Também não foi difícil compilar dados estatísticos que mostrassem outras diferenças entre as duas zonas. Mas, por si mesmos, os métodos estatísticos não podiam levar a um esclarecimento das diferenças estruturais resultantes de sua "antigüidade" ou "novidade". O significado das diferenças numéricas para a relação entre os bairros de Winston Parva e particularmente para as diferenças de status entre as duas zonas operárias só pôde ser evidenciado e explicado quando os números que exibiam diferenças quantitativas foram tratados como indicadores de diferenças na estrutura das duas zonas, as quais resultavam da maneira como Winston Parva e seus bairros haviam-se desenvolvido, e só podiam expressar-se com precisão, como diferenças configurativas, em termos verbais não quantitativos.

2 | A formação das relações de vizinhança

A criação de Winston Parva foi obra de Charles Wilson, um homem empreendedor que, na década de 1880, fundou uma companhia para construir casas, fábricas e lojas comerciais nas campinas situadas entre o antigo vilarejo de Winston Magna, de um lado, e uma estrada de ferro e um canal, do outro. Nesse terreno, ao longo de sete anos, sua empresa construiu 700 casas de tijolos de um andar só, todas idênticas, alguns galpões de oficinas, diversas fábricas e uma nova igreja de ferro fundido.

Alguns dos antigos residentes ainda se lembravam de como Charles Wilson costumava passear pelas ruas do município que havia criado, em sua carruagem puxada a cavalos, erguendo a cartola para cumprimentar os novos "aldeões". Lembravam-se da engenhosidade que ele havia demonstrado ao instalar sua olaria de modo a ter acesso direto aos desvios ferroviários por um túnel. Numa entrevista, um homem mencionou as ruidosas recepções oferecidas no lendário casarão do empresário, na rua principal, para celebrar as vitórias nos jogos de futebol de que seus filhos participavam. Provavelmente, essas reminiscências teriam agradado ao fundador de Winston Parva, mas, para garantir que seu nome se perpetuasse após a sua morte, ele escolhera os nomes das ruas ao sul da avenida principal do povoado de modo a formar com a primeira letra de cada um deles seu próprio nome:*

Ch .... Chestnut Street
A .... Acorn Street
S .... Sycamore Street
W .... Willow Street
I .... Ilex Street
L .... Lime Street
S .... Sloe Street
O .... Orchard Street
N .... New Street

---

* As três primeiras iniciais formam "Chas", abreviação corriqueira de Charles; os nomes se traduziriam, respectivamente, por: rua dos Castanheiros, das Bolotas de Carvalho, dos Plátanos, dos Salgueiros, dos Azevinhos, das Tílias, dos Abrunheiros, do Pomar e Nova. (N.T.)

Essa história era transmitida de geração em geração e contada aos recém-chegados. Foi o filho de um londrino retirado de uma área de risco quem salientou o significado dos nomes das ruas, nas primeiras semanas da pesquisa. A área de Winston Parva construída por Charles Wilson, sua parte mais antiga, correspondia à Zona 2. Seus 80 anos de existência eram o bastante para dar às famílias que a habitavam e que lá permaneceram um forte sentimento de pertença. Todas elas "se conheciam" e sabiam situar umas às outras. Apesar de ter sido desde o início um povoado industrial cujos habitantes não exercem nenhuma atividade agrícola, essa parte de Winston Parva, a mais antiga, era afetuosamente chamada por seus habitantes, com certo orgulho, de "a aldeia".

A Zona 1, ao norte da "aldeia", era um acréscimo posterior. Quase todas as suas casas tinham sido erguidas nas décadas de 1920 e 1930 por pequenos construtores locais. Eram separadas ou geminadas e atendiam às necessidades de profissionais liberais e negociantes. E, com o correr do tempo, alguns dos prósperos operários especializados da Zona 2 e moradores da Zona 2 que haviam acumulado uma certa riqueza como negociantes e comerciantes mudaram-se para lá, como um símbolo externo de seu sucesso. Em conseqüência disso, algumas famílias tinham ramificações nas Zonas 1 e 2, constituindo a primeira destas uma espécie de classe alta da "aldeia" e de Winston Parva como um todo.

A Zona 3 fora construída na década de 1930 por uma empresa particular de investimentos, num terreno situado entre a via férrea principal e um ramal secundário ao norte do canal. Os antigos residentes diziam que essa área não fora desenvolvida por Charles Wilson por ser pantanosa e infestada de ratos; e, como veremos, os "aldeões" continuaram a se referir a ela como "beco dos ratos". Um entrevistado, membro do conselho municipal, lembrou-se de que os moradores ilustres da "aldeia" haviam protestado junto ao conselho contra o aproveitamento dessa área vizinha a suas terras. Consideravam-na abaixo de seu padrão local. Como quer que fosse, a empresa de investimentos começara a construir ali, na década de 1930, várias fileiras de pequenas casas ajardinadas, anunciando-as para alugar. Pelo que os informantes se lembravam, praticamente ninguém da "aldeia" havia mudado para as casas novas, embora os aluguéis tivessem continuado mais baixos por um período considerável. Quase todas as pessoas que responderam aos anúncios eram recém-chegadas. Muitas, parece, tinham vindo do norte da Inglaterra, atraídas pela melhor oferta de empregos na região. Um dos imigrantes, um homem de Yorkshire, lembrou-se do dia em que lhe haviam mostrado uma caixa com as chaves das casas vazias do loteamento e disseram para "fazer a sua escolha". Algumas das casas eram ocupadas pelas famílias de homens que haviam ingressado recentemente num regimento local. Mas, até 1939, segundo os moradores mais antigos, um bom número de casas do loteamento havia permanecido sem inquilinos.

Elas foram sendo ocupadas não tanto em função do atrativo dos aluguéis, mas da mudança da situação do país. Depois da crise de Munique, um número maior de famílias de recrutas do posto de treinamento militar da região começou a ser levado para lá e, em 1940, o padrão de desenvolvimento sofreu uma mudança ainda mais drástica. Quando começaram para valer os bombardeios da Inglaterra, chegaram os desabrigados. Uma fábrica de Londres, que produzia equipamentos para as forças armadas e cuja sede fora destruída, transferiu-se para Winston Parva com armas e bagagens. A produção foi instalada num prédio fabril fora de uso, nas imediações do canal. Mais de 100 londrinos foram acrescentados à pequena comunidade de Winston Parva. Essa súbita "imigração em massa" teve um forte impacto nos residentes e nos imigrantes. As pessoas da parte mais antiga de Winston Parva relembraram, nas entrevistas, a aflição em que haviam chegado os desabrigados. Eles tinham perdido suas casas e quase todos os seus pertences familiares nos bombardeios. O apelo de um industrial da região obtivera resposta imediata, sob a forma da doação de roupas, utensílios de cozinha e móveis recolhidos pelos "aldeões". Ao narrarem esses acontecimentos, entretanto, os residentes mais antigos raramente deixavam de mencionar que alguns dos donativos recebidos pelos imigrantes haviam aparecido, dias depois, nas vitrines da loja de penhores.

É bem possível que essas lembranças fossem seletivas. A primeira leva de londrinos e a maioria dos outros imigrantes iniciais compunha-se, tal como a maioria dos residentes da "aldeia", de operários especializados ou semi-especializados. Os níveis salariais dos recém-chegados não ficavam sensivelmente abaixo dos das famílias de residentes da classe trabalhadora. Mas os recém-chegados diferiam delas consideravelmente, em seus costumes, tradições e todo o seu estilo de vida. Além disso, com eles chegou uma minoria de operários não especializados, atraídos pela variedade dos postos de trabalho ligados ao esforço de guerra, que se instalou no loteamento e cujos padrões de conduta, ao que parece, diferiam não apenas dos padrões dos "aldeões", mas também dos da maioria dos residentes da nova área. A existência desses bolsões de trabalhadores imigrantes foi uma das razões, com certeza, do status inferior atribuído ao loteamento como um todo, na classificação feita pelas zonas vizinhas de Winston Parva.

Havia, portanto, diferenças consideráveis entre os antigos residentes e os recém-chegados. Não foi fácil encontrar conceitos adequados para expressá-las. Elas representavam uma forma distinta de estratificação social. Os imigrantes compunham um quadro social de nível inferior ao dos operários residentes já estabelecidos, mas dificilmente poderíamos referir-nos às diferenças entre as duas zonas operárias como diferenças de classe. Falar de diferenças puras e simples de status seria enganoso, porque essa expressão costuma aplicar-se a diferenças na hierarquia das famílias dentro de uma mesma região. O que se constatava em Winston Parva eram diferenças na posição social dos três bairros em si. Elas se expressavam sob a forma de atritos, que passaram a ocorrer tão logo os antigos residentes e os recém-chegados começaram a se avaliar mutuamente. Um exemplo precoce, ainda lembrado na época da pesquisa, fora a distribuição dos membros dos dois grupos entre as tabernas do lugar. Como em outras comunidades inglesas, os "*pubs* locais" figuravam entre as instituições centrais da vida comunitária de Winston Parva. Um desses dois *pubs*, "A lebre e os cães", situava-se no trajeto entre a fábrica de equipamento militar e o loteamento. Alguns dos "londrinos" e outros imigrantes costumavam reunir-se ali com certa regularidade. Os "aldeões" que freqüentavam o lugar manifestaram sua desaprovação dos recém-chegados afastando-se de lá e reservando para si o outro *pub*, "A águia", de onde os novos residentes em busca de companhia eram excluídos. Entre os "aldeões", "A lebre e os cães" logo adquiriu, com ou sem razão, a reputação de ter freqüentadores barulhentos e que bebiam demais. As convenções que os "aldeões" haviam estabelecido entre si no tocante à bebida e com as quais estavam acostumados não eram conhecidas nem observadas, muitas vezes, pelos novos residentes. Aos olhos dos "aldeões", a chegada dos forasteiros foi uma intromissão importuna. E, com o tempo, a segregação dos dois grupos, estabelecida no início da guerra, logo depois da chegada de uma massa bastante compacta de imigrantes, adquiriu a força de uma tradição local; continuava sendo plenamente mantida quase duas décadas depois, durante o período da pesquisa.

É fácil perceber como se originou. A "conquista" inicial de um dos bares pelos recém-chegados foi mais sintoma do que causa dos atritos entre os residentes antigos e novos. A reconstituição da situação inicial dos dois grupos e do desenvolvimento de sua relação ajudou a compreender o padrão estável que esta havia adquirido na época da pesquisa. Era preciso um certo conhecimento de como essa relação fora gerada para entender de que modo os habitantes da Zona 2 puderam reivindicar para si, com sucesso, um status mais elevado que os da Zona 3, ao mesmo tempo que, por seu turno, atribuíam um status mais alto à maioria dos residentes da Zona 1; e, sem esclarecer e explicar essa ordem hierárquica, ficava-se sem a chave para compreender outros aspectos da vida comunitária.

Podemos ficar tentados a pôr a culpa pelas tensões entre os residentes antigos e novos num ou noutro lado. Na verdade, no estado atual de nossas técnicas sociais, essas tensões eram o concomitante normal de um processo durante o qual dois grupos antes independentes tornam-se interdependentes. Se considerarmos a configuração resultante da recém-criada interdependência, na condição de vizinhos e membros de uma mesma comunidade, de grupos que eram estranhos entre si, poderemos ver como teria sido difícil evitar as tensões. O que aconteceu nos *pubs* é um bom exemplo. Os membros de cada grupo queriam distrair-se, da maneira e na companhia das pessoas de que gostavam e com que estavam acostumados. Os antigos residentes poderiam ter aceitado os recém-chegados, como pessoas que precisavam de ajuda, se estes se submetessem a sua proteção e se contentassem em assumir, na hierarquia de status, a posição inferior que costuma ser destinada aos recém-chegados, pelo menos durante um período de experiência, pelas comunidades já estabelecidas, mais estreitamente unidas e conscientes de sua posição. Em regra, tais comunidades esperam que os novatos se adaptem a suas normas e crenças; esperam que eles se submetam a suas formas de controle social e demonstrem, de modo geral, a disposição de "se enquadrar".

Mas os recém-chegados do loteamento, particularmente os "londrinos", que, ao menos a princípio, formavam um grupo bastante compacto, continuaram a se portar em Winston Parva como se comportavam antes. A julgar por grupos similares de londrinos, é provável que eles mesmos não objetassem a que os "aldeões" se juntassem a seu círculo no *pub* e participassem de suas diversões ruidosas. Provavelmente, era o que esperavam; estavam habituados à camaradagem mais descontraída que costuma prevalecer nas camadas inferiores e intermediárias dos grupos do proletariado urbano, cujas normas e padrões eram menos rigorosos que os de muitos grupos de posição mais alta na hierarquia de status, talvez por não terem tido a mesma necessidade constante de se conter para demonstrar e afirmar sua superioridade a outrem. Além disso, comparados aos "aldeões", os imigrantes tinham relativamente pouca coesão. Eram um grupo bastante aberto e não particularmente exclusivo.

Já naquela época, é evidente que os "aldeões" formavam, em muito maior grau, um grupo relativamente fechado. Tinham desenvolvido tradições e padrões próprios. Quem não cumpria essas normas era excluído como sendo de qualidade inferior. Assim, eles se afastaram do bar que os imigrantes escolheram como ponto de encontro. E entraram na luta contra os intrusos, usando todas as armas características de que dispõem as comunidades bem estabelecidas e razoavelmente unidas, em suas relações com os grupos de recém-chegados que, por uma razão ou por outra, não se adaptam a suas normas e tradições e, por conseguinte – como devem ter sentido os moradores de Winston Parva –, ameaçam seu status e sua identidade comunitários. Eles cerraram fileiras contra os intrusos. Esnobaram-nos. Excluíram-nos de todos os postos de poder social, fosse na política local, nas associações beneficentes ou em qualquer outra organização local em que sua influência fosse predominante. Acima de tudo, desenvolveram como arma uma "ideologia", um sistema de atitudes e crenças que enfatizava e justificava sua própria superioridade, e que rotulava as pessoas do loteamento como sendo de categoria inferior. Construída em torno de alguns temas estereotipados, sua ideologia de status disseminou-se e foi mantida por um fluxo constante de fofocas, que se agarrava a qualquer acontecimento da "aldeia" que pudesse ajudar a engrandecer a comunidade "aldeã" e a qualquer acontecimento, entre as pessoas da outra zona, capaz de reforçar a imagem negativa do loteamento. Ela também ajudou a bloquear a percepção de qualquer acontecimento que tivesse alguma possibilidade de contradizê-la. Isso não quer dizer que houvesse um plano deliberado dos "aldeões" de agir dessa maneira. Tratou-se de uma reação involuntária a uma situação específica, conforme a toda a estrutura, toda a tradição e visão de mundo da comunidade "aldeã". Também não significa que houvesse uma inimizade pessoal, ou sequer atritos pessoais constantes entre todos os membros dos dois grupos vizinhos. Muitos indivíduos dos dois bairros eram pessoas que se davam muito bem. Um bom número de homens e mulheres das Zonas 2 e 3 trabalhavam juntos na mesma fábrica da região, freqüentemente no mesmo nível. Nunca se fez qualquer referência, durante a pesquisa, a dificuldades surgidas na fábrica entre habitantes das zonas diferentes. Os moradores de ambas as áreas pareciam aceitar prontamente uns aos outros em seu papel profissional de trabalhadores. Nessa condição, homens e mulheres da Zona 2 pareciam, normalmente, manter relações amistosas com os da Zona 3. Mas só os aceitavam dentro de certos limites. Suas atitudes excludentes e sua ideologia de status entravam em operação, essencialmente, com respeito aos papéis exercidos fora dos limites da vida profissional; estavam sempre presentes, porém mostravam-se menos durante o horário de trabalho e mais do lado de fora, nas atividades de lazer, menos em seus papéis de trabalhadores e mais nos de membros de famílias que viviam em áreas diferentes. Mesmo na época da pesquisa, passados vinte anos desde a chegada dos desabrigados, os residentes mais antigos da "aldeia" ainda se referiam às pessoas do loteamento como "estrangeiros", dizendo que "não conseguiam entender uma palavra do que eles diziam". Um repórter do jornal local ainda se permitiu comentar: "É claro, eles são londrinos, não se pode esquecer isso, com hábitos diferentes, de modo que são diferentes do pessoal mais antigo daqui." Uma senhora referiu-se rudemente ao loteamento como "a colônia dos *cockneys*". Na verdade, porém, os londrinos não eram os únicos imigrantes. Já durante a guerra, vários recém-chegados que ocuparam as casas da Zona 3 vieram de Durham, Lancashire, País de Gales e Irlanda, e outros vieram depois. Nos estereótipos pejorativos do grupo estabelecido, todos eram jogados no mesmo saco. No fim da guerra, a antiga fábrica de Londres ampliou sua produção. Algumas das famílias londrinas voltaram para o East End, mas a maioria permaneceu em Winston Parva. O dono da fábrica disse que "cem trabalhadores vieram para cá com suas famílias" depois do bombardeio, mas ele não tinha registro do número dos que haviam retornado a Londres. Os registros dos deslocamentos populacionais, dos aluguéis e da distribuição de moradias durante a guerra, segundo o secretário do conselho municipal, foram intencionalmente destruídos, porque a expansão dos serviços públicos locais no pós-guerra havia criado uma demanda de espaço nos arquivos existentes.

Todavia, embora não tivessem êxito os esforços de determinar o número exato dos que haviam chegado e dos que tinham tornado a partir, a configuração efetiva – a estrutura característica da comunidade do loteamento e sua relação com a comunidade da "aldeia" – resultante desse processo era bastante clara. Uma comunidade industrial de um tipo que vem desaparecendo aos poucos, vivendo em relativo isolamento, com um grau bastante elevado de autonomia e coesão no que concernia aos contatos entre vizinhos, e, talvez por essa razão, na imaginação de seus membros, semelhante a uma aldeia, confrontou-se com grupos de imigrantes vindos de diferentes partes da Grã-Bretanha; estes se tornaram seus vizinhos, amiúde seus colegas de trabalho e, em termos administrativos, integrantes da mesma comunidade, atraídos para ela, em parte, como resultado da evacuação e da redistribuição da mão-de-obra nos tempos de guerra e, em parte, à procura de oportunidades de emprego ou de empregos melhores. Os "aldeões" tinham raízes profundas no lugar; todos os imigrantes, a princípio, eram pessoas desenraizadas, e o fato de muitas delas virem de locais diferentes da Inglaterra e serem estranhas entre si tornou-lhes difícil desenvolver uma vida comunitária própria.

A estrutura da comunidade, tal como encontrada quase vinte anos depois, resultava essencialmente do encontro desses dois grupos humanos e da mescla de interdependência e antagonismo resultante dele. É impossível compreender a estrutura da comunidade de Winston Parva descrita por expressões como "antiga zona operária" e "nova zona operária" sem fazer referência ao seu desenvolvimento.

Nos estudos de comunidade, tal como em muitas outras investigações sociológicas, é freqüente analisar o desenvolvimento da organização das pessoas como se fosse desvinculada da sua estrutura num dado momento. De acordo com as convenções atuais do pensamento, a história não tem estrutura e a estrutura não tem história. O que foi dito até aqui sobre a evolução de Winston Parva e particularmente sobre os dois bairros operários, portanto, pode facilmente ser confundido com uma "introdução histórica", como um acréscimo "puramente descritivo" e alheio à investigação da estrutura dessa comunidade no momento da pesquisa – da "estrutura" concebida como uma "fotografia". Entretanto, sem uma referência ao desenvolvimento de Winston Parva, sua estrutura na ocasião da pesquisa permaneceria incompreensível. O esboço desse desenvolvimento foi parte integrante da pesquisa sobre a estrutura – sobre a configuração da comunidade num dado momento. Em particular, as diferenças de status entre a Zona 2 e a Zona 3 teriam sido inexplicáveis sem uma referência ao desenvolvimento de Winston Parva como comunidade, assim como permaneceriam inexplicáveis se a investigação ficasse restrita às medições estatísticas de fatores ou variáveis isolados e de suas correlações no período da pesquisa.

Era impossível prescindir de tais medidas. As tabelas e inferências estatísticas que se extraem delas tiveram e têm seu lugar nos estudos do desenvolvimento e das configurações. Assim, no caso dos dois bairros operários, não se podia eliminar a possibilidade de que as diferenças ocupacionais e outros fatores similares fossem suficientemente significativos para, por si mesmos, fornecerem explicações adequadas dos gradientes de status de Winston Parva. Sucede que, nesse caso, as diferenças estatísticas não eram suficientemente significativas para esclarecer e explicar o problema de por quê, nessa comunidade, os membros de uma área operária atribuíam-se um status muito mais elevado que o dos membros de outra área operária vizinha e conseguiam safar-se com isso. Esse tipo de problema exigia que se considerasse a "distinção antigo-novo" como parte de um processo temporal. Era preciso construir um modelo da estrutura dessa comunidade como um aspecto de seu desenvolvimento, o que podia explicar (com tudo o que isso implicava) por que uma zona tinha o poder de reivindicar um status superior à outra zona, com a qual estava relacionada. Uma vez construído, poder-se-ia examinar até que ponto esse modelo era compatível com os fatos observados, revisá-lo ou abandoná-lo, caso não resistisse ao teste, e passá-lo adiante para novos testes, para revisão ou refutação, conforme o caso, por outras pessoas empenhadas em indagações correlatas.

Foi esse o caminho que permitiu explorar e explicar características estruturais que, a princípio, apareciam como "fotografias", como as propriedades de uma comunidade datada – tais como as diferenças nos índices de delinqüência – e que, depois, descobrimos serem imagens indicadoras de uma configuração singular que representava um estágio no desenvolvimento dessa comunidade. A separação conceitual e metodológica entre dois tipos de pesquisa – a que investiga a estrutura dos agrupamentos humanos num dado momento e a que investiga a estrutura dos processos durante os quais eles se transformam naquilo que são – mostrou-se, também neste caso, inteiramente artificial. O encontro entre grupos antigos e novos e a pressão que os obrigou a conviverem como membros de uma mesma comunidade não foram acontecimentos ao acaso. Tratava-se de episódios pequenos, mas característicos dos processos a longo prazo e em larga escala a que costumamos referir-nos com termos como "industrialização", "urbanização" ou "desenvolvimento comunitário". Sem visualizar a inserção desses episódios nesses processos, dificilmente poderíamos fazer-lhes justiça.

Processos dessa natureza ocorreram e continuam a ocorrer em muitas comunidades do mundo inteiro. Vez após outra, no contexto do desenvolvimento cada vez mais rápido dos países e das tensões, sublevações e conflitos suscitados por ele, grupos de pessoas abandonam semivoluntariamente sua terra natal em busca do ganha-pão, impelidas por decisões governamentais ou, quem sabe, pela força das armas, e vão instalar-se noutros lugares, amiúde à porta de grupos mais antigos ou no seio deles. Mas no momento, ao que parece, as pessoas que se descobrem nessa situação, bem como aquelas que tentam, no plano administrativo, lidar com os problemas surgidos do encontro entre grupos antigos e novos, tendem a pensar em cada um desses encontros como se ele fosse único. Elas refletem sobre o fenômeno e procuram lidar com ele como se estivesse acontecendo aqui, agora e em nenhum outro lugar. E, em sua tarefa, não recebem grande ajuda dos estudos sociológicos que tratam os problemas comunitários como problemas de uma dada comunidade, aqui e agora, sem indicar claramente o caráter paradigmático de seu caso particular – sem destacar as constantes subjacentes aos problemas que sua comunidade específica tem em comum com outras envolvidas em processos similares e os aspectos em que se diferencia delas. Assim, não foi uma simples predileção por digressões teóricas que fez parecer recomendável, de tempos em tempos, deslocarmos o foco desta pesquisa dos problemas mais restritos de Winston Parva para os problemas teóricos mais amplos dos quais eles constituem um exemplo. Winston Parva é apresentada aqui como um paradigma – como um modelo que indica a impotência com que as pessoas podem cair na cilada de situações de conflito por força de desenvolvimentos específicos. Ao demonstrar e, até certo ponto, explicar a natureza dessa armadilha, talvez o modelo nos ajude, sendo mais desenvolvido, a aprender pouco a pouco como desmontá-la e enfrentar melhor os problemas que ela suscita.

3 | Visão geral da Zona 1 e da Zona 2

Winston Parva era uma zona industrial em expansão. Ali viviam cerca de 4.185 pessoas* em 1958 e pouco menos de 5.000 em 1959. Do ponto de vista administrativo, reunia duas divisões de um distrito urbano maior. Mas era isolada da parte principal desse distrito por uma ferrovia. Uma só ponte sobre essa via férrea constituía a única ligação entre Winston Parva e o restante do distrito. Como já foi assinalado, a divisão da comunidade em três zonas estava ligada a seu desenvolvimento. Em 1958, a Zona 1 tinha 456 habitantes, a Zona 2, 2.533, e a Zona 3, 1.176. As Zonas 2 e 3, além disso, tinham fronteiras muito bem demarcadas. Eram separadas por um ramal auxiliar da ferrovia e só se ligavam por uma passagem de nível na estrada principal e por um pequeno túnel próximo ao canal.

A Zona 1 costumava ser vista como a "melhor parte" de Winston Parva. De modo geral, os aluguéis eram mais altos. Tratava-se, basicamente, mas não exclusivamente, de um bairro de classe média.

Uma lista das ocupações dos moradores de uma das ruas principais da Zona 1 dá uma boa idéia da composição social de seus residentes, conforme mostra a Tabela I.

A presença de trabalhadores manuais entre os residentes da Acacia Road [Estrada das Acácias] devia-se à existência de um pequeno número de casas modestas numa das extremidades da rua. Nelas e num correr de meias-águas ligadas por paredes comuns moravam os 12,9% da população listados numa tabela de ocupações como residentes semi-especializados e não especializados da

---

* A população total de Winston Parva era ligeiramente maior. Além das três zonas que constituíram a base desta pesquisa, havia dois pequenos "bolsões" populacionais que não foram incluídos no estudo. O primeiro pertencia a uma instituição militar. Compunha-se de um grupo de casas ligadas a um regimento local e proporcionava moradia aos oficiais e suboficiais casados. Eles e suas famílias não costumavam permanecer no local por muito tempo. Mal chegavam a desempenhar algum papel na vida comunitária de Winston Parva, donde não terem sido incluídos na pesquisa. O segundo "bolsão" consistia em várias fileiras de casas numa das extremidades da Zona 3, construídas pelo Conselho Distrital Urbano durante os estágios iniciais da pesquisa. Afora o fato de que, nessas condições, as cifras populacionais e o tempo de residência eram difíceis de avaliar, o impacto dessas novas famílias de imigrantes na vida comunitária de Winston Parva, durante o período da pesquisa, ainda era desprezível.

Zona 1. As outras atividades arroladas na Tabela I indicam o caráter predominantemente burguês da rua. Os resultados desse levantamento foram compatíveis com as informações colhidas nas visitas aos proprietários e a líderes das associações beneficentes locais, bem como em observações sistemáticas feitas *in loco* durante vários anos.

TABELA I
Ocupações dos residentes da Acacia Road, Zona 1

Diretores e gerentes	8
Médicos e dentistas	3
Empresários	3
Profissionais liberais aposentados	3
Professores não universitários	3
Empregados de escritório	3
Operários mecânicos	2
Operários de malharias	2
Viúvas	4
Operários não especializados	1

Dessas informações emergiu um quadro bastante coerente do bairro, sem o qual a relação entre as duas zonas operárias teria ficado incompleta. Muitos dos habitantes da Zona 1 não tinham uma participação ativa na vida comunitária de Winston Parva. Levavam sua vida dentro das paredes invisíveis que costumam cercar as famílias de classe média nas áreas residenciais. Cada família compunha um grupo bastante exclusivo em relação às demais. É provável que o círculo de amigos que elas convidavam para suas casas e por quem eram convidadas fosse, predominantemente, de fora da comunidade, sobretudo da grande cidade da região central de cuja periferia Winston Parva fazia parte. A mobilidade proporcionada pelos automóveis, quando não se precisava encarar o custo do transporte como um ônus pesado, permitia estabelecer e manter relações bastante estreitas com moradores de fora do próprio bairro.

Contudo, um círculo pequeno e bastante compacto de residentes da Zona 1 tinha laços estreitos com a própria Winston Parva e desempenhava um papel muito ativo em sua vida comunitária. Nele figurava um dos homens que moravam na Acacia Road, o conselheiro Drew, que participava ativamente da vida da comunidade. Talvez fosse seu cidadão mais proeminente.

Na época da pesquisa, ele estava com sessenta e poucos anos. Seu pai, um engenheiro de Manchester, mudara-se para Winston Parva na década de 1880 – o conselheiro não se lembrava do ano exato – e, durante algum tempo, havia dirigido uma fundição local. Por sua vez, o conselheiro Drew montara uma próspera empresa como empreiteiro da construção civil. Era conselheiro do condado e membro do Conselho Distrital Urbano. Era também diretor ou presidente de diversas associações locais e membro da diretoria das duas escolas da área. Seu nome era conhecido em toda a parte na Zona 1 e na Zona 2, mas as entrevistas mostraram que era menos conhecido na Zona 3. Nas eleições para o conselho, apresentava-se como candidato independente. Contava unicamente com sua posição na comunidade e não era ligado a nenhuma organização política. Os membros da Associação Conservadora local diziam que sempre o haviam ajudado. Mas seus cartazes de propaganda eleitoral diziam, simplesmente: "Vote em Drew, o amigo da velha guarda". Isso tinha apelo não apenas para as pessoas idosas, mas para todos os que partilhavam dos valores e crenças comuns da "aldeia", orgulhosos de pertencer a uma comunidade estabelecida desde longa data e satisfeitos de se "integrar" nela. Drew era um símbolo desse espírito comunitário. Representava os laços estreitos que uniam as pessoas da Zona 1 e da Zona 2. Sob muitos aspectos, funcionava como o prefeito oficioso de Winston Parva. Sua casa conjugava, de um modo que parecia quase pertencer a épocas passadas, pelo menos nas áreas urbanas e industriais, as funções de centro de seus negócios e atividades comunitárias e de residência. Em 1958, ele ainda dirigia de casa suas atividades profissionais e comunitárias. Um quarto servia de escritório. Servia também de centro para todas as suas atividades, no que ele mesmo chamava de "vida da aldeia". Deliberadamente ou não, ele desempenhava, nesse contexto urbano e industrial, um papel não muito diferente do exercido pelos senhores da pequena aristocracia nas zonas rurais. Sua mulher organizava em casa, regularmente, reuniões animadas para as senhoras da igreja. Seu filho casado, que trabalhava com o pai na empreiteira, morava ali perto, na Zona 1. O atributo que mais se ouvia quando o nome de Drew surgia nas conversas era "bondoso" e os residentes mais velhos da "aldeia" davam grande ênfase ao fato de ele haver "nascido aqui". Ele tinha algumas das características do líder comunitário descritas por F. Hunter em "Regional City":

> Sua idade e seu status na comunidade lhe permitem pronunciar-se sobre os problemas da juventude ou a situação econômica, quer eles digam respeito a seu ramo de negócios ou não, sobre os problemas populacionais, as questões da guerra e da paz e muitos outros assuntos, que ele discute com uma erudição segura. Os jornais transmitem suas palavras como num discurso abalizado.*

O conselheiro Drew era o líder prestigiado e a figura central de vários círculos informalmente interligados, compostos pelas redes de parentesco e por uma multiplicidade de associações locais que tinham raízes na Zona 2 e não na Zona 1 e que praticamente não tinham vínculos com a Zona 3. Mas ele tinha na própria Zona 1 o seu "círculo íntimo". Não muito longe da casa do conselheiro Drew, na Zona 1, moravam vários outros residentes de destaque, que presidiam associações locais, como o Clube dos Idosos, ou eram membros de comissões e que o visitavam e recebiam em casa. Todos se tratavam pelo primeiro nome.

---

* F. Hunter, *Community Power Structure*, 1953, cap.III, p.27.

Juntos e cada qual a sua maneira, eles desempenhavam um papel de liderança na vida comunitária de Winston Parva.

Portanto, o panorama geral da Zona 1 era o de um bairro de moradores de classe média, a maioria dos quais não participava ativamente dos assuntos locais, enquanto uma minoria exercia uma liderança comunitária não apenas em relação a seu bairro, mas a Winston Parva como um todo e particularmente ao bairro operário vizinho que aqui chamamos de Zona 2. Os operários semi-especializados e não especializados que moravam nas meias-águas da "extremidade ruim" da Estrada das Acácias situavam-se geograficamente na Zona 1, mas, em termos sociais, não tinham peso como residentes do bairro. No que dizia respeito à imagem da Zona 1, a presença dessa minoria era ignorada. As famílias dos homens que compunham a outra minoria, a do grupo de elite que tinha um papel dirigente ativo na vida comunitária de Winston Parva, eram originalmente provenientes da Zona 2, na maioria dos casos. Vários desses homens ainda tinham pais ou outros parentes morando lá, e o fato de serem "antigos moradores", membros das "famílias antigas", era sempre mencionado com orgulho considerável. Isso mostrava que "faziam parte", que haviam "nascido ali". O fato de pessoas oriundas da Zona 2 haverem mudado sua residência para a Zona 1 era um símbolo de sucesso social. E o processo continuava. Diversas famílias disseram haver-se mudado para a Zona 1 desde 1945, e que "sempre quiseram morar lá". Em vários casos, a indenização de guerra recebida pelos maridos quando da desmobilização fora usada para conseguir uma hipoteca. Entre os que se haviam mudado da Zona 2 para a Zona 1, havia algumas famílias de operários especializados, empregados nas indústrias locais, cujos filhos haviam saído da escola; em alguns casos, suas mulheres também trabalhavam em regime de meio expediente numa das fábricas da região. Nenhuma pessoa da Zona 1 mencionou ter parentes na Zona 3. Tampouco vieram à luz quaisquer laços desse tipo nas entrevistas e conversas com os residentes da Zona 3.

Portanto, os vínculos criados pela residência prolongada numa comunidade industrial relativamente antiga não eram rompidos quando uma família podia arcar com a mudança de um bairro operário para um bairro de classe média vizinho. Os que permaneciam no bairro operário pareciam achar que sua ligação com os homens que haviam ascendido socialmente elevava seu status, e pareciam gostar do reflexo dessa glória. Desse modo, os "antigos residentes" do bairro operário da Zona 2 e os "antigos residentes" que agora moravam no bairro de classe média da Zona 1 mantinham vínculos entre si. A reputação, a imagem da Zona 1 como "área melhor", não era em nada afetada pelo fato de alguns de seus moradores provirem de um bairro operário ou serem sabidamente descendentes de membros do proletariado. Seu status de zona hierarquicamente mais alta entre as três era francamente reconhecido na Zona 2 e admitido com maior má vontade na Zona 3. Os próprios residentes da Zona 1, como indicaram as entrevistas, eram muito cônscios da superioridade de seu bairro em relação às Zonas 2 e 3. Falavam dessa superioridade, como muitas vezes fazem as pessoas das democracias do século XX, em termos indiretos e aparentemente isentos, que não tinham a franqueza com que as pessoas de status superior, em épocas menos democráticas, falavam de sua superioridade, mas que nem por isso deixavam de ser inequívocos. Os termos empregados tinham o caráter de uma linguagem codificada. Esperava-se que qualquer pessoa de condição correspondente entendesse seu sentido. Diziam eles: "Esta é a parte melhor, nossa família inteira mora deste lado", ou "há uma diferença, não pense que estou sendo esnobe, mas ela existe!" Ou ainda: "Aqui é muito bom. É diferente do resto de Winston Parva, especialmente do loteamento."

Como seria de se esperar, a Zona 2 diferia da Zona 1 em sua aparência externa. Na Zona 1, a maioria das pessoas morava em casas geminadas em centro de terreno, com garagens, e as ruas eram bem largas. A Zona 2 compunha-se de centenas de meias-águas contíguas, com muitas vielas estreitas e pequenos quintais. Em termos de classe social, tanto quanto foi possível verificar, a Zona 2 era um bairro operário semelhante à Zona 3. A Tabela II dá uma indicação da distribuição de "classe" da população das três zonas. Ela se baseia num levantamento realizado no início de 1958 pelos Inspetores de Freqüência Escolar do Comitê Regional de Educação. A profissão dos pais de todas as crianças até 18 anos era registrada em fichas individuais e classificada de acordo com o Índice de Classe Social do Registro Geral Escolar.

TABELA II
Distribuição por classe social dos pais de alunos das 3 zonas

Zona		Classe social								
	Números Totais	I N°	%	II N°	%	III N°	%	IV N°	%	V N°	%
1	70	9	12,9	30	42,9	22	31,4	8	11,4	1	1,4
2	444	1	0,2	51	11,4	116	26,1	167	37,8	109	24,5
3	216	–	–	7	3,2	70	32,5	71	32,9	68	31,4
	730	10		88		208		246		178	

Os números dão uma idéia das diferenças na distribuição das três zonas por classe social. Eles indicam a existência de uma minoria da classe IV na Zona 1 e de uma minoria da classe II na Zona 2. Mostram perfeitamente a concentração dos habitantes das Zonas 2 e 3 nas classes III, IV e V, com maior ênfase na classe V no caso da Zona 3.

Todas as fábricas que empregavam os moradores dos dois bairros operários situavam-se na Zona 2. Consistiam numa multiplicidade de firmas pequenas, a maioria das quais produzia malhas e calçados que seguiam um estilo tradicional, aparentemente sem sofrer grande pressão da concorrência, numa empresa de porte médio que produzia equipamentos para as forças armadas ou trabalhava numa fábrica de biscoitos um pouco maior, de tipo mais moderno. A maioria dessas firmas empregava menos de cem trabalhadores. Quase todas pertenciam a um grupo nacional maior. Seus prédios, construídos no fim do século XIX, tinham sido externamente modernizados, com exceção de algumas das empresas menores, que se haviam conservado basicamente sem alteração e pareciam meio dilapidadas. Em muitos casos, a iluminação era precária e a maquinaria, obsoleta, mas, tanto quanto se podia ver, isso não diminuía a fidelidade dos trabalhadores, pelo menos dos mais velhos, que, no dizer de um deles, estavam "há cinqüenta anos na Botas e Sapatos".

Por outro lado, a maior fábrica de Winston Parva, que produzia uma famosa marca de biscoitos, embora fosse originalmente um prédio do século XIX, sofrera uma reforma externa e interna e continuava a se expandir. A firma havia absorvido uma fábrica de calçados vizinha, que fora parcialmente reconstruída e ampliada para formar um complexo fabril adicional, que dominava a linha do horizonte a leste. Nessa fábrica, as condições eram marcadamente diferentes das encontradas nas indústrias tradicionais. A própria natureza do trabalho exigia maior atenção com a limpeza, porém, além desses requisitos de higiene, notava-se uma clara tendência para técnicas modernas de produção. Os esquemas de cores eram novos e alegres, havia boas instalações de repouso e recreação e os salários ficavam acima dos índices sindicais.

Poder-se-ia esperar que o caráter mais moderno dessa fábrica, comparado ao estilo relativamente antiquado das outras, que tinham instalações menos agradáveis, tivesse algum tipo de reflexo na posição das pessoas que trabalhavam nela. Mas isso não acontecia. Quase todo o trabalho dessa fábrica de biscoitos era não especializado e a remuneração variava, em 1958, entre £5 e £7 por semana por operária adulta, enquanto a mesma mulher ocupando um cargo semi-especializado numa das indústrias mais tradicionais podia ganhar £7 a £10 por semana, desde que a fábrica funcionasse "em horário integral". Durante o período da pesquisa, houve algumas flutuações nos salários das indústrias tradicionais, principalmente, como se dizia na região, em virtude da concorrência estrangeira. Uma das fábricas de calçados fechou em 1958.

A perspectiva de ter que "funcionar em meio expediente de vez em quando" e de trabalhar num ambiente menos agradável acarretava alguma incerteza, sobretudo entre as adolescentes. Elas se viam confrontadas com uma escolha entre salários relativamente altos nas indústrias tradicionais, somando a possibilidade do "desemprego parcial" à falta das amenidades modernas, e os salários mais baixos porém regulares da fábrica mais moderna de biscoitos. Essa incerteza era um dos fatores que levavam diversas jovens a mudarem de emprego várias vezes nos primeiros meses. É relevante para o que vem a seguir o fato de que os trabalhadores dos dois tipos de fábricas não se dividiam firmemente em grupos de trabalhadores com status social e financeiro diferente. Havia uma boa dose de mobilidade da mão-de-obra entre os dois tipos de fábricas da região. Na maioria delas, eles tampouco se dividiam conforme seu local de residência. Não apenas operários jovens, mas também os mais velhos, eram recrutados com freqüência de ambas as zonas do proletariado.

Essas fábricas representavam a principal fonte de emprego industrial em Winston Parva. A tabela seguinte mostra o número de homens e mulheres da comunidade empregados em duas fábricas da região.

A "aldeia" de Winston Parva onde se situavam todas as fábricas locais funcionava como um centro industrial que proporcionava emprego para a população dessa área, ao mesmo tempo que atraía trabalhadores de outras regiões vizinhas. Na verdade, nas duas fábricas da Tabela III, os trabalhadores locais estavam em minoria. O fato de as mulheres trabalharem fora era comum em toda a região. Em muitos casos, a rotina da vida conjugal adaptava-se a isso. A existência de fábricas nas proximidades de casa representava uma vantagem considerável para as mulheres casadas. Assim se formava uma rede familiar composta de mais de duas gerações, que permitia às mulheres mais jovens deixarem seus filhos com a "vovó" ou com uma tia mais velha enquanto trabalhavam. Ademais, o fato de tanto elas quanto os maridos ganharem dinheiro fortalecia sua posição no interior da família. É bem possível que esse costume tivesse alguma relação com a formação de redes familiares matrifocais na "aldeia", embora sem examinar as condições em que tais redes se formam noutros locais dificilmente se possa chegar a uma conclusão a respeito.

TABELA III
Operários de duas fábricas, residentes e não residentes em Winston Parva

Operários locais e de fora	Fábrica de biscoitos		Fábrica tradicional	
	Nº	%	Nº	%
Total	270	100	166	100
Operários residentes fora de W.P.	183	67,8	96	57,9
Operários residentes em W.P. Dentre estes:	87	32,2	70	42,1
Homens	35	12,9	24	14,5
Mulheres	52	19,3	46	27,6
Mulheres casadas	39	14,4	43	25,9

No trabalho, o contato diário com operários que moravam fora de Winston Parva parecia ter uma influência singularmente pequena na visão de mundo e nas atitudes dos trabalhadores que moravam na "aldeia". Visivelmente, o peso da comunidade em seu senso de valores e suas metas era muito maior que o de seu local de trabalho. Tampouco sua vigorosa crença na superioridade da "aldeia" e no estilo de vida desta, em comparação com o loteamento, era afetada pelo fato de eles trabalharem diariamente na mesma fábrica e, com freqüência, fazerem o mesmo tipo de trabalho dos operários da Zona 3. A Tabela IV fornece exemplos de fábricas em que os trabalhadores dos dois bairros operários de Winston Parva eram empregados.

Nesses dois casos, assim como em outros, o fato de haver operários das duas zonas trabalhando nas mesmas fábricas não levava a uma redução das barreiras que os separavam fora do trabalho.

TABELA IV
Local de residência dos operários locais, por zona

Zona	Fábrica de biscoitos			Fábrica tradicional		
	Homens todos	Mulheres solteiras	Mulheres casadas	Homens todos	Mulheres solteiras	Mulheres casadas
1	–	–	1	2	–	–
2	22	7	21	18	2	32
3	13	6	17	4	1	11
Total	35	13	39	24	3	43

O quadro exibido pela Tabela IV – a atração das indústrias locais para os trabalhadores da comunidade, particularmente compreensível no caso das mulheres casadas de ambos os bairros operários – era bastante típico. Entretanto, havia algumas exceções. A fábrica de equipamentos, por exemplo, que fora evacuada de Londres com parte de seus operários no início da guerra e cujos empregados haviam-se instalado no loteamento, ainda contava com pouca gente da "aldeia" entre seus trabalhadores. Desde a guerra, transformara-se numa das principais indústrias de seu setor e desenvolvera um próspero negócio de exportações. Em 1958, a fábrica empregava aproximadamente 80 homens e 20 mulheres, 15 das quais casadas. De acordo com a direção da firma, cerca de 50 operários, metade de sua mão-de-obra, moravam no loteamento. Eram a parte dos emigrados originais de Londres que havia permanecido em Winston Parva. A maioria dos demais trabalhadores provinha de grandes bairros operários nos arredores da cidade mais próxima. Pouquíssimos tinham sido recrutados na Zona 2. Na época da pesquisa, todavia, a direção da empresa acabara de procurar mais mão-de-obra local. Convidara grupos de alunos das escolas locais a visitarem a fábrica e, em conseqüência disso, vários rapazes da Zona 2 tinham sido contratados como aprendizes.

Havia uma ou duas outras firmas que tinham entre seus empregados um número pequeno ou nulo de trabalhadores da Zona 2. E, no caso delas, ao que parece, a ausência de operários da "aldeia" tinha uma certa relação com a posição local dessas empresas ou das pessoas por elas empregadas. Em nenhuma delas o nível salarial era acentuadamente inferior ao que era pago pelas outras firmas da região. Mas o trabalho era pesado e impunha exigências consideráveis à força física. Poderíamos tomar como exemplos uma companhia fornecedora de concreto e uma pequena fundição. Sua mão-de-obra conjunta, em 1958, compunha-se de aproximadamente 150 trabalhadores. Havia algumas mulheres empregadas em serviços de escritório e na cantina. Não foi possível obter informações fidedignas sobre o local de residência dos operários, mas, segundo uma estimativa local, 25% deles provinham de Winston Parva, quase todos do loteamento. Em termos de status ocupacional, a maioria pertencia à camada mais baixa da classe trabalhadora, sendo quase todos operários não especializados. Contudo, algumas visitas a uma amostragem de casas não indicaram nenhuma linha divisória clara entre seu estilo de vida e o de outros moradores do loteamento. Tampouco eram eles visivelmente distinguidos como um grupo à parte na opinião de outros residentes consultados, nem mesmo dos trabalhadores especializados. As pessoas da "aldeia", no entanto, sobretudo as das "famílias antigas", tendiam a ver nesses trabalhadores braçais "a população típica do loteamento", principalmente quando eles eram meio barulhentos.

À primeira vista, a "aldeia" parecia ter um alto grau de uniformidade. Particularmente quando se pedia aos aldeões sua opinião sobre o loteamento, as respostas recebidas eram uniformes. Não havia dúvida quanto ao caráter predominantemente operário dessa zona. A maioria de seus habitantes, aproximadamente 80%, compunha-se de trabalhadores manuais, em parte empregados nas indústrias locais, em parte nas da cidade vizinha. Também as convenções dominantes eram características de determinado tipo de bairro proletário. O ritual das visitas, por exemplo, era marcadamente diferente do que prevalecia entre as famílias de classe média da Zona 1. Nesta última área, não existia o costume de visitar outras famílias de improviso. Em geral, utilizavam-se certas fórmulas ritualizadas, escritas ou faladas, quando se queria receber visitas em casa, e não se esperava que elas aparecessem sem esse convite. Na "aldeia", as pessoas não tinham o hábito de convidar formalmente as outras a visitá-las em casa, a não ser em ocasiões muito especiais, como casamentos ou enterros. É provável que suas casas fossem pequenas demais para que a tradição de visitas e contravisitas se desenvolvesse entre eles. É provável que também a renda fosse muito pequena ou assim tivesse sido no passado para que essa tradição surgisse entre os trabalhadores, tanto homens quanto mulheres. Todavia, em contraste com a convenção dominante na população de classe média, a que prevalecia entre a classe operária permitia muito mais as visitas informais. As mulheres, em particular, eram mais propensas a simplesmente "dar uma passada" na casa das vizinhas, para conversar na porta dos fundos ou tomar uma xícara de chá. A convenção não concedia a essas pessoas, e nem elas esperavam ter, o mesmo grau de privacidade familiar que era esperado pelas pessoas de classe média e que a convenção desta lhes proporcionava na Zona 1. As portas ficavam menos solidamente fechadas para os outros; as paredes eram mais finas; quase tudo o que acontecia dentro de casa ficava ao alcance dos olhos e ouvidos dos vizinhos; não se podia esconder muita coisa; os aspectos particulares e comunitários, "individuais" e "sociais" da vida eram menos separados. Qualquer notícia de interesse espalhava-se rapidamente, de uma casa para outra e de uma rua para outra, pelos canais das fofocas. As donas-de-casa pareciam ser suas principais transmissoras. Aqueles que "faziam parte", aqueles que estavam integrados nos padrões comunitários de seu bairro, não pareciam sofrer com essa relativa falta de privacidade. Os que "não faziam parte" freqüentemente se ressentiam dela.

Mas, ainda que comparada à Zona 1 e à Zona 3, a Zona 2 tivesse comunicações relativamente fluidas e um alto grau de uniformidade, aos poucos se percebeu, à medida que a pesquisa foi progredindo, uma espécie de subestratificação no interior do bairro operário aparentemente uniforme, que erguia algumas barreiras contra a comunicação e as relações sociais em geral.

A "aldeia" não tinha um verdadeiro centro, mas era cortada em duas partes por uma avenida bastante larga. A maioria dos habitantes vivia ao sul dessa avenida, nas casas construídas por Charles Wilson nas ruas que imortalizavam seu nome. Uma minoria vivia ao norte dela, e um trecho dessa área, adjacente à Zona 1, era largamente considerado como a "melhor parte" da "aldeia", não apenas por seus próprios residentes, mas também, com um pouco menos de ênfase, pelos da outra parte.

Em duas das ruas dessa porção norte morava uma "elite da classe trabalhadora". Compunha-se basicamente de membros das "famílias antigas" e de outras famílias de operários qualificados, em atividade ou aposentados. Ali moravam, além disso, os poucos residentes de classe média do que era, fora isso, uma área proletária. A maioria das casas dessas duas ruas não era em nada superior às do restante da "aldeia". Havia entre elas, no entanto, um pequeno número de casas um pouco maiores do que as outras e cujos aluguéis eram ligeiramente mais altos. É provável que a minoria de vizinhos de classe média e das casas maiores ganhasse alguma coisa do prestígio de que desfrutavam na "aldeia" as "famílias antigas", conferindo a essas duas ruas do lado norte o status de "melhor parte" da "aldeia". Os residentes pareciam muito orgulhosos de morar ali. No tom velado que se costuma usar para esse fim, eles freqüentemente procuravam chamar a atenção do entrevistador para essa distinção, usando expressões como "as pessoas de nossa rua são gente de bem, são realmente agradáveis". No entanto, em termos de ocupação e classe social, as diferenças reais entre as ruas de elite e as ruas comuns da "aldeia", como indica a Tabela V, eram pequenas.

Algumas famílias que, segundo a classificação do Registro Geral, seriam qualificadas como pessoas da Classe II, porém nenhuma operária, moravam nas ruas "melhores" da Zona 2. Uma das ruas comuns tinha alguns operários, mas nenhuma tinha moradores da Classe II. Em termos estatísticos, o número de residentes de classe média das ruas da parte norte da "aldeia" era pequeno. Um elemento da configuração que outorgava às duas ruas seu status mais elevado era o fato de a minoria de vizinhos da classe melhor desempenhar um papel maior do que seu número sugeriria. Eles eram quase que invariavelmente mencionados nas entrevistas.

Era igualmente significativo que o status superior dessas duas ruas não fosse afetado, de maneira alguma, por uma minoria de tipo diferente – pela minoria de residentes de status inferior que morava lá. Uma dessas ruas tinha o que se

TABELA V
Ocupações dos residentes de duas ruas de elite e duas ruas comuns da Zona 2

Rua de elite A		Rua comum A	
Quantidade	Ocupação	Quantidade	Ocupação
1 Jornalista		–	–
1 Empregado de escritório		–	–
2 Balconistas		1 Balconista	
3 Operários mecânicos		3 Operários mecânicos	
–		1 Motorista de caminhão	
2 Ferroviários		2 Ferroviários	
5 Operários das malharias		2 Operários das malharias	
2 Operários das fábricas de calçados		5 Operários das fábricas de calçados	
3 Trabalhadores braçais		5 Trabalhadores braçais	
–		5 Operárias da fábrica de biscoitos	
5 Viúvas		3 Viúvas	
24 Total		27 Total	
Rua de elite B		Rua comum B	
Quantidade	Ocupação	Quantidade	Ocupação
3 Empregados de escritório		–	–
3 Balconistas		–	–
1 Dono de garagem		–	–
3 Operadores de máquinas especializados		1 Operador de máquinas especializado	
1 Corretor de seguros		–	–
1 Motorista de caminhão		1 Motorista de caminhão	
1 Maquinista		–	–
1 Ferroviário		–	–
1 Pedreiro		–	–
1 Bombeiro hidráulico		–	–
2 Operários das malharias		2 Operários das malharias	
1 Operário das fábricas de calçados		3 Operários das fábricas de calçados	
1 Trabalhador braçal		7 Trabalhadores braçais	
5 Viúvas		–	–
23 Total		14 Total	

conhecia no lugar como o "pedaço ruim". Neste, o Conselho havia construído, na década de 1930, uma série de casas pequenas, que atraíam um tipo de inquilino um pouco mais pobre e menos consciente das normas e do status, ou seja, menos "respeitável" do que os moradores da área "de elite" e, a rigor, do que a maioria dos residentes da "aldeia". Em contraste com a minoria de residentes de classe média, a minoria operária inferior nunca era mencionada, sempre que era possível evitar o assunto. Tal como a minoria similar na Zona 1, ela era geralmente desconsiderada na avaliação que as pessoas faziam do status de seu bairro e, na medida do possível, era "silenciada" nas conversas com "outsiders respeitáveis", como era o caso do entrevistador.

Portanto, até essa zona operária "estreitamente unida" e aparentemente uniforme de Winston Parva, a "aldeia", tinha sua hierarquia interna de status. Continha subzonas de status superior e outras de status inferior, embora não se pudesse presumir que cada uma das famílias residentes nas "ruas de elite" tivesse uma posição mais elevada do que cada uma das famílias residentes nas ruas comuns da "aldeia". Ali como noutros lugares, excetuadas as camadas mais alta e mais baixa, a classificação hierárquica das famílias e indivíduos desafiava qualquer tentativa de simples representação numérica. Mas, em geral, as "melhores famílias da aldeia" moravam ou, pelo menos, tinham um ramo na "parte melhor".

Se os diferenciais de status e poder provocavam atritos, estes permaneciam basicamente encobertos. Sua expressão franca era impedida por um controle mútuo da vizinhança, que fomentava e premiava a adesão à crença coletiva no alto valor da "aldeia" como comunidade e de seu estilo de vida e que desestimulava qualquer expressão franca e direta de insatisfação, particularmente nas conversas com estranhos. E entre os incentivos ao comportamento "nômico" – ao conformismo – um dos mais fortes era a necessidade comum de quase todos os "aldeões" se distinguirem do outro bairro operário logo ali ao lado, cujo estilo de vida, segundo a opinião pública da "aldeia", era menos respeitável e honrado que o deles. Em relação ao loteamento, as "pessoas da aldeia" cerravam fileiras. Um morador da "aldeia" precisaria de muita coragem ou grande temeridade para discordar da "opinião da aldeia", que predominava em qualquer assunto concernente à população do loteamento. Isso raramente acontecia; nesse aspecto, as inclinações individuais pareciam concordar com essa "opinião (dominante) da aldeia". De modo geral, para esses indivíduos, provavelmente era mais compensador compartilhar da vaidade e do esnobismo da afirmação do status superior de sua comunidade ou, às vezes, de seu grupo de elite dentro dela, do que opor-se a eles. E, numa comunidade como essa, submetida a uma intensa pressão pelo conformismo e a um controle cerrado da vizinhança, seriam severas as punições sociais à espera de quem, nesse contexto, externasse publicamente idéias contrárias aos padrões das "famílias antigas", ou não parecesse conformar-se de bom grado a eles.

Foram encontrados, vez por outra, durante as entrevistas, exemplos dessa exclusão de pessoas que a opinião pública da "aldeia" suspeitava de "não conformismo" embora, de modo geral, a "gente boa", sobretudo a "gente boa" da área de elite, procurasse ocultar a presença de "ovelhas negras" sociais em sua rua. Assim é que, ao final de uma entrevista na área de "elite" da "aldeia", uma dona-de-casa de meia-idade perguntou se poderia saber quem seria o próximo entrevistado. Quando informada, disse: "Oh! Eu não iria lá, não! Vá ao número 15, eles são gente boa, mas lá, não, ela é uma leviana, só está aqui há um ano. Vá à casa dos Sewell, eles são boa gente." Os recém-chegados que se instalavam nas "boas ruas" da "aldeia" eram sempre suspeitos, a menos que fossem obviamente "gente boa". Era necessário um período de experiência para que as "boas famílias" já estabelecidas se certificassem de que seu status não sofreria prejuízos pela associação com um vizinho cuja posição e cujos padrões eram incertos. A "ovelha negra", nesse caso, era uma mulher que se mudara pouco antes para o local e que teceu os seguintes comentários, quando indagada sobre seu relacionamento com os vizinhos: "Eles são muito reservados. Falam comigo na rua, mas é só." Em seguida, contou que havia convidado "o lixeiro para uma xícara de chá num dia frio", logo depois de se mudar para Winston Parva. "Eles viram. Isso chocou o pessoal daqui." Não era apenas que os recém-chegados tivessem que adotar os padrões da "aldeia": eles também tinham que mostrar ostensivamente que os adotavam. Caso contrário, eram colocados num nível inferior na hierarquia de status das famílias "aldeãs" e tratados como outsiders. Esse é um exemplo dos atritos ligados aos diferenciais de status e poder, mesmo em uma comunidade relativamente pequena e aparentemente não muito estratificada como a "aldeia". Tais atritos faziam-se visíveis, da maneira mais franca e direta, quando se considerava a comunidade mais estratificada de Winston Parva como um todo. Mas, por esta visão geral apenas da Zona 2, já se pode perceber o papel central que ocupava, numa comunidade desse tipo, a hierarquização social dos habitantes.

Nas teorias atuais, é comum ficarem inexplorados dois problemas criados por essa hierarquização comunitária do status e que eram observáveis em Winston Parva. O primeiro concerne à formação dessa hierarquia de status. Tem-se uma propensão a ficar satisfeito com fórmulas prontas, como a de uma classificação mútua do status, que sugere que, primeiramente, cada família decide sozinha como classificar todas as demais e, em seguida, a ordem de status da comunidade simplesmente brota de uma troca de idéias entre as diversas famílias, talvez por decisão majoritária. A reflexão sobre tais assuntos freqüentemente parece dar-se, não necessariamente com plena consciência disso, através de uma analogia com o processo eleitoral: ela parece implicar que todos dão seu voto sobre a classificação de todos os demais e que o consenso sobre a classificação das famílias indica a opinião da maioria. Mas essa analogia é tão fictícia quanto a suposição de que a sociedade provém de um "contrato social". Ela deixa de lado a questão de por que as pessoas aceitam ser classificadas abaixo de outras. Outrossim, em Winston Parva, como em muitas outras comunidades, era uma minoria de famílias que morava nas áreas classificadas no nível mais alto, enquanto a maioria vivia em áreas classificadas como inferiores. Tal como noutros lugares, as pessoas permitiam ser classificadas abaixo de outras porque não podiam evitá-lo. Não tinham poder suficiente. A mulher caridosa que os vizinhos de Winston Parva julgaram que o entrevistador não deveria visitar e a quem tratavam com reserva quando encontravam na rua não tinha poder para fazer com que eles se comportassem de outra maneira. Tampouco as pessoas que moravam na "extremidade ruim" de uma rua ou no loteamento, que os "aldeões" diziam chamar-se "beco dos ratos", dispunham de poder suficiente para modificar o lugar inferior que lhes era atribuído na hierarquia de status de sua comunidade. Em alguns casos, o poder maior pode pertencer aos muito numerosos, à "maioria", mas, noutros, fica reservado à minoria. Assim, uma minoria estreitamente unida pode exercer poder sobre uma maioria menos unida e menos organizada. As "famílias antigas" de Winston Parva eram um exemplo. Certamente não compunham a maioria dos moradores da comunidade. Mas as crenças, os padrões e a classificação de terceiros que prevaleciam nesse grupo unido de elite tinham maior peso em relação aos outros, sobretudo porque, como veremos, seus membros detinham todos os postos-chave da comunidade.

O segundo problema que as observações da Zona 1 e da Zona 2 ajudaram a esclarecer e que é freqüentemente desconsiderado é o da relação entre os diferenciais de status e os atritos. Termos como "hierarquia de status" ou "ordem classificatória" são usados, às vezes, como se fizessem referência a configurações normalmente harmoniosas, com as quais as tensões e conflitos só se vinculassem acidentalmente. Na verdade, se constata que as tensões e conflitos são um componente estrutural intrínseco das hierarquias de status em todos os lugares.

Ao andar pelas ruas de uma cidade ou vilarejo como um visitante ocasional ou mesmo ao morar lá por algum tempo, pode-se não reparar nas distinções de status que os habitantes estabelecem entre si e nas fricções latentes ou manifestas que estão ligadas a elas. Mesmo quando se mora numa dessas comunidades por tempo suficiente para tomar consciência de sua ordem hierárquica interna, nem sempre se consegue ficar à altura do conhecimento íntimo que os habitantes têm da posição das outras famílias na comunidade em seus próprios termos. É que, normalmente, os próprios moradores não expressam sua classificação em termos gerais, especialmente num bairro estreitamente unido como a "aldeia". Todos eles, e particularmente as moradoras casadas, têm um conhecimento implícito do valor de mercado das outras famílias da vizinhança. A análise subseqüente da estrutura das fofocas em tal comunidade talvez ajude a dar uma idéia mais clara da dinâmica da hierarquização; ela mostra até que ponto as minorias poderosas, funcionando como uma espécie de líderes das fofocas, são capazes de controlar as crenças de uma rede mais ampla de vizinhos e de influenciar a circulação de boatos laudatórios ou depreciativos, bem como os padrões usados para comparar as famílias. Mas esses padrões de avaliação estão quase sempre implícitos fazendo parte de um sistema axiomático comunitário de crenças; e, em geral a classificação é expressa por meio de simples termos de valor que têm o caráter de codificações, tais como "melhor" ou "não muito boa", "correta" ou "aceitável". Eles podem ser utilizados com gradações ou conotações suficientes para deixar claro aos iniciados qual é a posição efetiva de uma família na hierarquia de status. Ao conceituar dessa forma a ordem hierárquica de uma comunidade, extrapola-se e se verbaliza uma configuração que nunca é conceituada e verbalizada no mesmo nível por aqueles que a compõem. Não obstante, essa ordem sempre tem um padrão extraordinariamente firme e definido, como também o têm os atritos que a acompanham.

A configuração encontrada na Zona 1 e na Zona 2 mostrou a importância dessa ordem comunitária específica de superioridade e inferioridade, além do tipo peculiar de tensões que ela provoca. Era preciso conhecer melhor a estrutura das "famílias antigas" e da rede que elas formavam para compreender com mais clareza esses diferenciais de status.

4 | As famílias matrifocais da Zona 2

Um jornalista local, nascido na "aldeia", resumiu a impressão que tinha dela ao dizer: "Não se sabe quem é parente de quem. Eles são tantos que, embora eu tenha morado aqui a vida inteira, continuo a descobrir parentes." Esse era um tema que ressurgia constantemente nas conversas com as pessoas que residiam na "aldeia". O vigário referiu-se aos "estreitos laços de família da parte mais antiga da aldeia". Um servidor público que morava na "área de elite" repetiu quase que literalmente as palavras do jornalista: "Há tantos casamentos entre familiares aqui, que não se sabe quem é parente de quem." Nenhuma dessas observações poderia ser feita com referência ao loteamento. Mas também havia diferenças marcantes entre o padrão familiar da "aldeia" e o da Zona 1. Nesta última, as famílias eram pequenas. Raramente tinham mais de dois filhos. Em algumas, os filhos haviam crescido, casado e se mudado para fora de Winston Parva, em virtude de o lugar oferecer poucos postos de trabalho do tipo a que aspiravam. Nas famílias com filhos pequenos, era perceptível a maior importância atribuída às instalações educacionais e recreativas. Muitas vezes, as pessoas entrevistadas na Zona 1 perguntavam se a realização da pesquisa era um trabalho de horário integral e, ao saberem que era um estudo feito em horário parcial e que a atividade principal do entrevistador era o magistério, mostravam imediatamente que pensavam muito na educação de seus filhos. Faziam perguntas muito criteriosas sobre o ensino superior, as universidades, os clubes juvenis e uma série de atividades culturais. Poucas pessoas da Zona 2 e apenas uma da Zona 3 fizeram perguntas ao entrevistador sobre seu próprio trabalho. Em geral, eram pessoas que tinham um filho na escola primária. Visivelmente, as famílias da Zona 1, com suas casas geminadas em centro de terreno, suas garagens, suas cozinhas bem equipadas e um ou dois filhos, no máximo, eram razoavelmente independentes em seu relacionamento com a vizinhança e tinham interesses intelectuais muito mais amplos do que os residentes das outras zonas.

Na Zona 2, não só os laços de vizinhança, mas também os de parentesco, eram visivelmente mais fortes do que no restante de Winston Parva. Constatou-se que havia uma estreita ligação entre eles. E o exame dessa ligação ajudou a corrigir uma impressão que se pode extrair da bibliografia sociológica sobre família, qual seja, a impressão de que a estrutura das famílias e a estrutura das comunidades em que elas vivem são totalmente desvinculadas. Na verdade, a natureza dos laços de família e a estrutura familiar não podem ser explicadas como se as famílias vivessem num vazio comunitário ou como se, por si só, sua estrutura determinasse a estrutura das comunidades em que vivem.* O estudo de Winston Parva proporcionou oportunidades de comparação entre bairros de tipos diferentes. Essas comparações indicaram o quanto a estrutura familiar encontrada num determinado bairro era dependente da estrutura do bairro em que as famílias moravam.

Isso era particularmente visível no caso da "aldeia". Dificilmente se poderia ter mantido por muito tempo a solidez dos laços familiares, especialmente entre as "famílias antigas" da elite "aldeã", se os laços de vizinhança se houvessem afrouxado ou rompido. Às vezes, na verdade, parecia um tanto questionável a possibilidade de se falar em termos significativos de uma "estrutura familiar" sem referi-la à estrutura das relações entre as famílias – à estrutura da vizinhança.

Na "aldeia" ainda era motivo de orgulho entre as famílias estabelecidas desde longa data, ter famílias muito numerosas. O espírito familiar – a intensa identificação do indivíduo com o grupo ampliado de parentesco e a subordinação relativamente elevada de cada membro a sua família – era reforçado e preservado pelo respeito e aprovação que cada membro podia esperar não apenas no seio de sua família, mas também dos membros de outras famílias, caso ele se conformasse ao padrão vigente. Os contatos estreitos entre as famílias sustentavam e fortaleciam os laços estreitos no seio da família, tornando mais difícil para o indivíduo seguir seu próprio caminho, enquanto continuasse morando naquela comunidade.

O caráter estreito dos laços familiares da "aldeia" evidenciou-se, em primeiro lugar, pelas freqüentes referências feitas nas entrevistas ao conjunto da família ou a outros membros isolados. Em várias ocasiões, a apresentação feita no início de uma entrevista era interrompida por uma saudação do tipo: "Ah, entre! O senhor é o sujeito que esteve conversando com minha mãe e minha irmã na sexta-feira à noite, não é?" Era mesmo impressionante observar a freqüência com que as pessoas visitadas na Zona 2 referiam-se a si mesmas como "nós", incluindo nisso, quando se tratava de uma mulher, não apenas o marido e os filhos, mas também a mãe e, quem sabe, as irmãs e suas respectivas famílias.

> "Chegamos aqui há uns sessenta anos", disse uma jovem dona-de-casa, acrescentando em seguida, como que pensando melhor: "Quero dizer, minha mãe e meu pai. Nós nascemos aqui, todos nós, e continuamos aqui com nossos filhos."

A influência da "mamãe" como figura central de referência, já observada por Young e Willmott na zona leste de Londres,** também era característica dessa área de Winston Parva. Como as mães da rua Ship estudadas por Kerr, as mães

---

* Ver o Apêndice 3.
**Young, M. e P. Willmott, *Family and Kinship in East London*, Londres, 1962, caps.3-6.

da Zona 2 eram o centro de muitas atividades familiares — "morando, muitas vezes, numa casa herdada da mãe, ela manipula o mundo externo a seu redor. Guarda a caderneta dos aluguéis e lida com o cobrador que vem recebê-los, assim providenciando para que suas filhas venham morar nas imediações."*

Embora o relacionamento fosse, às vezes, meio ambivalente, alguns genros pareciam bem integrados em sua "família ampliada", chefiada pela sogra. Haviam estabelecido relações de amizade no círculo familiar. Um dos padrões característicos das horas de lazer da "aldeia" consistia em os maridos de um mesmo grupo familiar ampliado irem juntos ao bar mais próximo, para tomar sossegadamente uma bebida, enquanto suas mulheres davam "uma passada na casa de mamãe por uma hora".

Mesmo procurando, não foi possível observar um único caso em que o pai desempenhasse um papel similar como figura central de um grupo de parentesco. Os homens mais velhos costumavam ficar sob os cuidados de uma das filhas, como acontecia com um dos senhores mais conhecidos do Clube dos Idosos, mas a influência desses homens era rigorosamente limitada. A influência preponderante da mãe como uma espécie de matriarca, eixo de um grupo familiar de três gerações, provavelmente estava ligada ao fato de que as principais funções que esse tipo de grupo tinha para seus membros eram predominantemente femininas e não masculinas; eram primordialmente funções das horas vagas e de pessoa a pessoa e só marginalmente funções ocupacionais especializadas que se centrassem em objetos impessoais. Fazia parte do papel e da inclinação da mulher cuidar das crianças, quando as filhas ou noras saíam para trabalhar, e cuidar, de modo geral, dos interesses pessoais de outros membros da família, tanto homens quanto mulheres, sempre que eles precisassem. Muitas pessoas entrevistadas na Zona 2 frisaram que viam, todos os dias, pelo menos um membro de "seu grupo familiar" e, desse modo, podiam inteirar-se das últimas notícias familiares. Um membro masculino de uma dessas famílias disse: "Nós nos vemos quase todos os dias", acrescentando: "Não nos visitamos muito, mas, quando surge algum problema, alguém aparece para avisar os outros." A maioria dessas pessoas não tinha telefone, em contraste com os moradores da Zona 1, onde os telefones eram freqüentemente usados como meio de comunicação, porém o contato diário dos membros do "grupo familiar ampliado" garantia a transmissão rápida das informações nessa área relativamente pequena. Havia poucos indícios de reuniões de famílias inteiras para fins sociais, a não ser nos casamentos, batizados e enterros. As ocasiões em que a família se mobilizava, em parte ou como um todo, eram bem estabelecidas e padronizadas, como também o era seu modo de funcionamento — as rotinas da rede familiar em ação.

Verificou-se que as famílias cooperavam para cuidar da "mamãe" e manter limpa a casa dela; num desses casos, uma filha casada dividia o "plantão noturno"

---

* Kerr, M., *The People of Ship Street*, Londres, 1958, p.64.

na casa da mãe, inválida, com uma outra filha casada. A mãe da mulher cuidava dos filhos dos casais jovens durante a ausência deles. As crianças em idade escolar "passavam na casa da vovó" depois das aulas. Os bebês eram levados para a casa da avó antes do trabalho e buscados no início da noite. Mais uma vez, percebe-se aí o quanto esse padrão familiar estava ligado às necessidades das mulheres casadas que trabalhavam fora. As mães, na maioria dos casos, também pareciam haver trabalhado fora numa ou noutra ocasião. Seu papel atual de guardiãs das crianças, na ausência dos pais, contribuía para reforçar e ampliar a influência da avó materna. Muitas vezes, ele incluía decisões a serem tomadas a respeito das crianças. Até os problemas dos adultos, quando exigiam decisões, eram normalmente discutidos com "mamãe" pelas filhas e, às vezes, também pelos filhos e genros.

Esse tipo de redes de parentesco dava a cada um de seus membros considerável tranqüilidade e segurança. Se a mãe da esposa ajudava a filha a cuidar de sua família, ela mesma podia contar com a ajuda da família desta quando precisava. Townsend observou, num outro bairro de classe trabalhadora estabelecido desde longa data, em Bethnal Green, "quantas mulheres desempenhavam um grande papel na criação de filhos pequenos, durante até 40 ou 50 anos de sua vida".* O mesmo padrão podia ser observado na Zona 2. Entre os entrevistados, havia 18 senhoras que, depois haverem criado os filhos, ajudavam a cuidar dos filhos de seus filhos ou, noutros casos, dos filhos de uma irmã ou de uma sobrinha.

As mulheres da Zona 2 falavam com sincera afeição de "nossa rua" ou da "casa de mamãe" e de "nossas crianças", termo que se referia a todas as crianças da rede familiar da mãe. Esses laços afetivos impediam muitas mulheres casadas de saírem de Winston Parva e se mudarem para "o desconhecido". Durante as entrevistas, várias mulheres disseram haver iniciado sua vida de casadas fora de Winston Parva e ter voltado para lá, para ficar "perto da mamãe", por se sentirem sozinhas. Também os idosos encontravam segurança como membros dessas grandes redes familiares, nelas encontrando centros de interesses no dia-a-dia. Kerr observou, em *The People of Ship Street*, que "o medo da solidão é um fator importante para compreender esse grupo. É provável que sua falta generalizada de instrução e de oportunidades de usar o intelecto restrinja drasticamente o número de papéis que os indivíduos são capazes de desempenhar".** Na Zona 2, entretanto, havia um grande número de mulheres que eram membros de associações e clubes. Gostavam imensamente dessa ampliação de seus interesses, ainda que seu interesse primordial estivesse na família. Pertencer a uma igreja ou a grupos religiosos ou a outras organizações políticas ou beneficentes, como depois ficou demonstrado, não apenas envolvia as mulheres em papéis diferentes

---

* Townsend, P., *The Family Life of Old People*, 1957, p.34.
** Kerr, M., *The People of Ship Street*, 1958, p.66.

dos que desempenhavam no grupo familiar como também servia de vínculo entre diversos grupos familiares.

Os homens não tinham tanto envolvimento quanto as mulheres no círculo de atividades e interesses sociais centrados na "mamãe". A ênfase nas atividades extrafamiliares, no caso deles, era maior que no das mulheres. Não obstante, a força dos laços que uniam também os homens ao "grupo familiar" era considerável. Já mencionamos que era possível ver irmãos varões ajudando nos consertos domésticos e homens do mesmo grupo familiar indo juntos ao *pub*. Um estudo das listas de membros de associações locais, como a da banda de música, mostrou que cunhados, sogros, filhos e irmãos cooperavam com freqüência nas atividades específicas de uma mesma associação beneficente. Em diversos casos, homens de um mesmo grupo familiar participavam das mesmas peças teatrais, tocavam juntos, consertavam carros em conjunto ou ocupavam, em grupos mistos ou exclusivamente masculinos, alguns dos principais cargos oficiais. Algumas mulheres, no entanto, não aprovavam a participação dos maridos em nenhum desses grupos extrafamiliares. Assim é que uma mulher, quando seu marido ia responder a uma pergunta da entrevista sobre a participação em clubes, disse: "Clube! Eu já disse a ele que o clube dele é aqui e que ele tem que tirar o melhor partido disso." Até onde era possível perceber, esse marido aceitava placidamente o seu papel.

Freqüentemente, os varões mais velhos do grupo de parentesco ajudavam os maridos mais novos, pais de filhos pequenos, a melhorarem suas casas, trabalhando com eles, à noite, em tarefas do tipo "faça você mesmo", tais como fazer móveis ou consertar banheiros. Pouco menos de 50% dos entrevistados da Zona 2 mencionaram ter tempo para trabalhos ou passatempos desse tipo em casa. A percentagem da Zona 3 correspondeu a 32%. Do mesmo modo, os homens do grupo de parentesco ajudavam na decoração, nos consertos da televisão e na manutenção da casa da "mamãe". Quando os homens eram membros da banda de música ou participavam de uma peça da igreja, as mulheres do grupo de parentesco costumavam comparecer para aplaudir suas apresentações e se encontrar com outras mulheres, que compareciam por razões similares e com quem elas trocavam idéias. Os laços entre os familiares, no caso dessas famílias da "aldeia", não promoviam o isolamento. Os vínculos entre grupos familiares e associações locais, que serão discutidos mais adiante, eram estreitos. Eram um sinal da solidez da inserção dos grupos familiares da "aldeia" em sua comunidade. Ao observar a vida na Zona 2, dificilmente se imaginaria que algum daqueles grupos familiares pudesse continuar a funcionar como funcionava se todas as ligações com outros grupos familiares semelhantes da vizinhança se rompessem.

A comparação com as outras zonas apontou as vantagens que havia para cada membro na cooperação dentro de famílias numerosas. Na Zona 1, as famílias recorriam mais aos serviços remunerados de pessoas de fora para executar muitos dos trabalhos, pequenos e grandes, que seus próprios membros não podiam ou não queriam executar. Na Zona 3, onde as famílias eram menores e o contato com os vizinhos não era muito estreito, os membros das famílias pequenas enfrentavam um bom número de dificuldades, porque não podiam contar prontamente com a ajuda de familiares ou vizinhos quando o marido ou a mulher adoeciam ou tinham que se ausentar, e os serviços remunerados estavam fora de seu alcance. Alguns "aldeões" pareciam achar que essa falta de cooperação entre os vizinhos talvez se devesse às "características pessoais" dos moradores de lá. Na verdade, ela se devia ao caráter da própria vizinhança. Os residentes do bairro, comparados aos "aldeões", eram recém-chegados. Muitos deles mal se conheciam.

Vez por outra, as famílias são representadas como entidades autônomas ou até como os elementos fundamentais – os "tijolos" – com que se constroem as sociedades. Mas até mesmo no âmbito deste pequeno estudo as diferenças entre os tipos de relações familiares encontradas nos diferentes tipos de comunidades de cada bairro foram suficientemente marcantes para sugerir que a idéia da "família" como unidade básica e primária da sociedade e como essencialmente autônoma e dispensando explicações constituía uma concepção equivocada. A família pode causar essa impressão, do ponto de vista de seus próprios membros. Sem dúvida, ela é a unidade primária, do ponto de vista da criança. Mas, quando se observa que as configurações de pessoas a que nos referimos como "famílias" variam enormemente, tanto em sua estrutura quanto em seu tipo, e quando se indaga sobre a razão dessa variação, logo se descobre que as forças responsáveis por essas diferenças não se encontram no interior das próprias famílias. Só podem ser encontradas nas unidades maiores de que elas fazem parte. É impossível compreender por que as formas predominantes de famílias eram diferentes nas três zonas de Winston Parva sem fazer referência ao desenvolvimento e à estrutura dessas zonas e da comunidade que elas compunham em conjunto. É difícil imaginar que um grupo de parentesco ampliado, dominado pela mãe e composto de três ou até quatro gerações, pudesse formar-se ou manter-se coeso por muito tempo numa vizinhança como a da Zona 3. Na verdade, seria difícil visualizar a sobrevivência de uma dessas unidades familiares por um período prolongado numa comunidade em que não morasse nenhuma outra família do mesmo tipo. A "aldeia" tinha como núcleo uma rede estreitamente unida, composta por uma pluralidade de redes familiares matrifocais, algumas das quais formavam uma espécie de elite da "aldeia" e davam o tom das outras.

Como indicou a extensão das atividades intrafamiliares nas atividades extrafamiliares, as rotinas e convenções das redes de parentesco eram parte integrante das rotinas e convenções mais amplas do bairro inteiro. Formaríamos uma visão muito distorcida, se presumíssemos implicitamente que as características familiares eram primárias e que as da vizinhança derivavam delas. Foi especificamente nessa vizinhança que as redes familiares matrifocais ganharam forma. O alto grau de cooperação da "aldeia" não se devia ao fato de ali se haver reunido, acidentalmente, um grupo de pessoas "generosas". Tratava-se de uma tradição que havia crescido, ao longo de duas ou três gerações, entre pessoas que moravam num bairro estreitamente unido e de tipo específico. O preço que os indivíduos tinham que pagar por isso, e que talvez ficassem contentes em pagar, era a submissão e a conformidade às normas comunitárias. Em situações de emergência, era possível dar ajuda a perfeitos estranhos, mas essa ajuda e essa bondade não eram facilmente estendidas a vizinhos que não se enquadrassem, que se mantivessem como outsiders; elas eram concedidas ou recusadas de acordo com as tradições da "aldeia" e, quando fornecidas, nem por isso deixavam de ser autênticas e agradáveis.

5 | As associações locais e a "rede de famílias antigas"

Estreitamente solidários com os laços de família eram os vínculos criados pela participação nas associações locais, das quais Winston Parva tinha um número considerável. Quase todas centralizavam-se na "aldeia".

A rede de famílias antigas que compunha o núcleo da comunidade "aldeã" prescrevia e fornecia a maior parte das atividades de lazer de seus membros e, dentro desse círculo, tais atividades eram quase inteiramente comunitárias: as pessoas costumavam passar suas horas de folga em grupos, não sozinhas nem em duplas ou pares fechados, e, mesmo quando o faziam aos pares, continuavam imersas no meio comunitário – sem paredes que barrassem uma terceira, quarta, quinta ou talvez até mais pessoas, e com paredes muito finas, mesmo em se tratando de casais de namorados. Elas passavam suas horas livres com membros da família ou vizinhos e, juntamente com a igreja e a capela, as associações locais proporcionavam o principal arcabouço formal das atividades de lazer da "aldeia", particularmente no caso das pessoas de meia-idade e dos idosos.

Também nesse aspecto, a "aldeia" continuava a exibir características mais típicas das comunidades pré-industriais ou das comunidades industriais mais antigas e relativamente pequenas do que das típicas comunidades urbanas mais numerosas, numa das quais era provável que ela viesse a ser absorvida dentro de uma ou duas gerações. O apelido do lugar não deixava de ter sua justificativa; apesar de não ter nada a ver com a agricultura, ele preservava muitas características de uma aldeia. O alto grau de autonomia no tocante às atividades de lazer era uma delas. Uma vez encerrado o seu trabalho profissional ou doméstico, os membros da rede de famílias antigas encontravam em sua própria comunidade ocupações razoavelmente interessantes e que pareciam ser-lhes satisfatórias e muitos "aldeões" situados em posições menos centrais seguiam seu exemplo.

Assim como os membros das famílias proletárias razoavelmente grandes de outros locais, os "aldeões" comuns não dispunham de muito dinheiro para gastar em atividades de lazer. Sua comunidade, pequena como era, não oferecia muitas das diversões comerciais encontradas nas comunidades urbanas mais numerosas. A maior parte do tempo, as pessoas divertiam umas às outras, fosse informalmente, através das fofocas e outras conversas, fosse mais formalmente, por meio de ofícios religiosos e das diversas atividades das associações locais. Até onde se podia perceber, os membros adultos da rede de famílias antigas e seus companheiros da "aldeia" não sofriam da singular "escassez de opções de lazer" que parece ser fonte de um certo incômodo em muitas sociedades urbanas mais altamente individualizadas; não pareciam padecer do tédio e vazio comumente encontrados nas comunidades em que, sem terem grande interesse no trabalho com que ganham a vida, as pessoas ficam com oportunidades insuficientes de usar suas horas de folga em medida proporcional a sua capacidade de se divertirem e a seus recursos e com oportunidades insuficientes de aumentar qualquer um destes.

Mesmo na "aldeia", as oportunidades de passar de um modo razoavelmente satisfatório as horas ociosas não eram iguais para todos os habitantes; e para as pessoas que moravam no loteamento a chance de participar era ínfima. Uma vez que as diversões da "aldeia" eram predominantemente comunitárias, havia um estreito vínculo entre elas e a ordem social da comunidade. Assim como os canais dos mexericos, as atividades de bairro e sobretudo as das principais associações locais eram dominadas por pessoas pertencentes à rede de famílias antigas, inclusive as que viviam na Zona 1. Os outros moradores, quando dispostos a se enquadrar nelas, eram tolerados, mesmo quando provinham da Zona 3. Mas raramente ficavam no centro da ação; até nas associações, continuavam centrados nos locais de culto, mais ou menos como outsiders. E o sentimento de fazer parte do grupo era, obviamente, um ingrediente essencial do prazer proporcionado pelas atividades comunitárias de lazer, quer tivessem um caráter informal, como os encontros de vizinhos nas compras ou nos *pubs*, quer com um caráter mais organizado, como as reuniões das associações locais.

Dentre estas últimas, os centros mais atuantes de atividades de lazer eram as associações que se reuniam em torno das igrejas ou das capelas. Com uma única exceção, todos os locais de culto de Winston Parva situavam-se em sua área mais antiga, a Zona 2. Os membros das associações que giravam em torno delas provinham das três zonas. O quadro que emergiu da consulta às listas de membros foi o seguinte: o total de membros formalmente inscritos nas associações era de 385 pessoas; destas, 59 vinham da Zona 1, 283 da Zona 2 e 43 da Zona 3. Mais de metade dos membros das associações centradas em igrejas ou capelas, num total de aproximadamente 200, pertencia à igreja anglicana. O centro da comunidade anglicana era a Igreja de St. Michael, situada na rua principal da "aldeia". Dentre os membros das associações ligadas a essa paróquia, 44 provinham da Zona 1, 163 da Zona 2 e 37 da Zona 3, embora alguns não fossem anglicanos. As instalações da igreja incluíam um salão e várias salas de reunião agradáveis. Sob muitos aspectos, eles exerciam a função de centro comunitário. O salão era usado pelo Clube dos Idosos, que tinha vínculos estreitos com a igreja anglicana. Junto com as outras salas de reunião, ele abrigava regularmente a Companhia de Teatro Paroquial, a Sociedade Musical das Senhoras, os escoteiros e a Associação de Jovens. As atividades de alguns desses grupos estendiam-se ao salão das missões, onde eram celebrados os ofícios da igreja anglicana na Zona 3 e que, nessa zona, era o único prédio disponível para reuniões comunitárias.

A Companhia de Teatro produzia e encenava peças com regularidade no salão paroquial, durante a maior parte do ano. Quase todas as peças eram comédias ou mistérios policiais do tipo que mais agrada aos grupos amadores. Um dos aspectos mais notáveis dessas apresentações era a evidente intimidade dos atores com seu público. A maioria dos membros do elenco era de "aldeões" muito conhecidos e seu aparecimento no palco, em trajes incomuns e amiúde divertidos, produzia imediatamente uma reação animada na platéia. O talento dramático do "nosso Colin" era ruidosamente saudado pelo público e não apenas por aqueles que eram parentes dos atores. Obviamente, essa identificação se estendia a toda uma rede de famílias. As senhoras "choravam de tanto rir". Nos intervalos, grupos de mulheres mudavam a posição de suas cadeiras para poder conversar mais à vontade. Os prenomes dos atores estavam na boca de todos. E essa mesma intimidade era observada noutras associações similares. As comissões da igreja e da capela, assim como as diversas atividades sociais organizadas por elas, costumavam ser dirigidas por membros de um pequeno número de famílias ou, quem sabe, de uma única família para a qual essas atividades eram uma extensão direta das praticadas em seu próprio grupo de parentesco.

Ali ainda se podia ver, numa forma tardia, o que provavelmente constituíra a norma nas sociedades européias num estágio anterior do desenvolvimento e que, por certo, ainda é a norma em muitas comunidades africanas e asiáticas de hoje: as instituições que chamamos de "religiosas" não tinham uma distinção tão clara de outras instituições comunitárias quanto sugere nosso vocabulário altamente diferenciado; eram pontos focais na rede de relações comunitárias. Comparecer ao culto, para um bom número de famílias, era uma das mais importantes atividades de lazer e, provavelmente, em muitos casos, uma das mais satisfatórias – em parte, sem dúvida, por figurar numa posição elevada na escala de valores das elites e por ser mais uma manifestação de intimidade comunitária para os que "faziam parte" dela.

Até na escolha das residências, as famílias pertencentes a um mesmo grupo religioso tendiam a ficar próximas. Mapeando os lugares onde moravam os membros da Igreja de St. Michael, descobria-se um padrão característico. Na Zona 2, eles tendiam a morar em pequenos agrupamentos familiares, dispersos pelas ruas "respeitáveis" da "aldeia". Numa rua anteriormente "respeitável", mas cuja reputação havia decaído desde que o Conselho, pouco tempo antes, comprara algumas casas nela a fim de eliminar as favelas, os paroquianos da Igreja de St. Michael, embora pouco numerosos, concentravam-se nas primeiras 28 casas mais próximas da parte "respeitável". Era como se, no começo, algumas "mamães" de credo idêntico se houvessem instalado em casas próximas e, depois disso, houvessem pedido ao "homem do aluguel" que reservasse para suas filhas casadas as casas vizinhas tão logo ficassem disponíveis.

A distribuição dos locais de residência era marcadamente diferente no caso das pessoas da Zona 3 integrantes das associações da paróquia de St. Michael. Elas viviam muito mais dispersas; muitas ruas tinham um único membro, enquanto outras não tinham nenhum. E a análise das listas de membros de outras igrejas de Winston Parva mostrou um padrão semelhante. Na Zona 2, assim como na Zona 1, as pessoas com as mesmas afinidades religiosas tendiam a morar em aglomerações familiares, ao passo que na Zona 3 espalhavam-se aqui e ali como indivíduos isolados. Tal como a Igreja Anglicana, outros credos formavam o centro não apenas das atividades religiosas como também de muitas outras atividades de lazer, embora, em conformidade com seu menor número de paroquianos, em escala muito menor. Duas das capelas tinham grupos de arte dramática e grupos de jovens. Também nelas, como se evidenciou nas entrevistas, em conversas informais e em recortes de jornais, algumas famílias compunham o núcleo dos membros atuantes e essas mesmas famílias ficavam à testa de seus grupos teatrais, dos corais e das associações juvenis. O culto dominical, as comissões das igrejas e capelas, as congregações de senhoras e as companhias de arte dramática, em suma, uma gama bastante ampla de interesses comuns de lazer, eram parte integrante não apenas de grupos familiares isolados, mas também de conjuntos de famílias.

A imagem da pequena família nuclear auto-suficiente como arquétipo da família não se coadunava com as observações feitas na comunidade da "aldeia", embora combinasse com parte dos dados obtidos na Zona 1. Por mais unidas que fossem as famílias da Zona 2, elas eram famílias "abertas" e nada tinham de auto-suficientes. As atividades dentro de cada família e as atividades dos grupos de famílias fundiam-se umas nas outras e pareciam inseparáveis. As tarefas e objetivos extrafamiliares comuns dos membros das famílias, tais como os centrados nas associações religiosas ou políticas, fortaleciam os laços intrafamiliares. Os primeiros ajudavam a manter os últimos, em parte graças ao controle que as famílias exerciam umas sobre as outras, no contexto da rivalidade tácita que havia entre elas – tinha-se mais pavor de ficar exposto aos comentários críticos dos amigos que dos estranhos –, e em parte porque essas tarefas e objetivos davam às famílias metas comuns, que iam além delas mesmas. É difícil dizer até que ponto isso se aplicava às famílias que não desempenhavam um papel preponderante nas associações locais – as que eram "seguidoras". Tampouco é fácil dar uma imagem clara da relação existente entre os vários grupos familiares centrados nas igrejas ou capelas e entre as associações a que eles pertenciam. Evidentemente, havia um padrão hierárquico: algumas associações eram tidas em mais alta estima pelos "aldeões" do que outras. Aparentemente, a ordem de prestígio das associações ligava-se à das famílias que nelas exerciam papéis preponderantes, e vice-versa. Toda mulher da "aldeia", se não todo homem, parecia conhecer o status e o prestígio de cada família e cada associação da comunidade num dado momento. Como já foi mencionado, era visível a dificuldade que eles tinham de transmitir explicitamente aos outsiders essa classificação, que fazia parte, de forma implícita, de sua conduta coletiva na vida cotidiana. No que concernia aos diferenciais de status de seu próprio grupo e aos das famílias e associações "respeitáveis", era raro tecerem comentários explícitos. Às vezes, indicavam indiretamente essas diferenças de posição, balançando a cabeça ou através do tom com que diziam "pessoas ótimas" ou "gente muito boa". Com respeito à maioria das distinções mais sutis nessa hierarquia interna do status, o quadro traçado aqui ainda permanece incompleto.

Mas não havia qualquer ambigüidade quanto aos níveis superior e inferior dessa hierarquia de status em toda Winston Parva. A maioria das famílias de posição mais elevada das Zonas 1 e 2 pertencia à Igreja de St. Michael e às associações centradas nela. E não apenas esse grupo dirigente, mas também os das outras associações locais, concordavam quanto ao status inferior atribuído às famílias da Zona 3. Foi o líder de uma das igrejas não conformistas da "aldeia" quem disse, a propósito dos residentes da Zona 3: "Sejamos francos, eles não são como as pessoas da aldeia. Alguns participam da vida da aldeia, mas são muito poucos." Outras expressões similarmente indicativas da própria superioridade eram usadas nas entrevistas e nas conversas informais com a maioria dos "aldeões" – expressões como "por aqui" ou "cá nestas bandas" –, ampliadas por outras como "a parte antiga" ou "não o loteamento, você sabe".

A ordem hierárquica refletia-se não somente na participação em associações locais religiosas, mas também nas leigas. Os "Evergreens", o Clube dos Idosos, eram um exemplo disso. Contavam com 114 membros e eram uma das maiores associações leigas de Winston Parva. Tratava-se de uma organização de assistência social característica do modo como as velhas comunidades industriais, nas quais se mantinham vivas até certo ponto as tradições das gerações anteriores, lidavam com um problema que, numa etapa posterior do desenvolvimento industrial, tendeu cada vez mais a se tornar responsabilidade das autoridades públicas e a depender das verbas do Estado.

Os encontros regulares dos "Evergreens" realizavam-se toda quarta-feira à tarde no salão paroquial da Igreja de St. Michael. Eram estreitos os vínculos com essa paróquia, tanto no plano organizacional quanto no do rol de membros, embora o clube estivesse aberto a idosos de todos os credos. Doze integrantes dos "Evergreens" eram também paroquianos da Igreja de St. Michael, mas, de acordo com as entrevistas, era muito maior o número dos que freqüentavam a igreja aos domingos sem serem membros. Dentre os diversos aspectos de seu trabalho assistencial, a secretária mencionou que, quando um membro faltava a uma reunião e não era visto por ninguém durante algum tempo, ela "arranjava alguém para dar uma passada em sua casa e ver se estava tudo bem". Como a maioria dos idosos de Winston Parva morava na "aldeia", não surpreende que esta fornecesse a maior parte dos associados. Quinze membros dos "Evergreens" provinham da Zona 1, 94 da Zona 2 e 5 da Zona 3. Um número bastante grande de idosos da Zona 3, como se verificou nas entrevistas, não queria fazer parte da associação. Alguns deles diziam que se recusavam a ir por causa da "claque". Outros desdenhavam dos "chás gratuitos" e da "caridade". Nenhum dos idosos da "aldeia" fazia objeções similares. E, mais uma vez, os cinco membros dos "Evergreens" que provinham da Zona 3 moravam em pontos distantes uns dos outros, em ruas diferentes, ao passo que os da Zona 2 pertenciam quase todos a aglomerados residenciais familiares.

A freqüência das reuniões dos "Evergreens" às quartas-feiras costumava ser alta. Alguns dos idosos, como disse a secretária, tinham que lutar contra enfermidades físicas para comparecer. O salão era bastante simples, porém capaz de acolher 90 pessoas ou mais. O clima era muito amistoso. A maioria dos idosos morava em Winston Parva havia mais de quarenta anos e se conhecia muito bem, alguns tratando-se pelo primeiro nome. Seu sentimento de coesão grupal, fortalecido pelos laços de família e pela participação em várias associações, devia representar uma portentosa barreira social contra os idosos da Zona 3. Nas reuniões, os membros sentavam-se ao redor de mesas compridas. Alguns jogavam dominó ou baralho, mas a maioria apenas conversava. Um som agradável de conversas e risos enchia o aposento. Vez por outra, uma notícia lida pela secretária produzia uma pausa na conversação; ela era sempre ouvida com visível interesse. O clube organizava diversos passeios ao longo do ano: visitas a monumentos históricos ou excursões à beira-mar. No fim das excursões, o Clube dos Operários costumava oferecer "um chá gratuito". Nas reuniões semanais, o lanche incluía uma xícara de chá, uma fatia de pão com presunto, bolo e biscoitos. Os membros pagavam uma taxa de um pêni por semana, a título de contribuição para as despesas, e, para ajudar a equilibrar o orçamento, os negociantes e algumas empresas locais faziam doações generosas. Um dos homens que mais ajudavam, nesse aspecto e em muitos outros, era o presidente do clube, o conselheiro Drew, que também passava muito tempo em visitas aos idosos e tomando providências para lhes prestar assistência social. A secretária também nutria grande interesse por seu trabalho beneficente. Era afetuosamente conhecida por muitos dos membros pelo prenome. Todas as reuniões eram encerradas entoando-se a "Canção dos Evergreens", composta por um dos membros. Em várias entrevistas, essa canção foi mencionada por membros e não-membros do clube como "uma musiquinha encantadora". Eis sua letra:

THE DARBY AND JOAN SONG

Let us grow lovely growing old,
So many fine things do,
Old lace and ivory and gold
And silks need not be new.

But there's a beauty in old trees,
Old streets their glamour hold.

Why may not we as well as these
Grow lovely growing old.
Now in the twilight of our years
We all our memories hold.
So let us smile through all our tears
As lovely we grow old.*

Outra associação local que vinha desempenhando um papel de destaque na comunidade por mais de cinqüenta anos era a Banda Premiada da Temperança de Winston Parva. Podiam-se ver os uniformes de seus componentes nos concertos do parque próximo, por ocasião das festas do Clube dos Idosos, das cerimônias comemorativas e de festejos realizados durante o ano inteiro. Seus ensaios eram ouvidos ao longe na rua principal, em noites do meio da semana, quando a banda atacava "O poeta e o camponês" ou preparava alguma outra peça para um concerto.

A história da banda era mais um exemplo do papel dos laços de parentesco na vida social da comunidade. Seu fundador era um antigo winstoniano cujo nome estava na boca de todos na "aldeia". No início do século, ele havia inaugurado uma loja de música na rua principal da "aldeia". Quando o "velho" se aposentou, seu filho passou a administrar a loja e a reger a banda. Vez por outra, pai e filho se apresentavam juntos no palco dos concertos e suas apresentações costumavam receber destaque na imprensa local. Em tempos idos, a banda fora vencedora de concursos nacionais e, após um declínio nos primeiros anos do pós-guerra, tornara a conquistar outros prêmios. Eram todos exibidos na vitrine da loja. Na ocasião deste estudo, a banda aceitava membros das localidades vizinhas, mas, segundo seu regente, todos moravam a menos de cinco quilômetros do Salão da Banda, situado no andar superior da loja. Eles haviam passado a constituir a maioria. Apenas doze dos 32 músicos moravam em Winston Parva. Seis deles vinham da Zona 1 e seis da Zona 2; não havia nenhum membro da Zona 3.

Os componentes da banda levavam sua música muito a sério. Os ensaios costumavam ter uma boa freqüência. O regente era conhecido como "Bob" e, por seu turno, tratava os músicos pelo nome. Os intervalos para o chá eram animados por pequenos divertimentos, como um "chá pagante", no qual os jogos de cartas e moedas e uma gritaria bem-humorada angariavam dinheiro para o lanche e geravam um pequeno lucro. A taxa anual paga pelos membros era de 26 xelins, aos quais eram somadas as despesas com a compra e manutenção dos instrumentos. Quatro dos doze membros que moravam em Winston Parva tinham

---

* Tradução livre, *A canção de Darby e Joan*: "Envelheçamos com encanto / Se assim fazem tantas coisas belas; / Renda, marfim e ouro antigos / Tal como as sedas, estão sempre novos. // Pois há beleza nas velhas árvores / E as velhas ruas seu glamour conservam. / Por que não havemos, como fazem elas, / De ser encantadores ao envelhecer? // Agora, no ocaso de nossas vidas, / Todos guardamos nossas lembranças. / Soltemos, pois, por entre as lágrimas o riso, / Enquanto envelhecemos com encanto." (N.T.)

um pai ou um filho na banda, dois tinham ali mulher e parentes por afinidade, e os demais, como disse o maestro, eram "membros das igrejas e capelas, é claro". O vice-presidente da banda era o auxiliar leigo do vigário da Igreja de St. Michael, e o presidente, no período de 1959-1960, foi o conselheiro Drew. O fundador da banda era membro honorário dos "Evergreens".

A banda ainda tinha um público fiel na comunidade, embora seus dias de glória houvessem ficado para trás. O proprietário de uma empresa de ônibus local relembrou como se costumava vê-la marchar pelas ruas de Winston Parva, à frente do desfile carnavalesco, antes que "os hospitais fossem nacionalizados". O desfile atraía uma grande multidão e coletava fundos para os hospitais. Em entrevistas realizadas nas Zonas 1 e 2, a banda, tal como um parente idoso, era comumente citada com afeição, embora num tom que deixava transparecer que era tida como uma espécie de relíquia do passado. Os idosos ainda gostavam de ouvir os concertos no parque e muitos mencionaram os velhos tempos em que a banda puxava o desfile. As entrevistas feitas na Zona 3 revelaram muito pouco interesse por ela. Algumas pessoas a ridicularizavam, nenhuma a admirava e o único músico entrevistado na Zona 3 disse que ela era "de matar".

Portanto, a banda era uma parcela significativa da tradição da "aldeia". Era uma associação pequena mas destacada, com laços estreitos com as famílias antigas e outras associações prestigiosas de Winston Parva. Ela reforçava o sentimento de solidariedade dos antigos moradores e era ignorada ou rejeitada pelos habitantes da Zona 3.

Outra associação mencionada com orgulho na "aldeia" era o Clube de Boliche. Ele aceitava membros de ambos os sexos, provenientes de uma área maior do que Winston Parva. Diversos residentes das Zonas 1 e 2 destacavam-se no comitê diretivo, nas equipes e nas reportagens publicadas na imprensa. Nas tardes ou noites quentes, as partidas realizadas nos gramados do parque atraíam pequenos grupos de espectadores idosos e, de vez em quando, a equipe feminina era fotografada em seu uniforme branco e seus chapéus de palha. Não havia listas de membros, mas as informações de alguns deles indicaram que nenhum provinha da Zona 3. Constatou-se um padrão semelhante numa análise da freqüência da escola noturna de Winston Parva. A variedade dos cursos ia da ópera à metalurgia. Dentre aproximadamente 100 pessoas que freqüentaram um período, apenas 34 eram moradoras de Winston Parva; dentre estas, 8 vinham da Zona 1, 21 da Zona 2 e 5 da Zona 3.

Um grupo pequeno mas muito prestigiado era o Comitê Beneficente. Compunha-se de dez membros, liderados pelo conselheiro Drew, e angariava fundos para distribuí-los entre os moradores mais velhos e menos afortunados de Winston Parva. As verbas eram obtidas com a ajuda de comerciantes, empresários e dirigentes de associações locais. O comitê diretivo era informado dos casos que necessitavam de ajuda. Um de seus membros era solicitado a visitar o idoso em questão e a apresentar um relatório sobre a situação constatada. Em seguida, o comitê decidia sobre o método de ajuda mais eficaz. Em geral, um membro levava mantimentos, objetos de uso pessoal ou dinheiro à pessoa necessitada. Às vezes ocorriam abusos. Num desses casos, soube-se que uma senhora que recebera ajuda estava gastando o dinheiro em "bebidas alcoólicas". A informação foi dada "em conversa" a um membro do comitê. Ele visitou a velha senhora para averiguar a informação, confirmou-a e a ajuda foi cortada. Quaisquer que fossem suas outras funções, a assistência prestada pelo Comitê Beneficente era também um instrumento de controle social.

O conselheiro Drew gastava boa parte de suas horas de folga nesse trabalho. Visitava os idosos com freqüência, angariava fundos para eles, discutia seus casos e fazia palestras no clube dos "Evergreens". Era comum ver seu carro estacionado perto da casa de um dos idosos a quem ia visitar. A composição do comitê mostrava o padrão já conhecido, com uma pequena variação. O número de membros da Zona 1 era maior que o das demais. Cinco componentes provinham da Zona 1, 4 da Zona 2 e 1 da Zona 3. Durante uma entrevista, o membro da Zona 3 fez o seguinte relato de sua eleição para o comitê. Em meados da década de 1950, fora convocada uma reunião aberta para discutir a assistência a ser prestada aos idosos da área. Fazia muitos anos que existia o Comitê Beneficente, mas, nas palavras desse membro, ele era dirigido "pela velha facção, alguns componentes da qual já estavam sem condições de trabalhar". Esse grupo vinha sendo reeleito ano após ano e, quando alguém tentava entrar no comitê, "os outros membros retiravam sua candidatura para que não se pudesse formar comitê nenhum". Aparentemente, na reunião de meados da década de 1950, o conselheiro Drew convenceu alguns dos antigos membros a se demitirem. O homem da Zona 3 havia comparecido à reunião e "se apresentou como candidato". "Ninguém mais no loteamento se incomodava com as obras de caridade", disse ele. E foi devidamente eleito.

Tal como as atividades das associações centradas nas igrejas e capelas, as ligadas à política só constituíam um tipo especializado de atividade no caso de um pequeníssimo número de pessoas. Para a maioria dos participantes, eram simplesmente uma outra forma de atividade social das horas de lazer. E o mesmo se aplicava a suas convicções políticas. Para a maioria das pessoas, elas eram parte integrante de um sistema de crenças mais geral, primordialmente determinado pelos assuntos comunitários e apenas secundariamente por questões nacionais.

A única organização política de Winston Parva que funcionava a contento era a Associação Conservadora. Era pequeno o número de seus membros. O núcleo era formado por 17 funcionários e assistentes, 5 dos quais vinham da Zona 1, 12 da Zona 2 e nenhum da Zona 3. A associação tinha um clube na rua principal da "aldeia", mas o Clube dos Conservadores era mais um centro social do que político. Predominantemente freqüentado por pessoas que não se interessavam em ir ao Clube dos Operários, do outro lado da rua, era "um lugar decente para se levar a esposa", "tomar uma bebida em paz e sossego" e "encontrar os amigos".

Do ponto de vista eleitoral, Winston Parva dividia-se em duas regiões administrativas, uma formada pela Zona 1 e parte da Zona 2, e a segunda, pela outra parte da Zona 2 e pela Zona 3. Esta última, durante a época da pesquisa, era representada por conselheiros trabalhistas, enquanto a primeira tinha seu representante no conselheiro Drew, que se apresentava como candidato independente e contava com o apoio da Associação Conservadora. Uma comerciante, candidata conservadora da região administrativa que votara majoritariamente nos trabalhistas nas duas eleições anteriores para o Conselho, nas quais fora derrotada por uma pequena margem, explicou que "não há muita gente interessada em fazer um trabalho político". E acrescentou que um número excessivamente grande de pessoas de seu comitê tinha 65 anos ou mais, embora houvesse entre elas "bons trabalhadores, como a sra. K." (uma viúva idosa da Zona 2). Foi também ela quem disse sobre os residentes da Zona 3:

> Eles são uma categoria diferente de pessoas. (...) Não participam de nada, a menos que possam tirar alguma vantagem.

Falando de sua derrota, ela disse ter certeza de que esta se devera principalmente à grande votação trabalhista do loteamento.

Outros membros da Associação Conservadora falaram com mais entusiasmo de seu comitê. Usando os nomes de batismo, mencionaram os "buquês encantadores" recebidos de um candidato que se saíra bem nas eleições – "e, é claro, dos bons amigos". Referiram-se com freqüência ao conselheiro Drew, que se apresentara como candidato independente. "Também ajudamos o Drew", disse um membro do comitê: "Apesar de não ser conservador, ele é um bom sujeito." Mas todos concordaram em sua atitude crítica para com os eleitores da Zona 3 e a essência de sua argumentação era quase sempre a mesma: censuravam-nos por não terem nenhuma vinculação com o lugar e só tentarem obter vantagens pessoais:

> Eles são trabalhistas e estão atrás de qualquer vantagem que possam tirar. Votam em qualquer um que se apresente como trabalhista, seja ele do lugar ou não.

Uma mulher que era membro da Associação disse ter ouvido falar que o atual conselheiro trabalhista "não sabia nem escrever seu nome". Parecia haver uma concordância geral em que, não fosse pelos votos trabalhistas do loteamento, os candidatos conservadores seriam sistematicamente eleitos. O próprio conselheiro independente achava que as pessoas do loteamento eram "trabalhistas indiferentes", "sem nenhuma consciência política", e não mostravam "nenhum senso de responsabilidade, só viam suas necessidades". Os líderes políticos das Zonas 1 e 2 não procuravam obter o apoio dos eleitores da Zona 3. Era para suas próprias zonas, particularmente a Zona 2, que dirigiam seus esforços de congregar eleitores. É provável que estivessem cientes de que também havia votos da "aldeia" para os trabalhistas, mas para eles a liderança política ainda era idêntica à liderança social num sentido mais amplo. Mesmo o conselheiro Drew não tinha uma organização política própria. Era tão conhecido em Winston Parva que praticamente funcionava como prefeito oficioso da comunidade. Era significativo o fato de seus cartazes eleitorais dizerem simplesmente: "Vote em Drew, o amigo da velha guarda". Suas afinidades conservadoras, como as de muitos outros membros da rede de famílias antigas, não precisavam de ligações formais e explícitas com nenhuma organização partidária. Eram evidentes e implícitas e constituíam uma parte integrante de sua posição social como membro de uma antiga família winstoniana e da própria comunidade de Winston Parva. Não se tratava de propaganda política mas da expressão de uma profunda convicção pessoal o fato de ele dizer que ao votarem nos trabalhistas as pessoas do loteamento demonstravam não ter consciência política nem senso de responsabilidade; para ele, isso significava uma responsabilidade para com Winston Parva, da qual, como recém-chegados rejeitados, eles de fato careciam. Esse era um aspecto da armadilha em que todos eram apanhados. A sincera convicção das principais famílias da "aldeia" era que todas as pessoas de Winston Parva deviam ter consciência de suas responsabilidades para com a comunidade, e deveriam preferir como representantes as pessoas do lugar e não as de fora. O fato de os habitantes do loteamento não agirem de acordo com os dogmas da "aldeia" era uma das razões pelas quais os "aldeões" desdenhavam deles e os excluíam ao máximo de seu círculo. Os "aldeões" não conseguiam distanciar-se o bastante de seu próprio sistema de valores e crenças para ver que os recém-chegados não poderiam, automaticamente, sentir o mesmo apego por Winston Parva e por tudo o que ela representava aos olhos dos moradores mais antigos que haviam crescido ali. Quando muito, os recém-chegados poderiam ter desenvolvido uma certa afeição por seu novo local de moradia, se os antigos residentes houvessem, digamos, facilitado sua entrada. Em vez disso, o caráter absoluto do sistema de valores e crenças destes últimos obrigava-os a exigir, implicitamente, que todos os moradores de Winston Parva compartilhassem de sua fidelidade para com o lugar e a rejeitar de maneira implacável os que não o faziam. Por sua vez, as pessoas do loteamento e talvez alguns "aldeões" menosprezados retaliavam, rejeitando a visão e as atividades políticas dominantes das Zonas 1 e 2 como mais um exemplo da dominação das "claques", dos "retrógrados" e dos "esnobes". Sua oposição, entretanto, era e continuou a ser quase inteiramente desorganizada. Não havia em Winston Parva nenhuma organização trabalhista eficiente. A elevada votação trabalhista de pelo menos uma de suas regiões administrativas devia-se a fatores situacionais informais, não auxiliados por uma organização formal. Por outro lado, a Associação Conservadora de Winston Parva, apesar de modesta, compunha um núcleo organizacional eficaz; era suficientemente forte para mobilizar as potencialidades conservadoras da comunidade, quando necessário, e obtinha uma boa margem de apoio das outras associações. Treze das 17 pessoas relacionadas como membros da Associação Conservadora tinham ligações com esta ou aquela associação religiosa, com os "Evergreens" ou a Banda, e seis delas tinham vínculos com todos três.

O nível relativamente alto de organização no campo político das Zonas 1 e 2 e o nível organizacional relativamente baixo da Zona 3 estendiam-se a muitas outras áreas. Essa era uma das diferenças estruturais fundamentais entre a Zona 3 e as outras e, como veremos, contribuía para explicar os diferenciais de poder entre elas. A expressão "nível organizacional" não se refere apenas à organização formal, da qual as associações locais eram exemplos. Não menos importantes para a coesão da "aldeia" eram os laços informais que uniam seus membros entre si, particularmente os membros de destaque, e que explicavam o fato de um número relativamente pequeno de pessoas, integrantes de um pequeno número de famílias, ocupar a maioria dos cargos principais das associações mais prestigiosas de Winston Parva e exercer o poder que lhes era concomitante. A Tabela VI dá uma idéia desses vínculos.

As elites de poder solidamente estabelecidas, como vemos, podem, sob condições favoráveis, formar-se com bastante rapidez nas povoações industriais em desenvolvimento. A segunda geração de uma comunidade em expansão, embora ainda isolada, nas imediações de uma cidade industrial, já era capaz de produzir sua própria "aristocracia" local. A Tabela VI aponta algumas das raízes de seu poder. O sentimento comum de "fazer parte", de responsabilidade e dedicação à comunidade natal criava sólidos vínculos entre as pessoas que ali haviam crescido e, provavelmente, prosperado juntas. É possível que nem todas gostassem pessoalmente umas das outras, mas partilhavam de um intenso sentimento de identidade grupal. Identificavam-se objetivamente como "famílias antigas" e subjetivamente como "nós". Esse cerrar das fileiras por parte de um grupo de famílias de uma comunidade contra aqueles que não faziam parte dela, ou não inteiramente, permitia que seus membros, quando tinham possibilidade e disposição de gastar parte de suas horas de folga e algum dinheiro em assuntos comunitários, reservassem uns para os outros a maioria dos postos-chave das organizações políticas, religiosas e outras da comunidade, excluindo deles as pessoas que não lhes pareciam ser seus iguais. Essa monopolização dos principais cargos das associações e outras organizações locais por membros de famílias interligadas e de idéias afins, nesse como noutros casos, era uma das propriedades mais características da rede de famílias antigas e uma das fontes mais vigorosas de seu poder.

Em certa medida, é provável que o desenvolvimento dessa elite de poder em Winston Parva tenha-se devido ao aumento desigual da riqueza na comunidade. Algumas famílias ou ramos familiares prosperaram bastante, o que não aconteceu com outros. Fossem mais pobres ou mais ricos, todos conservavam um vívido sentimento de pertencer a Winston Parva e de formar um só grupo, mas só os ramos mais abastados tinham tempo e dinheiro para assumir a liderança nos assuntos comunitários. Fatores como esse (a dinâmica imanente das comu-

TABELA VI
SEGMENTO DA REDE DE FAMÍLIAS ANTIGAS
Distribuição de algumas posições-chave em Winston Parva

Conselheiro R.C. Drew
Membro da segunda geração de uma família winstoniana
Empreiteiro do lugar
Eleito para o Conselho como candidato independente
(o amigo da velha guarda), com o apoio da Associação Conservadora

Presidente do Comitê Beneficente	Presidente do Clube dos Idosos	Presidente da Diretoria de duas escolas secundárias locais
	Presidente da Banda	Membro da Igreja de St. Michael

Sr. D.D. Sterling
Membro da segunda geração de uma família winstoniana

Tesoureiro do Comitê Beneficente	Membro do Comitê da Igreja de St. Michael

Sra. D.D. Sterling
Membro da segunda geração de uma família winstoniana

Secretária do Clube dos Idosos	Membro da Igreja de St. Michael Membro da Diretoria de duas escolas secundárias locais

Sr. C. Lawson
Fundador de uma família de Winston Parva
Fundador da Banda

Presidente do Comitê Beneficente	Membro Honorário do Clube dos Idosos	Membro da Igreja de St. Michael	Membro da Diretoria de duas escolas secundárias locais

Sr. D.R. Taylor
Membro da segunda geração de uma família winstoniana
Presidente da Associação Conservadora

Membro do Comitê Beneficente	Membro da Diretoria de duas escolas secundárias locais

(Conselheira) Sra. D.R. Taylor
Secretária da Associação Conservadora

Membro de uma igreja independente local	Membro da Diretoria de uma escola secundária local

nidades industriais em desenvolvimento) certamente desempenharam um papel na formação dessa elite. Contudo, é possível que ela também tenha sido influenciada pelas tradições da Inglaterra, que ofereciam muitos modelos de regime aristocrático. É muito provável que os dois fatores tenham-se combinado nesse caso: a dinâmica do crescimento desigual, fornecendo o molde básico, e o fluxo diferenciado das tradições inglesas, dando-lhe sua forma particular. As instituições específicas de Winston Parva, que davam maiores oportunidades de poder aos membros das principais famílias antigas, não foram inventadas nessa localidade. O modo de eleger líderes comunitários, o próprio conselho local, instituições como partidos políticos, igrejas, comitês beneficentes, bandas e muitas outras que se desenvolveram em Winston Parva, todos tomaram por modelo os precedentes estabelecidos por outras comunidades britânicas. As pessoas que se instalaram e passaram a viver em Winston Parva haviam aprendido e armazenado, para servir de referência nas situações apropriadas, maneiras específicas de organizar os assuntos comunitários e lidar com problemas coletivos. Podiam recorrer a essas imagens armazenadas como modelos indicativos de como agir ou não agir nas questões comunitárias. Quando eram suficientemente flexíveis e criativas, podiam experimentar outros caminhos. A maneira como os homens e mulheres da segunda geração de Winston Parva exerciam o poder e assumiam responsabilidades como líderes da comunidade seguia certos padrões tradicionais. Fossem eles empreiteiros, donos de lojas de música, ou tivessem qualquer outra ocupação, os papéis que assumiam como lideranças, bem como sua atitude perante as pessoas mais pobres ou recém-chegados que não se conformassem aos padrões vigentes, eram pautados num molde sumamente específico. Havia muitos elementos sugestivos de que eles eram os herdeiros urbanos, na classe média ou no proletariado, de papéis que haviam desempenhado antes num contexto pré-industrial os senhores, a pequena nobreza rural e a aristocracia. Esse desenvolvimento dos papéis, reflexo do macrocosmo no microcosmo de Winston Parva, era ainda mais notável pelo fato de a comunidade ter sido e continuar a ser, em sua maior parte, uma comunidade proletária. Sem dúvida, a "aldeia" era uma comunidade proletária de tipo especial, marcada por um nível relativamente baixo de mobilidade migratória e onde os filhos permaneciam e criavam família no mesmo lugar em que o tinham feito seus pais. Durante sua fase inicial de crescimento, é provável que a comunidade, em termos de comunicações, estivesse ainda bem distante dos atrativos dos grandes centros urbanos. As indústrias locais eram relativamente pequenas. Pareciam oferecer empregos satisfatórios, particularmente para as mulheres mais centradas na família. Nesse contexto, os laços comunitários e familiares entre pessoas que por muitas décadas haviam morado no mesmo lugar, que se conheciam desde a infância e que, em muitos casos, haviam crescido juntas, ainda se mostravam mais fortes do que o fato de algumas delas serem prósperas e terem profissões de classe média, enquanto outras haviam permanecido comparativamente pobres e tinham ocupações proletárias. Tendo as primeiras como líderes, elas cerraram fileiras contra os recém-chegados, e a principal clivagem social que se desenvolveu em Winston Parva foi entre os residentes antigos e os novos. Os primeiros, solidamente estabelecidos em todos os postos principais da organização comunitária e desfrutando da intimidade de sua vida associativa, procuravam excluir os estranhos que não partilhavam de seu credo comunitário e que, sob muitos aspectos, ofendiam seu senso de valores. Uma análise da composição e da liderança de algumas das associações locais dá uma idéia dos métodos de exclusão. Os moradores da área de elite da Zona 2 talvez fossem um pouco mais enfáticos na expressão de seu orgulho do que alguns dos que viviam nas ruas comuns, porém, o sentimento de superioridade era compartilhado pela maioria. E havia algumas formas características de expressar esse orgulho. Eis uma seleção de ditos que exemplificam isso:

Dos residentes da Zona 2, falando sobre sua própria área:

UMA DONA-DE-CASA: "Esta é a parte velha, sabe, onde moram as famílias mais antigas."

UMA SENHORA IDOSA: "Ainda chamamos esta parte de 'aldeia'. Muitos de nós viemos das famílias originais daqui."

O VIGÁRIO: "Parece haver muitos casamentos entre as famílias desta parte, da 'aldeia', como eles dizem."

UM ENGENHEIRO: "Somos quase todos da classe trabalhadora, mas de uma classe trabalhadora decente, não como a do loteamento."

UMA DONA-DE-CASA: "A nossa rua é ótima, bons vizinhos, gente de bem."

UM JOVEM CASADO: "Estas casas são boas. São antigas, mas há muito espaço e podemos fazer toda sorte de melhorias."

UMA JOVEM DONA-DE-CASA: "Eu gosto daqui. Moramos perto da casa de mamãe e podemos ajudar uns aos outros."

UMA COMERCIANTE: "Fazemos parte daqui. De certo modo, esta é nossa aldeia e nossas famílias construíram sua vida em torno dela."

6 | Visão geral da Zona 3

Na época da pesquisa, fazia uns vinte anos que o loteamento existia, enquanto a "aldeia" tinha cerca de oitenta. Seus 797 habitantes eram pessoas da classe operária. Tal como na Zona 2, não havia entre eles ninguém da classe média. As diferenças na proporção de operários qualificados, semiqualificados e não qualificados entre a "aldeia" e o loteamento, como indicamos na Tabela II, eram relativamente pequenas. Todos os três níveis eram encontrados nos dois bairros, mas a Zona 3 tinha 32,5% de operários qualificados e 31,4% de não-qualificados, enquanto a Zona 2 tinha percentagens de 26,1% e 24,5%, respectivamente.

    O loteamento pertencia a uma empresa particular de investimentos, à qual eram pagos todos os aluguéis. Cada casa tinha dois aposentos pequenos no térreo e dois ou três quartos, também pequenos, no andar superior. As casas eram muito próximas, separadas por jardinzinhos. Muitos moradores cozinhavam na sala de estar, mas uma minoria havia construído uma pequena cozinha nos fundos, para ter mais espaço na sala. Durante a década de 1930, época de construção das casas, não fora fácil encontrar inquilinos durante algum tempo. As pessoas da "aldeia" relutavam em se mudar para as casas novas, embora, na época, os aluguéis fossem mais baixos. As de outros lugares foram chegando aos poucos. As casas foram totalmente ocupadas pela primeira vez depois da crise de Munique, quando as famílias dos militares lotados num regimento próximo foram morar lá. Depois, com o bombardeio de Londres, vieram os empregados da fábrica de equipamentos londrina e, a partir daí, poucas casas do loteamento ficaram vazias por muito tempo. A princípio, as pessoas foram atraídas para Winston Parva por uma série de postos de trabalho criados pela guerra e, mais tarde, pelos empregos oferecidos por algumas das indústrias locais em expansão, e até as firmas tradicionais, produtoras de malhas e calçados, embora sujeitas a algumas oscilações, ofereciam salários suficientemente altos para atrair operários de outras partes do país. Um número considerável dos que migraram para Winston Parva fixou residência ali, mas o caráter do loteamento como bairro de imigrantes, e imigrantes de um tipo específico, continuou a transparecer claramente na estrutura da comunidade, mesmo depois de uma ou duas décadas. A maioria das pessoas migrou para o loteamento como membros de pequenos grupos familiares. Os maridos e mulheres chegavam juntos, com ou sem filhos. Em conseqüência disso, a proporção de pessoas do loteamento com parentes em Winston Parva era muito menor que a das pessoas da "aldeia", como indica a Tabela VII.

TABELA VII
Número de entrevistados com parentes nas Zonas 2 e 3 e número total de seus parentes em Winston Parva

	Entrevistas	Entrevistados com parentes na Zona 2	Entrevistados com parentes na Zona 3	Parentes em Winston Parva
	Total	N°	N°	Total
Zona 1	12	10	–	61
Zona 2	64	42	5	128
Zona 3	25	3	6	15

Todas as 61 pessoas mencionadas como parentes pelos entrevistados da Zona 1 moravam na "aldeia". Isso confirmou os dados provenientes de outras fontes, que sugeriam um grau razoável de mobilidade local – um fluxo regular, da Zona 2 para a Zona 1, de moradores que aspiravam a ascender socialmente. E ajudou a explicar por que se podiam observar tantos laços estreitos entre os residentes de um bairro proletário e os de um bairro de classe média, e por que os moradores de ambos uniam-se numa causa comum contra os residentes de outro bairro proletário. Dentre as 64 pessoas entrevistadas em casa na "aldeia", 42 tinham 123 parentes nas Zonas 1 e 2 e apenas 5 na Zona 3. Em contraste, dentre as 25 pessoas entrevistadas em casa no loteamento, apenas 9 tinham parentes em Winston Parva e somente 3 destas tinham parentes que moravam na "aldeia".

A relativa inexistência de laços de parentesco locais contribuía para o isolamento das famílias do loteamento e agravava os problemas da moradia no local. O exemplo das operárias com filhos pequenos já foi mencionado; elas enfrentavam grandes dificuldades para encontrar quem cuidasse de seus filhos quando saíam para trabalhar. Várias delas mencionaram esse problema durante as entrevistas e perguntaram se os resultados da pesquisa ajudariam a mostrar a necessidade de uma creche no bairro. Nenhum problema desse tipo foi mencionado nas entrevistas feitas na "aldeia".

A mobilidade migratória – o tipo de mobilidade social que havia reunido no loteamento muitas unidades familiares relativamente pequenas e estranhas entre si – criava problemas específicos em quase todos os setores da vida. Indagadas sobre as relações com os vizinhos, inúmeras famílias do loteamento disseram "estar mantendo reserva" ou usaram expressões similares. Até certo ponto, essa tendência devia-se a que, ao contrário das "velhas famílias" da "aldeia", as "novas famílias" do loteamento não sabiam o que esperar umas das outras. As diferentes tradições locais que elas haviam levado consigo em suas migrações, como parte de sua formação pessoal, geravam mal-entendidos. Manter a própria reserva era, em parte, uma atitude de autoproteção contra pessoas que, apesar de serem vizinhas, tinham costumes, padrões e estilos diferentes, os quais não raro pareciam estranhos e levantavam suspeitas; e não havia oportunidades sociais nem tradições comuns que ajudassem a acionar os rituais de investigação mútua que seriam um prelúdio necessário ao estreitamento das relações de vizinhança. Talvez a etiqueta dessas pessoas à mesa fosse diferente e ofendesse a sensibilidade das outras. Talvez elas falassem com um sotaque diferente e num tom de voz mais alto. Talvez pedissem ajuda sem usar as fórmulas corretas, ou tomassem coisas emprestadas sem devolvê-las. As normas unificadoras do dar e receber, firmemente estabelecidas nas comunidades mais antigas, ainda não tinham tido tempo de se desenvolver entre esses recém-chegados. Faltavam hábitos comuns de cooperação e rituais comuns de intercâmbio social em termos gerais, que nas comunidades antigas, facilitavam as relações humanas. "Quando uma ventania arrancou minha roupa lavada da corda e a jogou no jardim dela", disse uma dona-de-casa do loteamento, "ela não veio ajudar. Simplesmente ficou lá, olhando."

Não havia ninguém – agentes comunitários, clérigos, médicos ou quaisquer outros profissionais – que, por formação ou bom senso, compreendesse os problemas sociológicos apresentados por aquela comunidade, tivesse autoridade suficiente e inspirasse suficiente confiança para ajudar a derrubar os muros de isolamento e suspeita entre pessoas que, embora vizinhas, eram estranhas entre si, e pudesse criar instrumentos institucionais que promovessem uma integração melhor. Como é comum no estágio atual da reflexão pública nesses casos, julgava-se suficiente oferecer moradia e emprego aos recém-chegados. Seus demais problemas, dentre eles todos os que diziam respeito a seu lazer, eram encarados como problemas puramente pessoais e de menor importância. Ainda não eram percebidos como problemas sociológicos, decorrentes da natureza específica da comunidade – da configuração dos indivíduos e não dos indivíduos que a compunham. Todas as associações locais, inclusive as organizações eclesiásticas, centralizavam-se na Zona 2. Todos os cargos de liderança da comunidade estavam nas mãos de pessoas das outras duas zonas. E, como as famílias do loteamento não podiam contar com amplos grupos de parentesco para facilitar sua vida social, sua perspectiva de um estilo de vida satisfatório não era muito animadora.

Não surpreende que a maioria dos entrevistados da Zona 3, como mostra a Tabela VIII, tenha dito não gostar de seu bairro ou ser indiferente a ele, enquanto a maioria dos entrevistados da Zona 2 afirmou gostar de seu local de moradia.

Como os números eram pequenos, não é preciso atribuir grande importância às percentagens como tais, mas os outros contatos e observações feitos durante os anos de trabalho em Winston Parva confirmaram a imagem dessas diferenças nas atitudes adotadas pelos moradores perante sua vizinhança nas três zonas. Os

TABELA VIII
Atitudes para com o próprio bairro nas três zonas

| | \multicolumn{6}{c}{Pessoas que disseram:} | | | | | |
| Zona | Gostar de seu bairro | | Não gostar de seu bairro | | Não achar seu bairro ruim | |
	Nº	%	Nº	%	Nº	%
1	12	–	–	–	–	–
2	44	69	5	8	15	23
3	3	12	8	32	14	56

próprios entrevistados da Zona 3 que descreveram o loteamento como "não sendo ruim" mencionaram, em geral, diversos aspectos desagradáveis da vida no lugar antes de resumir sua opinião em frases como "mantemos reserva" e "não é de todo mau". Essas pessoas tentavam ver o bairro da melhor maneira possível, mas, ao menos implicitamente, indicaram não ter muito boa opinião sobre sua parte de Winston Parva. Enquanto muitos "aldeões" orgulhavam-se imensamente de seu bairro, havia entre os residentes do loteamento uma total falta de orgulho pelo deles.

Os habitantes do loteamento talvez tivessem deparado com problemas coletivos consideráveis se houvessem formado sua própria comunidade, mas o fato de se haverem tornado parte de uma comunidade mais antiga aumentou enormemente as dificuldades de sua situação. A completa rejeição deles pelos moradores mais antigos de Winston Parva, os já estabelecidos, que poderiam ter funcionado como uma força integradora, agravou as coisas ainda mais. As dificuldades começaram logo na chegada dos imigrantes. Na entrevista, um ex-morador de Londres lembrou-se de como, naquela época, tinha ido a um dos dois *pubs* da "aldeia", pediu uma bebida, dirigiu-se a uma mesa para fazer camaradagem com as pessoas que a ocupavam e foi informado de que "este lugar está sendo guardado para um amigo". E o fato de os recém-chegados serem tratados pelos "aldeões" como outsiders, como um grupo de status inferior, dificultou-lhes ainda mais interessar-se por sua nova comunidade e romper as barreiras de seu isolamento inicial. Outro residente disse ter visitado "A águia" uma ou duas vezes e "levado um gelo", não tendo conseguido conversar com ninguém, pois todos estavam "em grupinhos e patotas". Outros informantes do loteamento contaram a mesma história. Haviam considerado pouco amistosa a atitude dos outros fregueses do *pub* e sido "boicotados". Na época da pesquisa, a separação era quase completa. Um dos dois bares, "A águia", era quase exclusivamente freqüentado por "aldeões", e o outro, "A lebre e os cães", por pessoas do loteamento. Indagados sobre o bar que os residentes do bairro freqüentavam, 50 dos 64 "aldeões" entrevistados em casa mencionaram "A águia" e dois, "A lebre e os cães". Dos 25 moradores do loteamento, um mencionou "A águia" e 19, "A lebre e os cães".

Ligeiramente menos rigorosa, embora bastante perceptível, era a segregação no Clube dos Operários. Embora sua sede ficasse na rua principal da "aldeia", a maioria de seus membros compunha-se de homens e mulheres do loteamento. Seus concertos de fim de semana, seus jogos de bingo e suas excursões atraíam pessoas cujo bairro oferecia poucas oportunidades de lazer depois do trabalho. Alguns informantes da Zona 3 disseram que, depois de terem sido "tocados para fora" do "Águia", não quiseram levar suas mulheres para o clima ruim de "A lebre e os cães". Entretanto, faltava ao Clube dos Operários a estreita familiaridade que distinguia os clubes e associações formados pelos "aldeões". Todas as três zonas tinham representantes na diretoria, mas nenhum dos sócios entrevistados foi capaz de dizer o nome de mais de dois de seus componentes e os que foram citados eram sempre moradores da Zona 3. No interior dessa associação sem laços de união estreitos, convém notar, havia alguns sócios provenientes da "aldeia", que gostavam do clube porque, em suas palavras, "os jogos eram melhores", "as bebidas eram mais baratas" ou "minha mulher gosta mais de ir lá do que ao 'Águia'". O Clube dos Operários, portanto, dava oportunidade a que famílias da "aldeia" e do loteamento entrassem mais estreitamente em contato depois do trabalho e, quem sabe, estabelecessem algum tipo de amizade. No entanto, tais relações não se produziram. Alguns sócios que moravam no loteamento disseram haver conhecido no clube algumas pessoas da "parte mais antiga" e, vez por outra, jogado dominó ou cartas com elas, mas a seqüência das perguntas revelou, invariavelmente, que o conhecimento se limitava a encontros ocasionais no clube e nunca levava a outros contatos. Embora não tenha sido possível descobrir o número exato de sócios provenientes de cada zona, os "aldeões" formavam uma pequena minoria. Enquanto 14 dos 25 residentes da Zona 3 entrevistados em casa afirmaram ser sócios do clube, apenas 3 dos 64 entrevistados da Zona 2 admitiram fazer parte dele, e muitos teceram comentários mordazes sobre a "barulheira" e os "sujeitos grosseiros" que o clube atraía. Um homem da Zona 1 admitiu que era sócio, mas assinalou, como que em tom de desculpa, haver concordado em aceitar um convite para fazer parte da diretoria em função de seus interesses comerciais.

Parte dessa atitude devia-se, sem dúvida, ao fato de haver um número considerável de "grosseirões" entre os povoadores iniciais do loteamento. E, embora o tipo mais rude de proletários, na época da pesquisa, já não representasse mais do que uma minoria relativamente pequena dos moradores do loteamento, essa lembrança persistia. Os primeiros imigrantes do bairro haviam-se preocupado, acima de tudo, com sua sobrevivência econômica. Os da leva seguinte tinham sido arrancados de casa pelos bombardeios e transplantados para o loteamento pelas imposições da guerra. Naquela época, sua situação fora muito sombria:

> A coisa não está tão ruim quanto era, disse um residente mais antigo do loteamento. "Era comum uma casa ser ocupada numa terça-feira e, na sexta-feira seguinte, os inquilinos irem embora, para não pagar o aluguel. Mas, às vezes, o senhorio os

apanhava e tomava os móveis deles. Então, ele promovia um leilão na casa, até levantar o dinheiro do aluguel.

Desde essa época, a situação havia melhorado muito. Afora qualquer outra coisa, também é preciso tempo para permitir que uma comunidade razoavelmente estável seja formada por uma mistura heterogênea de trabalhadores, separados de suas raízes em meio às comoções e torvelinhos da guerra, da desordem econômica, do desemprego e, muitas vezes, da miséria absoluta. Os "aldeões", orgulhosos de sua respeitabilidade e ansiosos por preservar os padrões de dignidade de seu bairro, tinham-se chocado com a gente mais rude que fora instalar-se às suas portas e haviam feito uma imagem das pessoas do loteamento com base nessas experiências. O fato de alguns dos "sujeitos mais grosseiros" continuarem a morar no loteamento parecia confirmar reiteradamente essa imagem formada por eles. E o fato de a maioria dos residentes do loteamento já não pertencer a esse "tipo rude" de proletários, mas ser predominantemente composta de gente tão digna e bem-comportada quanto os próprios "aldeões", não conseguia superar o sólido estereótipo que estes haviam formado a respeito deles e que era transmitido de geração a geração. Eles cerraram fileiras contra "aquela gente toda". Assim, desde o início, as pessoas do loteamento foram excluídas da mais poderosa força integradora de sua vizinhança. Quem passasse algum tempo em Winston Parva não podia deixar de observar que os "aldeões" usavam repetidamente certas expressões padronizadas para se referir ao loteamento. Isso fazia parte de sua tradição. Eis o tipo de coisas que eles diziam:

UMA DONA-DE-CASA: "Eles simplesmente não têm os mesmos padrões que nós."
UMA DONA-DE-CASA: "Eles não têm a menor autoridade sobre os filhos."
UMA DONA-DE-CASA: "Lá eles estão sempre brigando."
UMA DONA-DE-CASA: "Aquele lugar não é como a aldeia."
UMA DONA-DE-CASA: "Eles têm uma moral muito baixa."
UMA DONA-DE-CASA: "O pessoal daqui não fica brigando e criando casos."
UM MECÂNICO APOSENTADO: "Eles são refugiados, um bando de beberrões, isso é o que eles são."
UM FERROVIÁRIO: "É gente do East End, que não está acostumada a nada melhor."
UM OPERÁRIO NÃO QUALIFICADO: "Eles são diferentes como a água e o vinho."
UM CONTRAMESTRE: "Vamos ser francos, eles são gente de outra classe."
UM COMERCIANTE: "Egressos das favelas – irlandeses, *cockneys*, sei lá o quê."

Desde os primeiros tempos, os moradores do loteamento foram estigmatizados, na opinião pública da "aldeia", como uma classe inferior de pessoas. E, por mais que a situação se houvesse modificado, sua rejeição e sua exclusão continuaram a ser partes integrantes da imagem que os "aldeões" tinham de Winston Parva e de si mesmos. Elas sancionavam a superioridade destes como membros da parte "antiga" e "distinta" de Winston Parva. Para os membros de uma comunidade de imigrantes vindos de diferentes partes do país, essa atitude dos "aldeões" tornava ainda mais difícil do que já era romper as barreiras que existiam entre eles mesmos, como estranhos, e desenvolver uma vida comunitária em seu bairro. Estreitamente ligada a sua desunião estava a incapacidade dos recém-chegados de se afirmarem em relação aos residentes mais antigos e revidarem. Ao contrário, a maioria deles parecia aceitar, ainda que a contragosto, o status inferior que lhes era atribuído pelos grupos já estabelecidos. Embora quase todos os moradores de Winston Parva fossem britânicos, muitos consideravam estrangeiros uns aos outros. Eis o tipo de coisas que os moradores do loteamento diziam sobre seu próprio bairro:

UM MECÂNICO: "Tem um bocado de gente esquisita por aqui. Toda sorte de estrangeiros, de modo que não lhes dou confiança."

UM OPERÁRIO DE MALHARIA: "Eles nos chamam de 'beco dos ratos'."

UMA JOVEM DONA-DE-CASA: "Não gosto daqui. Estou economizando para ir embora."

UMA JOVEM DONA-DE-CASA: "Quando eu disse às operárias onde morava, elas me deram um olhar esquisito e disseram: 'Ah, lá.'"

UMA JOVEM DONA-DE-CASA: "Gostaríamos de nos mudar antes da chegada do bebê, porque não queremos que ele cresça com esses garotos desbocados daqui."

UM TIPÓGRAFO: "Os *cockneys* são cerca de metade das pessoas do loteamento, e são eles que criam todos os problemas."

É possível os residentes de uma área atribuírem aos bairros de seu município um status social idêntico ao de um distrito vizinho que o considere inferior. Mas, no caso da Zona 3, a classificação como bairro de status social inferior não se restringia aos moradores das Zonas 1 e 2. Em grande parte, os próprios habitantes da Zona 3 pensavam dessa maneira. Tinham clara consciência de que, como gente do loteamento, eram segregados das pessoas da "aldeia". Um modo comum de expressar essa consciência era a utilização, até entre eles mesmos, de termos depreciativos comumente usados nos mexericos da "aldeia" sobre o loteamento. Todas as pessoas entrevistadas em casa nessa área mencionaram "beco dos ratos" como uma denominação geralmente aceita para descrever sua parte de Winston Parva. Um caminhoneiro disse que os motoristas de ônibus tinham sido instruídos pela direção de sua empresa a não gritarem "beco dos ratos" no ponto situado na esquina do loteamento. Os jovens da Zona 3 mostravam um intenso ressentimento do estigma lançado sobre sua moradia: "O senhor já soube como eles nos chamam por lá?" – perguntou uma moça de 17 anos: "Beco dos ratos! As garotas passam por aqui de nariz empinado." Muitas das pessoas do loteamento agiam como se pensassem umas das outras secretamente: "Você não pode ser grande coisa se mora aqui." Parecia haver pouco incentivo ao estabelecimento ou à manutenção de contatos regulares com os vizinhos. Muitas vezes os jovens diziam abertamente que tinham planos de sair do loteamento assim que pudessem. Algumas pessoas mais velhas mencionaram filhos que se haviam casado e ido embora, para morar numa "bela casa noutro lugar". Enquanto, na "aldeia", várias mulheres jovens disseram "gostar de morar perto da mamãe", com isso contribuindo para o crescimento da trama de antigas redes familiares, a incômoda sensação de que o loteamento não era uma boa moradia tendia a afastar muitos jovens. Nesse sentido, a configuração específica do loteamento como uma comunidade desconexa de imigrantes e outsiders perpetuava a si mesma. As pessoas que desejavam progredir e que se ressentiam do estigma que recaía sobre elas pelo fato de seu local de residência ter má fama na região, tendiam a se mudar assim que podiam, com isso abrindo espaço para novos imigrantes, alguns dos quais, provavelmente, passavam pelo mesmo ciclo. Assim, um conjunto habitacional que havia começado como um centro de imigrantes, numa comunidade com residentes estabelecidos desde longa data, tendia a preservar suas características de comunidade de imigrantes, apesar do sedimento de famílias que haviam permanecido no local. A própria dinâmica do loteamento tornava difícil repelir o estigma. Muitos moradores ressentiam-se claramente do ar de superioridade com que eram tratados pelas pessoas da Zona 2. Mas o que diziam e a maneira como o diziam indicavam sua resignação e sua impotência. Eis o tipo de coisas ditas pelos moradores do loteamento sobre os "aldeões":

UMA DONA-DE-CASA: "Eles são esnobes e convencidos."

UM ENGENHEIRO (refugiado londrino): "Eles não se importam e nunca se importaram conosco."

UM ENGENHEIRO (refugiado londrino): "Presunçosos demais, eles nunca tentaram nos compreender."

UM OPERÁRIO NÃO QUALIFICADO (de Yorkshire): "Eles são metidos pra diabo."

UMA DONA-DE-CASA: "São uma classe melhor que a daqui, especialmente os de lá da igreja."

UM EX-COMBATENTE: "Eles se orgulham do seu cantinho."

UM MECÂNICO DE MALHARIA: "Os da velha guarda, chamam aquilo de aldeia e tratam a gente com frieza."

Se lembrarmos que a proporção de pessoas com o mesmo status ocupacional e os mesmos níveis de renda não era muito diferente nas duas zonas, veremos com mais clareza o problema representado pela nítida distinção de sua hierarquia local. A situação diferente das duas zonas no desenvolvimento de Winston Parva, a "novidade" de uma e a "antigüidade" da outra, a falta de coesão da primeira e o alto grau de coesão da segunda, tudo isso tinha um papel a desempenhar nessas diferenças de status. No caso dos moradores do loteamento, a consciência do status inferior que lhes era atribuído pelos antigos residentes não aumentava seu sentimento de solidariedade nem induzia nenhuma medida para fomentá-lo.

Quem desse ouvidos às opiniões dos "aldeões" sobre o loteamento esperaria encontrar nele padrões uniformemente baixos de conduta e de higiene. Na verdade, podia-se visitar em casa um bom número de pessoas de lá e constatar que nem seus padrões de higiene nem de conduta eram marcadamente diferentes dos das pessoas da Zona 2. Os aposentos eram ligeiramente menores e os aluguéis, um pouco mais baixos que os das meias-águas da "aldeia". Mas a imagem feita por esta sugeria que o loteamento era uma espécie de favela, habitada por uma gente rude que vivia barulhentamente, com suas multidões de filhos incontroláveis, em casas malcuidadas. O que de fato se encontrava ali, a "realidade", diferia consideravelmente dessa imagem. Foi preciso algum tempo para determinar com clareza como e por que a imagem que a "aldeia" tinha do loteamento distorcia os fatos. E, à medida que a pesquisa avançou, foi ficando cada vez mais claro que essas discrepâncias entre a imagem e a realidade eram de importância considerável para entender a relação entre as partes antigas e a parte mais nova de Winston Parva. Como muitas vezes acontece, a imagem era uma representação altamente simplificada das realidades sociais. Criava um desenho em preto e branco que não deixava margem para a diversidade constatada entre os moradores do lugar. Correspondia à "minoria dos piores". Ao visitar famílias do loteamento, cujos padrões e estilo de vida pouco diferiam dos observados entre os "aldeões", podia-se deparar, depois de algum tempo, com uma ou outra casa cujos habitantes eram exatamente o tipo de pessoas que a "aldeia" considerava típicas dos residentes da Zona 3 em geral. Tratava-se de pessoas mais rudes; suas casas eram desleixadas e muito mais sujas do que qualquer das visitadas na "aldeia" e do que a maioria das encontradas no loteamento. O problema era saber como e por que o comportamento de uma minoria passara a dominar a imagem que os "aldeões" tinham da comunidade inteira. A presença dessa minoria certamente tornava mais difícil para os membros do loteamento defenderem seu bairro. Os "aldeões" estavam sempre a forçá-los a aquiescer, envergonhados, apontando para tal ou qual atividade dessa minoria como prova da veracidade da imagem que tinham. É provável que a casa mais pobre encontrada durante toda a pesquisa tenha sido a de um trabalhador braçal do loteamento. Sua mulher, segundo diziam, bebia muito e "trabalhava num bar". Indagando um pouco mais, encontravam-se pessoas que achavam que ela era promíscua. O casal tinha dois filhos, de 18 e 21 anos, ambos trabalhando como operários não qualificados. O mais novo havia freqüentado uma escola secundária local, mas, já nessa ocasião, tinha uma reputação muito ruim no bairro. Na época da entrevista, estava em liberdade condicional, e depois foi mandado para a prisão. Duas janelas da casa estavam quebradas, era óbvio que as cortinas das janelas do quarto não eram lavadas havia muito tempo, e o portão lateral da casa fora chutado tantas vezes, que só restava sua metade superior, toda estilhaçada. Havia apenas duas cadeiras na sala e na cozinha, uma poltrona e uma cadeira quebrada junto à lareira. O tampo da mesa estava coberto de louça por lavar e restos de comida da noite anterior. Embora houvesse luz elétrica no aposento, um lampião a gás ainda pendia do teto e servia de suporte a um pedaço comprido de papel mata-moscas, coberto de insetos mortos, enquanto a mãe procurava matar outras moscas com um jornal velho. Acima da lareira havia um espelho rachado e, ao redor dele, fotografias de estrelas de cinema coladas na parede. Outra casa muito malcuidada era a de um homem que se mudara de outra região das Midlands para Winston Parva. Quando combatente, ele se casara com uma moça italiana. O casal tinha cinco filhos, com 5 a 17 anos de idade. A casa estava em péssimo estado de conservação, com o jardim completamente abandonado. Os vizinhos disseram que a mãe saíra de casa várias vezes desde 1945, o que foi confirmado numa conversa com o diretor da escola freqüentada pelos filhos. Os filhos varões eram membros de uma das gangues da Zona 3. Seus históricos escolares mostravam episódios freqüentes de desrespeito à disciplina escolar e um baixo nível de aproveitamento acadêmico. A mãe não tinha o menor orgulho da casa nem da família. É provável que sentisse falta da segurança dos grupos de parentesco de sua terra natal. A casa dessa família fora palco de um episódio divulgado pelos jornais locais como "A batalha de Winston Parva", que se dera numa noite do verão de 1958. A "batalha" fora causada pela proposta de casamento feita à filha mais velha do casal por um trabalhador irlandês que morava nas imediações. Ao tomar conhecimento da proposta, o pai do rapaz irlandês, que morava em Londres, foi a Winston Parva na companhia de dois filhos varões, com a evidente intenção de impedir o casamento. Entretanto, antes de irem à casa dos pais da moça, os três passaram por um *pub*. Depois de várias rodadas de bebida, apareceram diante da casa da moça, começaram a gritar e acabaram invadindo a casa à força, ali deparando com a resistência dos moradores. Durante as várias lutas corporais que se seguiram, a moça foi obrigada a sair à rua, perseguida pelo noivo, e, por motivos obscuros, jogada no chão e coberta de pontapés. Ao mesmo tempo, continuavam as brigas dentro da casa. Parte da mobília e as janelas foram quebradas. A "batalha" terminou com a chegada da polícia e de uma ambulância, que levou os feridos para o hospital. Relatos vívidos dessa briga de família foram publicados nos jornais da cidade e ilustrados com fotografias das pessoas envolvidas. No entanto, embora os homens fossem exibidos com seus ferimentos, a moça foi mostrada em trajes de banho. Comentando essa foto, ouviu-se uma jovem de uma casa da mesma rua dizer, no Clube Juvenil "Aberto": "Ela é mesmo um bocado vulgar! Minha mãe andou conversando com a dela ontem à noite, e ela já recebeu três cartas por causa da fotografia. Onde já se viu uma coisa dessas! Em trajes de banho! É isso mesmo, três cartas. Uma pedindo para ela participar de um concurso de beleza e duas convidando-a para ser modelo."

Na lista de casas selecionadas para a realização de entrevistas, logo depois da que servira de palco à "Batalha de Winston Parva", havia a de uma família proletária comum e sossegada, com um nível de aspirações bastante alto, uma grande preocupação com o futuro, e que, pelo que se podia ver, levava uma vida doméstica relativamente estável e tranqüila. Os pais tinham-se mudado para o loteamento durante a guerra. O marido trabalhava como maquinista especializado numa fábrica próxima. O filho mais velho estava na última série do curso secundário. O caçula ainda estava no ginásio. Os móveis eram surrados e a casa estava desarrumada, mas os pais falaram com grande orgulho dos filhos e das oportunidades de estudos que lhes eram oferecidas. Era evidente que faziam um empenho considerável em incentivar os filhos a usarem essas oportunidades ao máximo e que tinham um alto nível de ambição. Durante a entrevista, o filho mais velho participou da conversa e complementou os comentários dos pais sobre os jovens de Winston Parva. Eles disseram haver "gente boa" no loteamento; o problema todo, em sua opinião, era causado "pelas famílias *cockneys*". A família fez referência à escassez de diversões em Winston Parva, mencionando, em especial, a falta de locais de recreação, e o marido sugeriu que um centro comunitário poderia resolver alguns problemas, tanto do loteamento quanto da "aldeia". Como muitas outras pessoas da Zona 3, entretanto, todos disseram achar melhor não "ter intimidades com vizinhos" e "manter reserva".

As famílias que levavam uma vida relativamente sossegada e bastante discreta compunham a maioria.* Mas a minoria, tanto de pais quanto de filhos, era muito mais visível no quadro geral da comunidade. Pelo que se podia ver, não se compunha de famílias mais pobres, em termos da renda daqueles que lhes serviam de arrimo. O traço comum entre estes, ao contrário, era a incapacidade de zelar a contento por sua conduta e suas responsabilidades. A maioria dessas pessoas tinha famílias numerosas. Algumas eram incapazes de gerir adequada-

---

* É provável que essa configuração de maioria-minoria seja típica de muitos conjuntos habitacionais proletários. A seguinte carta ao editor foi publicada num jornal local, fazendo referência a outro loteamento:

A IMERECIDA MÁ FAMA DO LOTEAMENTO
"As pessoas de bem e os vadios de B..."

Há em M. uma impressão geral — e parece que disseram isso... ao vigário de B. antes de ele ir para lá — de que todos os piores crimes são tramados no loteamento B... Isso é uma mentira completa. Aqui, como em todos os bairros, temos uma minoria composta de ladrões baratos, vagabundos e outros personagens similares, mas a maioria das pessoas deste loteamento é de gente trabalhadora, decente, honesta e respeitável, que se orgulha de suas casas, que mantém seus filhos limpos, arrumados e bem-comportados e que cria suas filhas para serem moças dignas e respeitáveis e não vadiazinhas imorais, como pensam algumas pessoas.

Oh, sim, temos nossa quota de malfeitores, mas apenas a nossa quota... Por que as pessoas julgam uma área pela minoria? Por que não usam seu bom senso e nos julgam pela maioria das pessoas e vêem as coisas numa perspectiva correta, em vez de fazerem essas generalizações enganosas?

"Uma das pessoas de bem"
setembro de 1963

mente seus assuntos financeiros. A maioria não conseguia cuidar bem dos filhos ou da casa. As deficiências da personalidade, mais do que a escassez de recursos econômicos, pareciam estar na raiz do problema. Tratava-se, essencialmente, de famílias desestruturadas. Em 1959, havia umas oito ou nove delas morando no loteamento. Seus filhos menores formavam as gangues de meninos arruaceiros e mal vestidos que perambulavam pelas ruas de Winston Parva. Durante as entrevistas feitas em outras residências, era muito comum ver ou ouvir falar de crianças que faziam seus deveres de casa, ouviam seus discos ou ajudavam a mãe a passar a roupa. Nas ruas, o que se via – e o que viam particularmente os "aldeões" – eram sobretudo os filhos daquele pequeno grupo de famílias numerosas e problemáticas, a quem o espaço insuficiente em casa, bem como a falta de agremiações juvenis adequadas, empurravam para a rua, e que vagavam pelas "aldeia" à noite, freqüentavam o cinema local, muitas vezes se aglomerando à porta dele noite após noite ou então, como disse um dos rapazes, iam "perambular pelo parque até botarem a gente para fora".

O caráter minoritário dessas famílias problemáticas foi evidenciado por uma mudança relativamente pequena da situação, que teve as características de um experimento *in vivo*, depois que se passou a encarar o papel e a natureza das minorias no contexto comunitário como uma questão importante. Enquanto era feita a pesquisa, os aluguéis do loteamento sofreram um pequeno reajuste. Em decorrência desse aumento, as oito ou nove grandes famílias problemáticas saíram de lá, na maioria dos casos, não porque não pudessem arcar com a despesa, mas porque por esse preço mais alto podiam obter melhores acomodações em casas populares da prefeitura noutros locais. Com sua partida, muitos dos traços desagradáveis atribuídos pela "aldeia" ao conjunto das pessoas do loteamento sumiram do mapa. Teria sido preciso um prolongamento da pesquisa além do tempo previamente estipulado, para se investigarem os efeitos a longo prazo desse experimento nas relações entre os dois bairros, e sobretudo na imagem tradicional que os moradores estabelecidos faziam das pessoas tidas como outsiders. Um desses efeitos, que se tornou manifesto durante o período da pesquisa, será mais detidamente examinado ao abordarmos a incidência da delinqüência.

Mesmo nas condições em que se deu, entretanto, essa experiência destacou um problema mais amplo: o problema do papel dos grupos minoritários nas comunidades – seu papel na vida comunitária e na imagem que os vizinhos ou os próprios habitantes fazem de uma localidade. Como já foi mostrado, a minoria proletária da área residencial de classe média da Zona 1 não tinha a menor importância para o status social dessa zona, nem aos olhos de seus próprios moradores de classe média nem aos de seus vizinhos das outras zonas. A minoria de classe média da antiga área proletária da Zona 2 tendia a favorecer e reforçar o status relativamente alto e a superioridade que os habitantes atribuíam a si mesmos em relação aos imigrantes mais recentes. Uma pequena minoria de famílias mal afamadas da nova área proletária, na Zona 3, tendia a lançar uma sombra sobre o bairro inteiro. Perturbava imensamente a vida dos moradores; reduzia sua auto-estima e seu orgulho pelo bairro, além de perpetuar o status inferior deste aos olhos dos outros residentes de Winston Parva.

O pressuposto tácito de boa parte da literatura sociológica de que as maiorias estão naturalmente ligadas a uma importância maior, nem sempre é confirmado pelos fatos. Os grupos minoritários podem ter uma significação sociológica que ultrapassa em muito sua importância quantitativa. Podemos ver com clareza por quê, no caso do loteamento, uma minoria de famílias "mal-afamadas" tinha um impacto inteiramente desproporcional a seu número na vida e na imagem de um bairro cujos moradores, em sua quase totalidade, eram famílias respeitáveis e comuns do proletariado.

Se o mesmo tipo de famílias se houvesse instalado na Zona 2, elas teriam tido que se defrontar com o sólido poder de uma comunidade estreitamente unida. Teriam ficado sujeitas a todas as pressões que essa comunidade era capaz de exercer e de fato exercia sobre os desviantes. Teriam sido desdenhadas, ridicularizadas, difamadas e humilhadas por um fluxo constante de comentários, sussurrados ou ditos em voz alta, onde quer que aparecessem. Teriam ficado expostas à plena força dos mexericos depreciativos, que são uma das grandes armas e um dos prazeres das comunidades estreitamente unidas; e, se necessário, teriam sido levadas aos tribunais. Em suma, sua vida ter-se-ia tornado completamente insuportável, até que elas se resignassem a uma existência de outsiders desconsiderados ou se mudassem para outro lugar. Já um bairro de famílias proletárias frouxamente unidas, como o loteamento, não dispunha desse tipo de armas. Uma massa de vizinhos que tendiam a se retrair, que se abstinham dos prazeres da "boa vizinhança" e "mantinham reserva", um bairro desprovido de centro, sem líderes e com um baixo grau de solidariedade e coesão, era incapaz de exercer qualquer pressão eficaz em sua minoria desviante. Não tinha recursos contra o barulho, a grosseria e os prejuízos sofridos, a menos que eles se tornassem assunto de polícia; e, conforme a alternância costumeira desse tipo de situação, ao se fecharem em sua concha, ao tentarem "manter a reserva" para evitar o contato estreito com pessoas de quem não gostavam, eles tornaram ainda menos viável para si mesmos cerrar fileiras contra a minoria desordeira, pressioná-la e exercer algum controle sobre ela. A falta de coesão, o relativo isolamento das famílias do loteamento, tornou-as impotentes para impedir as cenas desagradáveis. Elas se sentiam desamparadas e resignadas com seu destino, ao mesmo tempo que sofriam com a baixa reputação de seu bairro e com a conduta grosseira dos vizinhos.

Uma das entrevistas da Zona 3 foi interrompida por gritos que vinham da casa ao lado e se elevavam cada vez mais. A princípio, o casal entrevistado procurou esconder o barulho, falando mais alto. Depois, ambos começaram a se mostrar constrangidos. Por fim, a conversa foi interrompida por um berro da vizinha do lado: "Mas o problema *é* meu, sim!", gritou ela, seguindo-se então barulhos ainda mais altos de coisas batendo e choro de crianças. O casal entrevistado explicou que, pouco tempo antes, os vizinhos do lado tinham estado "na justiça", por causa de uma briga na rua quando estavam bêbados. Outro entrevistado da Zona 3 contou que um amigo fora visitá-lo, certa noite, e estacionara seu carro novo na porta. Ao ir embora, havia descoberto grandes arranhões na lateral do automóvel. Fazendo perguntas às crianças que brincavam ali por perto, soubera que os filhos da família Cameron eram os responsáveis pelo prejuízo. Ao procurar a família para reclamar, a mãe dos garotos lhe dissera, depois de ouvir sua queixa: "Bem, que é que o senhor quer que eu faça? Não devia ter deixado a droga do seu carro lá." Várias pessoas entrevistadas no loteamento disseram ter pena das crianças que "se metiam em confusões" e responsabilizaram os pais por negligenciarem os filhos. Citaram-se inúmeros exemplos de pais que saíam "toda noite para beber" e deixavam os filhos por sua própria conta. Esmiuçando um pouco mais a questão, percebia-se que essas observações referiam-se ao mesmo grupo de oito ou nove famílias.

Entretanto, embora as pessoas da "aldeia" e do loteamento tivessem uma imagem bastante negativa desta última comunidade, havia um aspecto em que essa imagem diferia marcantemente. Os moradores da Zona 3, até certo ponto, tinham consciência de que a má reputação de seu bairro e seus aspectos mais desagradáveis deviam-se, essencialmente, a uma minoria, a um grupo particular de famílias. Os moradores da Zona 2, por sua vez, falavam quase invariavelmente da "vida familiar ruim" e da "má conduta" da totalidade da Zona 3. Não percebiam a distinção entre a maioria de pessoas comuns, cujo estilo de vida e cuja conduta não diferiam acentuadamente dos deles, e a minoria de famílias desestruturadas, cuja conduta desviante atraía toda a sua atenção. Um comentário típico, feito por uma mulher da Zona 2, era que "a maioria dos moradores do loteamento é de estrangeiros e criminosos", duas coisas tidas como sinônimas.

7 | Observações sobre a fofoca

Um dos benefícios desse tipo de investigação intensiva de uma comunidade cindida foi compreender melhor a natureza e a função das fofocas [*gossip*]. As da "aldeia" sobre o loteamento, como vimos, baseavam-se numa crença arraigada a respeito de seus moradores, que funcionava como um agente de seleção: os incidentes da Zona 3 que não se coadunavam com a crença predeterminada tinham pouco interesse para os "aldeões"; não se considerava nem mesmo que valesse a pena alimentar a fábrica de fofocas com eles. Os incidentes que combinavam com a imagem aceita do loteamento eram acolhidos com prazer e mantinham girando por algum tempo as rodas do moinho de fofocas, até ficarem batidos e serem substituídos por novos mexericos.

A fofoca, em outras palavras, não é um fenômeno independente. O que é digno dele depende das normas e crenças coletivas e das relações comunitárias. A imagem negativa do loteamento, que levava os "aldeões" a perceberem como um mexerico bem-vindo qualquer incidente que servisse de confirmação dela, era o inverso da imagem positiva que eles tinham de si mesmos. O uso comum nos inclina a tomar por "fofocas", em especial, as informações mais ou menos depreciativas sobre terceiros, transmitidas por duas ou mais pessoas umas às outras. Estruturalmente, porém, a fofoca depreciativa [*blame gossip*] é inseparável da elogiosa [*pride gossip*], que costuma restringir-se ao próprio indivíduo ou aos grupos com que ele se identifica. Uma comparação das fofocas da "aldeia" com as existentes entre os moradores do loteamento mostrou com muita clareza como era estreita a ligação entre a estrutura da fofoca e a da comunidade cujos membros a difundem. Uma comunidade coesa como a "aldeia" precisava de um fluxo constante de mexericos para manter o moinho em funcionamento. Contava com um sistema complexo de centros de intriga. Depois dos ofícios religiosos na igreja e na capela, das idas aos clubes e aos *pubs*, das peças teatrais e dos concertos, era possível ver e ouvir as rodas do moinho em ação. Podia-se observar como o nível organizacional relativamente alto da "aldeia" facilitava a transmissão dos mexericos boca a boca e permitia que as notícias interessantes se espalhassem pela comunidade com uma velocidade considerável.

Qualquer notícia referente a pessoas conhecidas pela coletividade constituía um verdadeiro petisco. Na "aldeia", por várias vezes sucedeu ao entrevistador ser reconhecido ao entrar numa casa, antes de concluídas as apresentações, como "o homem que visitou a sra. Smith uma noite dessas" ou que "visitou o Clube dos Idosos na noite de quarta-feira". Não houve nenhum incidente semelhante no loteamento. A comunidade mais unida tinha canais mais adequados para a transmissão das notícias de interesse público e um número maior de interesses comuns. Quer uma notícia se referisse a estranhos que chegassem à "aldeia" ou aos próprios membros desta, logo se tornava de conhecimento geral. Os assuntos das famílias locais, amiúde incluindo detalhes particulares, eram discutidos com freqüência, como coisa rotineira, tanto nas entrevistas quanto nos encontros das associações. As famílias do loteamento, em comparação, falavam com muito menos freqüência do que acontecia com as outras. Uma moradora da "aldeia", membro destacado de um grupo de arte dramática paroquial, listou numa entrevista suas amigas que pertenciam ao grupo. Uma atriz conhecida foi omitida da lista e o entrevistador mencionou essa omissão. "O senhor não sabe?", foi a resposta surpresa: "Eles estão esperando um bebê para o Natal, de modo que desta vez ela não vai participar." Nessa etapa, os "aldeões" já esperavam que o entrevistador estivesse perfeitamente incluído nos circuitos de transmissão das fofocas, embora, na verdade, ele ainda não estivesse totalmente atualizado. A maioria das pessoas da "aldeia", e não apenas os membros dos mesmos grupos de parentesco, se conhecia de longa data. Uma senhora lembrou como costumava brincar com "o Harry" uns cinqüenta anos antes, "quando ele corria atrás de mim pelos gramados da aldeia". Em 1959, os dois eram membros atuantes do Clube dos Idosos. O conhecimento prolongado, num ambiente como o da "aldeia", também aprofundava o interesse comum em tudo o que acontecia com os membros do grupo interno e facilitava o fluxo das notícias. Cada um sabia como se situar em relação aos outros. Havia poucas barreiras à comunicação. As notícias sobre uns e outros, sobre todas as pessoas publicamente conhecidas, tornavam a vida mais interessante. Assim, excetuadas as fofocas depreciativas, referentes sobretudo a pessoas de fora, e as fofocas elogiosas, que traziam fama para o próprio indivíduo e seu grupo, o fluxo das fofocas continha simples itens de uso do grupo interno, notícias sobre amigos e conhecidos que eram interessantes em si mesmas.

Em todas as suas diversas formas, as fofocas tinham um valor considerável como entretenimento. Se um dia parassem os moinhos da boataria na "aldeia", a vida perderia muito de seu tempero. O aspecto essencial delas não era simplesmente o interesse que se tinha pelas pessoas, mas o fato de se tratar de um interesse coletivo. As pessoas que forneciam assunto para fofocas eram pessoas sobre quem se podia falar com as outras. Também nesse aspecto, as diferenças na estrutura da "aldeia" e do loteamento ajudaram a esclarecer a natureza das fofocas. Os "aldeões" pareciam ter um círculo muito mais amplo de conhecidos sobre quem podiam "fofocar" do que os moradores do loteamento. Sempre dispunham de histórias divertidas, que sabiam que seriam interessantes para os outros. E, muitas vezes, a maneira como falavam de seus conhecidos comuns mal chegava a diferir do modo como falavam das estrelas de cinema, dos membros da família real, ou, a rigor, de qualquer pessoa cujos assuntos particulares estivessem "na mídia", que fosse conhecida através dos jornais, particularmente os jornais populares de domingo, que todos liam. A "aldeia", como já foi assinalado, era basicamente auto-suficiente no tocante à diversão de seus moradores depois do trabalho. Enquanto os boatos divertidos sobre seus próprios membros ou os das outras zonas de Winston Parva eram constantemente introduzidos nos canais de circulação, as matérias dos jornais forneciam uma boa fonte adicional de fofocas, e o modo como se discutiam as notícias de uma ou outra dessas fontes era praticamente o mesmo. Todas eram "histórias de interesse pessoal". Quando se ouvia alguém contar a história de uma peça ou um filme a um conhecido que não tivesse podido vê-los, era exatamente como ouvi-lo contar uma história sobre vizinhos da "aldeia" ou pessoas do loteamento. Havia nisso todas as características de uma fofoca. O tom de voz e o vocabulário eram os mesmos, como também o eram a simplificação dos personagens e dos motivos, o destaque em preto e branco disto ou daquilo e, é claro, as normas e crenças subjacentes. As mulheres, em especial, pareciam vivenciar tudo o que aprendiam com as comunicações sobre o mundo externo em termos de seu próprio bairro. Na maioria dos casos, o valor de entretenimento dos boatos parecia estar ligado a ingredientes que enalteciam o ego do narrador, do ouvinte ou de ambos. Isso não quer dizer que eles sempre censurassem os outros ou fizessem implicações maldosas. Não faltava compaixão nas fofocas dos "aldeões", nem solidariedade pelo infortúnio alheio.

A maneira como eles contaram a história da sra. Crouch foi um exemplo disso. Ela enviuvara na Primeira Guerra Mundial e ficara com três filhas pequenas quando era ainda muito moça. Havia trabalhado fora para sustentar as filhas e cuidara de uma delas durante uma doença grave. Filiara-se a uma associação de ex-combatentes para ajudar na assistência prestada a outras viúvas. Em sua sala havia uma foto grande do marido, trajando seu uniforme. À medida que as filhas foram crescendo, a sra. Crouch filiou-se a várias outras associações. Nas reuniões do clube e nas conversas informais entre vizinhos, as pessoas se referiam a sua história e a ela mesma com grande afeição. Mencionavam a "querida sra. Crouch" ou a "bondosa sra. Crouch" como um membro respeitado da "aldeia". Era evidente que suas atividades em prol da comunidade e dentro dela, após a perda do marido, tinham dado um novo impulso e objetivo a sua vida, e a "aldeia" valorizava sua fidelidade ao marido morto, à comunidade e às normas aceitas. Ao elogiar a sra. Crouch, as pessoas louvavam, ao mesmo tempo, a vida digna e respeitável que levavam em seu bairro, em contraste com outras de que tinham conhecimento. A satisfação que sentiam era a de pessoas unidas com sua comunidade e em paz com sua consciência. As fofocas elogiosas, sem dúvida, deram considerável apoio à sra. Crouch, primeiro em suas dificuldades da juventude e, já agora, na sua velhice. No caso dela, como noutros encontrados durante a pesquisa, um núcleo familiar que passava por dificuldades e sofrimentos extraiu um grande benefício do apoio da comunidade. As fofocas elogiosas eram um dos meios de mobilização da ajuda comunitária. Nas ruas, nos clubes, nas igrejas e através de outros canais de circulação com os lojistas e diretores de fábricas, transmitia-se a informação de que a sra. X ou o sr. Y. estava "passando por um momento difícil e era digno de ajuda". O Comitê Beneficente, como já foi visto, tanto ao dar quanto ao recusar ajuda, servia-se dos canais das fofocas: "Mantemos os ouvidos abertos", disse um de seus membros, "e pedimos aos comerciantes que fiquem atentos a qualquer caso real de dificuldade, especialmente entre os idosos, e depois, quando os nomes nos são transmitidos, nós tratamos de investigar."

Entretanto, embora as fofocas de apoio e as elogiosas desempenhassem seu papel no fluxo de rumores, que nunca parava de circular pelos canais de boataria da "aldeia", elas se misturavam e eram freqüentemente inseparáveis das fofocas de coloração afetiva inversa, as de rejeição e censura. Numa estimativa grosseira, estas últimas pareciam desempenhar um papel muito maior como ingredientes do fluxo de intrigas do que as primeiras. Tinha-se a impressão de que as notícias sobre o desrespeito às normas aceitas, cometido por pessoas conhecidas da comunidade, eram muito mais saborosas, forneciam maior entretenimento e uma satisfação mais prazerosa, tanto para narradores quanto para ouvintes, do que os boatos sobre alguém que fosse digno de elogios por defender os padrões aceitos, ou merecedor de apoio num momento de necessidade. Embora estes últimos também lisonjeassem indiretamente o ego daqueles que os transmitiam – o "nossa boa velha sra. Crouch" era comumente dito num certo tom paternalista –, os primeiros, ao que parece, eram mais intensa e prazerosamente lisonjeiros para o ego dos boateiros. Os mexericos de censura apelavam mais diretamente para o sentimento de retidão e virtude daqueles que os transmitiam. Mas traziam também o prazer de permitir que se falasse com terceiros sobre coisas proibidas que o próprio indivíduo não devia fazer. E a conversa, muitas vezes, soava como se, para a imaginação dos boateiros, fosse excitante pensar por um momento que eles mesmos pudessem ter feito o que não convinha – "*imagine* só, uma coisa dessas!" –, sentissem o peso do medo e da culpa que sentiriam se praticassem tal ato, e rapidamente tornassem a cair em si, radiantes e aliviados, com a sensação de que "não fui eu!". O fato de se mexericar com outros sobre tal assunto era prova da própria irrepreensibilidade. Reforçava a comunhão dos virtuosos. A censura grupal imposta aos que infringiam as regras tinha uma vigorosa função integradora. Mas não se sustentava sozinha. Mantinha vivos e reforçava os vínculos grupais já existentes.

Na verdade, não é mais do que meia verdade enfatizar, como se tem feito algumas vezes, a função integradora dos mexericos. A realidade é mais complexa, como mostrou essa pesquisa, ainda que, basicamente, a estrutura da fofoca e a configuração de suas funções numa comunidade sejam bastante simples. Que não se pode tratar o boato como um agente independente, que sua estrutura depende da que prevalece na comunidade cujos membros fofocam entre si, são afirmações já feitas. A fofoca desempenhava outro papel e tinha um caráter diferente nos dois bairros proletários de Winston Parva. Na área estreitamente unida da "aldeia", ela corria com liberdade e abundância pelos canais fornecidos pela rede diferenciada de famílias e associações. Na área frouxamente unida e menos altamente organizada do loteamento, seu fluxo era mais indolente, de modo geral. Os circuitos de fofocas eram mais curtos e, muitas vezes, não tinham ligação entre si. Mesmo entre famílias vizinhas, o circuito dos boatos era freqüentemente tênue ou inexistente. Havia mais barreiras à transmissão deles.

No próprio interior da "aldeia", as fofocas de modo algum tinham apenas a função de apoiar as pessoas aprovadas pela opinião dominante e consolidar as relações entre os moradores. Tinham também a função de excluir pessoas e cortar relações. Podiam funcionar como um instrumento de rejeição de extrema eficácia. Quando se achava, por exemplo, que um novo morador da "aldeia" não era "muito boa gente", logo circulavam pelos canais de boataria histórias sobre a transgressão de normas, amiúde sob forma altamente exagerada, como no caso da mulher que ofereceu ao lixeiro uma xícara de chá num dia frio de inverno. E o rigor implacável com que essa arma portentosa era coletivamente usada, inclusive por pessoas que pareciam bem intencionadas e ou de bom coração, não deixava de ser característico do efeito peculiar que, nas comunidades muito unidas, as fofocas e os intercâmbios constantes de notícias e de pontos de vista têm sobre as opiniões e as crenças coletivas.

Um dos determinantes das fofocas costuma ser o grau de competição entre os boateiros que disputam o ouvido e a atenção de seus semelhantes, o qual, por sua vez, depende da pressão competitiva, particularmente a pressão das rivalidades de status, nesse tipo de grupo. Tem-se mais probabilidade de ganhar atenção e aprovação quando se consegue superar os outros boateiros, quando, por exemplo, ao mexericar sobre os outsiders, consegue-se contar alguma coisa ainda mais desfavorável, mais escandalosa e ultrajante a seu respeito do que eles ou, noutros casos, quando se consegue mostrar que se é ainda mais fiel do que os rivais ao credo comum do grupo, e mais radical na própria afirmação das crenças que fortalecem o orgulho grupal. Nos grupos muitos unidos, o efeito deturpador que a dinâmica da concorrência exerce nas crenças grupais em geral e nas fofocas em particular é uma aberração que orienta para a crença mais favorável e lisonjeira a respeito do próprio grupo e para a crença mais desfavorável e depreciativa a respeito dos outsiders insubmissos, com tendência para uma rigidez crescente em ambos os casos. De modo geral, pode-se dizer que, quanto mais os membros de um grupo sentem-se seguros de sua superioridade e seu orgulho, menor tende a ser a distorção, a discrepância entre a imagem e a realidade e, quanto mais ameaçados e inseguros eles se sentem, maior é a probabilidade de que a pressão interna e, como parte dela, a competição interna levem as crenças coletivas a extremos de ilusão e de rigidez doutrinária.* Com efeito, em muitos casos, podemos utilizar o grau de distorção e rigidez das crenças grupais como um padrão de medida, se não do perigo real, pelo menos do perigo vivenciado por um grupo, e, nesse sentido, pode ajudar a reconstituir sua situação. Os "aldeões", apesar de bem entrincheirados e poderosos em relação aos recém-chegados que se instalaram no loteamento, decerto acharam que seus novos vizinhos ameaçavam seu estilo de vida já muito bem estabelecido. É possível até que hajam intuído que eles eram os arautos das novas ondas de urbanização e industrialização que ameaçavam nas próprias bases a parte antiga de Winston Parva e seu estilo de vida. Os "aldeões", e sobretudo a rede de famílias antigas, reagiram a essa ameaça enfatizando vivamente o antigo "espírito da aldeia" e um alto grau de intolerância para com os vizinhos não conformes a ele.

As fofocas da "aldeia" seguiam esse mesmo padrão. Sua intolerância e sua função de obstáculo à integração, já bastante fortes em relação aos habitantes não conformistas da própria "aldeia", eram ainda mais pronunciadas a respeito dos moradores do loteamento e dos não conformistas de fora, ainda que, neste último caso, fossem menos eficazes como meio de controle social. A incapacidade dos "aldeões" de perceber qualquer coisa boa que pudesse vir do loteamento já foi mencionada. Os clichês usados em referência aos moradores de lá e as histórias contadas sobre eles tendiam, em seu conjunto, a sublinhar a superioridade exclusiva da conduta, dos valores e do estilo de vida dos "aldeões", bem como a total inferioridade dos recém-chegados. Não havia por que duvidar que tudo isso era feito com inocência e boa fé, não tendo um caráter de maquinação e propaganda deliberadas. Para explicar essa distorção, bastava a capacidade que os "aldeões" demonstravam, como grupo coeso — através do reforço mútuo das opiniões desejáveis e da concorrência sistemática pela aprovação —, de eliminar de sua percepção aquilo que não queriam ver a respeito de si mesmos e de seus vizinhos e de acentuar nitidamente aquilo que queriam enxergar. Era significativo que, decorridos vinte anos, os habitantes mais antigos da "aldeia" continuassem a frisar a distância social entre eles e as pessoas da Zona 3, chamando-as de "retirantes", "refugiados" e "*cockneys*". Um líder paroquial, filho de uma família "aldeã" de três gerações, resumiu esse tipo de visão ao dizer: "Eles não são como

---

* Podemos perfeitamente indagar se a postura de uma sociedade, no desenvolvimento da humanidade a longo prazo, também não tem algo a ver com a proximidade ou a distância, a congruência ou a incongruência entre as crenças e os fatos observáveis. Vistas em linhas gerais, a distância e a incongruência parecem ser maiores nas sociedades mais simples do que nas mais diferenciadas, particularmente no tocante às crenças referentes à "natureza". Mas a questão é justamente essa. As sociedades mais simples são também muito mais ameaçadas e inseguras, porque, em parte como resultado dessas incongruências, têm muito menos controle sobre a "natureza" e sobre si mesmas, bem como umas sobre as outras. E, por terem menos controle, também costumam ser mais inseguras. Na verdade, essa é uma das mais fundamentais dentre as armadilhas humanas.

as pessoas da aldeia. Alguns participam da vida da aldeia, mas são apenas um punhado. Não sei bem o que é, mas aquilo é uma gente cosmopolita, lá do outro lado da estrada de ferro." Era possível sentir a autêntica perplexidade dos "aldeões" com o fato de aqueles novos vizinhos não viverem de acordo com seus padrões e com os da "aldeia", que eles presumiam, implicitamente, ser os de todos os ingleses honrados. Mais uma vez, podemos discernir nisso a incapacidade do grupo coeso de enxergar o outro lado e as exigências paradoxais que decorreram de seu egocentrismo inocente: eles rejeitaram o outro grupo como outsiders cosmopolitas e, através de seus mexericos depreciativos, impediram-no de participar de sua própria vida comunitária. E também o censuravam por essa não participação. As crianças da "aldeia" ouviam dos pais as repetidas histórias depreciativas sobre o loteamento e, por sua vez, levavam da escola para casa qualquer história sobre crianças da Zona 3 que tendesse a confirmar a crença em sua inferioridade. Assim, numa entrevista com uma família "aldeã", o tema da educação e sua importância para a geração mais nova foi levantado pelos pais na presença de sua filha de 13 anos, que também estava na sala. A mãe disse que algumas pessoas não percebiam os benefícios de uma boa educação e, a título de exemplo, citou "uma mulher do loteamento, na reunião de pais na semana passada. A diretora estava falando de como estava bonito o uniforme escolar e essa mulher se levantou e disse que não podia pagar por ele, porque seu marido estava na cadeia." O pai bufou, num gesto de repulsa, e a filha riu. E a mãe acrescentou que "era gente assim, lá do loteamento, que estragava Winston Parva".

A compreensível contrariedade dessas pessoas, que faziam o melhor possível para ficar à altura de seus padrões coletivos de honradez e respeitabilidade diante de uma minoria de recém-chegados que não adotavam esses padrões, cristalizou-se numa tradição de condenação global do bairro situado do outro lado da via férrea. As crianças aprendiam com os pais a rejeição sumária dos moradores do loteamento e, sendo mais espontâneas e mais implacáveis nesses assuntos, usavam-na como uma arma contra as crianças da Zona 3 na escola. Os mexericos depreciativos e a discriminação, que de início talvez se houvessem restringido aos adultos, empederniram-se ao longo das gerações, porque desde cedo os filhos foram aprendendo as atitudes e crenças discriminatórias. A relativa "antigüidade" dessa tradição – o fato de ela ter sido transmitida dos pais para os filhos, e depois para os filhos destes quando cresceram – reforçou e aprofundou o efeito que o caráter coletivo das fofocas de rejeição tem sobre o preconceito grupal, a discriminação grupal e as crenças neles encarnadas. Também aumentou sua rigidez, seu caráter axiomático e sua impermeabilidade aos argumentos contrários, baseados em realidades concretas.

É freqüente as crenças coletivas serem impermeáveis a qualquer dado que as contradiga ou a argumentos que revelem sua falsidade, pelo simples fato de serem compartilhadas por muitas pessoas com quem se mantém um contato estreito. Seu caráter coletivo faz com que elas se afigurem verdadeiras, particularmente quando se cresceu com elas, desde a primeira infância, num grupo estreitamente unido que as toma por verdades, e mais ainda quando os pais e os avós também foram criados com essas crenças. Nesse caso, o sentimento de que a crença é verdadeira pode tornar-se quase inerradicável e persistir com grande intensidade, mesmo que, num nível mais racional, o indivíduo chegue à conclusão de que ela é falsa e venha a rejeitá-la.

É evidente que a crença expressa nos mexericos da "aldeia" sobre o loteamento adquirira sua rigidez num processo desse tipo. Os sentimentos em que ela se enraizava haviam-se desenvolvido e fortalecido ao longo de duas ou três gerações. Aos olhos das "famílias antigas", nas quais jovens e velhos viviam atrás dos muros de sua comunidade coesa, tinham-se tornado axiomáticos e evidentes: todas as pessoas conhecidas acreditavam neles. Descartar, objetar a esse tipo de preconceito coletivo, que garantia e justificava a superioridade do próprio grupo e a inferioridade de outro grupo interdependente e que tinha o apoio da opinião pública da comunidade inteira exigiria uma extraordinária coragem e força pessoais por parte de qualquer membro. Significaria incorrer no desagrado dos seus e arriscar-se a sofrer todas as pressões e punições que os grupos fechados são capazes de impor aos membros não conformistas. A "aldeia", como qualquer outro grupo humano estreitamente unido, funcionava como uma sociedade de admiração mútua. O exagero de suas próprias características positivas e dos traços negativos do vizinho era um dos sintomas comuns. Ele respondia pelo fato de muitos "aldeões", que em seu papel de indivíduos pareciam bondosos, sensatos e justos, tenderem a ser indelicados, maldosos, inflexíveis e incompreensivos em sua atitude para com as pessoas de fora, quando falavam e agiam como representantes de sua comunidade. Também nesse aspecto, os mexericos da "aldeia" refletiam a estrutura e a situação do grupo que os circulava. Eram sintomáticos de uma comunidade antiga e com um alto grau de coesão. Mas, embora contribuíssem para manter essa coesão e, talvez, reforçá-la, eles não a criavam.

O mesmo se aplicava às características das fofocas no loteamento. Como este era uma zona de integração precária, os boatos eram difusos. Havia poucos indícios de que funcionassem como um fator de integração. As famílias "mal-afamadas" da área constituíam um tema pronto de conversa para muitas das famílias "respeitáveis", cujos membros freqüentemente trocavam comentários depreciativos sobre as primeiras e transmitiam uns aos outros notícias de interesse comum. Mas havia entre eles menos pontos de afinidade do que entre as famílias da "aldeia", e a tendência a "manter a reserva" erguia obstáculos à circulação de fofocas. Um dos mexericos reiterados, durante os anos da pesquisa, foi sobre o visível aumento do número de automóveis estacionados em frente a algumas das casas da Zona 3. Noutras circunstâncias, talvez esse aumento ajudasse a aumentar o prestígio das famílias em questão e, quem sabe, do próprio bairro. Em vez disso, era comum ouvir outros moradores da Zona 3 tecerem comentários sarcásticos sobre os donos desses carros: "As famílias grandes é que têm carros", disse uma dona-de-casa: "Elas tiram o dinheiro da pensão familiar." Uma outra comentou: "É tudo comprado a prestação, sabe? Eu sei como funciona. Trabalho numa agência de automóveis que vende carros a prestação nesta área."

Mas, por si só, os mexericos sobre a minoria "de má fama" entre os membros das famílias majoritárias da Zona 3 não tinham como gerar uma solidariedade maior entre estas. Não eram capazes de produzir nada que não fosse possibilitado por outros fatores mais fundamentais da situação. Não podiam agir como um fator de integração, num contexto que levava a maioria das famílias "respeitáveis" do local a hesitarem em ter maior intimidade com outras famílias do loteamento. A falta de grandes redes familiares, de comitês e associações locais e de prédios adequados que servissem de ponto de encontro na Zona 3 impedia a formação de centros e canais de fofocas comparáveis aos que existiam na "aldeia". O clima de familiaridade e amiúde intimidade, ambas baseadas no conhecimento prolongado, que facilitava o fluxo dos boatos na "aldeia", estava completamente ausente do loteamento. Lá como na "aldeia", as pessoas contavam umas às outras os casos mais recentes de embriaguez, violência, promiscuidade e sordidez que ocorriam à sua volta. Mas falavam disso com mais reserva e, não raro, com certo embaraço. Não podiam mexericar sobre essa conduta desordeira com a mesma liberdade e o mesmo sentimento de superioridade dos "aldeões", pois ela ocorria em seu próprio bairro; sua vida pessoal e seu status eram muito mais diretamente afetados por ela. Nesse como noutros casos, o que importava para o status de uma família não era, evidentemente, apenas quem era cada um de seus membros, mas também quem eram seus vizinhos. Isso tanto importava para a classificação dos outros quanto para a do próprio indivíduo. A opinião desfavorável que as famílias "respeitáveis" do loteamento tinham de seu bairro contribuía para impedi-las de se aproximarem mais entre elas. O fato de elas também trocarem fofocas não alterava expressivamente a situação. E não promovia uma integração maior.

Portanto, a idéia de que a fofoca tem uma função integradora requer algumas ressalvas. Ela imputa à fofoca as características de uma coisa ou uma pessoa capaz de atuar sozinha como agente causal, quase independentemente dos grupos que a circulam. Na verdade, é apenas uma figura de linguagem dizer que a fofoca tem tal ou qual função, pois ela nada mais é do que o nome genérico de algo feito por pessoas reunidas em grupos. E o termo "função", nesse e noutros casos similares, tem a aparência suspeita de um disfarce para o velho termo "causa". Atribuir à fofoca uma função integradora pode facilmente sugerir que ela é a causa cujo efeito é a integração. Provavelmente, seria mais exato dizer que o grupo mais bem integrado tende a fofocar mais livremente do que o menos integrado, e que, no primeiro caso, as fofocas das pessoas reforçam a coesão já existente.

O padrão e o conteúdo das fofocas variam conforme a estrutura e a situação dos grupos de pessoas que as circulam. Isso é o que sugere a comparação do papel desempenhado pela boataria nos dois bairros proletários de Winston Parva.

No bairro relativamente bem integrado da "aldeia", ela tem uma função integradora. Mas não se observou nenhum efeito integrador no bairro menos integrado do loteamento. Sem relacionar uma categoria de atividades grupais como a fofoca com o grupo efetivo cujos membros a difundem ou produzem, e sem explicar o primeiro em termos do segundo, a tarefa sociológica fica incompleta.

A fofoca, no entanto, sempre tem dois pólos: aqueles que a circulam e aqueles sobre quem ela é circulada. Nos casos em que o sujeito e o objeto da fofoca pertencem a grupos diferentes, o quadro de referência não é apenas o grupo de mexeriqueiros, mas a situação e a estrutura dos dois grupos e a relação que eles mantêm entre si. Sem esse quadro de referência mais amplo, é impossível responder a uma pergunta crucial: saber por que a fofoca pode vir a ser, como no caso das fofocas da "aldeia" sobre os moradores do loteamento, um recurso eficaz para ferir e humilhar os membros do outro grupo e para assegurar a ascendência sobre eles.

Uma boa parte do que os "aldeões" diziam habitualmente sobre as famílias do loteamento era imensamente exagerada ou falsa. A maioria das pessoas da Zona 3 não tinha "uma moral baixa"; elas não brigavam constantemente, não eram "beberronas" habituais nem incapazes de controlar seus filhos. Por que se mostravam impotentes para corrigir essas idéias falsas? Por que ficavam envergonhadas quando, em sua presença, um "aldeão" usava um clichê que simbolizava seu status inferior, como "beco dos ratos"? Por que não conseguiam ignorá-lo com um dar de ombros ou retaliar com uma enxurrada igualmente maciça de insinuações e distorções?

Algumas das explicações organizacionais já foram mencionadas. Os "aldeões" eram mais unidos que os moradores do loteamento; haviam cerrado fileiras contra estes e sua união conferia força e veracidade a suas declarações sobre os habitantes da Zona 3, por mais que elas destoassem da realidade. Os residentes do loteamento não conseguiam retaliar porque não detinham poder. Todavia, para discernir a fundo essa configuração, é preciso incluir na imagem formada, além dos aspectos organizacionais, como a monopolização dos cargos principais pelos membros da rede de famílias antigas, também os aspectos pessoais. A maioria dos moradores do loteamento não conseguia retaliar porque, até certo ponto, sua própria consciência estava do lado dos detratores. Eles concordavam com as pessoas da "aldeia" em que era péssimo não ter autoridade sobre os filhos, ou embriagar-se, fazer espalhafato e agir com violência. Mesmo que nenhuma dessas censuras pudesse aplicar-se pessoalmente a elas, essas pessoas sabiam muito bem que algumas se aplicavam a parte de seus vizinhos. Sentiam-se envergonhadas com as alusões a essa má conduta dos vizinhos porque, morando no mesmo bairro, a censura e a má reputação ligadas a ele, de acordo com as normas do pensamento afetivo, eram-lhes também automaticamente aplicadas. Em seu caso, como em muitos outros, as falhas observáveis em alguns membros de um grupo eram emocionalmente transferidas para todos os seus componentes. Os mexericos discriminatórios da "aldeia", todas as expressões de censura e desdém segredadas ou abertamente proferidas contra as pessoas do loteamento, exerciam um poder sobre elas, por mais dignas e ordeiras que fossem em sua conduta, porque parte delas mesmas, sua própria consciência, concordava com a má opinião que os "aldeões" tinham de seu bairro. Era essa concordância silenciosa que lhes paralisava a capacidade de retaliar e de se afirmar. Elas se sentiam envergonhadas quando alguém se referia ao grupo a que pertenciam por um termo depreciativo, ou quando eram acusadas, direta ou indiretamente, de maus feitos e falhas que, na verdade, só eram encontrados em seu grupo na "minoria dos piores".

A atribuição de falhas — e também de qualidades positivas — a indivíduos que pessoalmente nada fizeram para merecê-las, pelo simples fato de pertencerem a um grupo julgado digno delas, é um fenômeno universal. É comum as pessoas desconcertarem ou silenciarem aqueles de quem discordam ou a quem estão combatendo, jogando-lhes na cara algum termo grupal depreciativo e infamante ou algum boato vergonhoso que se refira a seu grupo, desde que tais pessoas pertençam a um grupo que tenha sucesso em afirmar seu status superior em comparação ao de seus adversários. Em todos esses casos, aqueles que são objeto do ataque não conseguem revidar porque, apesar de pessoalmente inocentes das acusações ou censuras, não conseguem livrar-se, nem sequer em pensamento, da identificação com o grupo estigmatizado. Assim, as calúnias que acionam os sentimentos de vergonha ou culpa do próprio grupo socialmente inferior, diante de símbolos de inferioridade e sinais do caráter imprestável que lhes é atribuído, bem como a paralisia da capacidade de revide que costuma acompanhá-los, fazem parte do aparato social com que os grupos socialmente dominantes e superiores mantêm sua dominação e superioridade em relação aos socialmente inferiores. Há sempre uma suposição de que cada membro do grupo inferior está marcado pela mesma mácula. Eles não conseguem escapar individualmente da estigmatização grupal, assim como não conseguem escapar individualmente do status inferior de seu grupo. Hoje em dia, é freqüente encontrar quem fale e pense como se os indivíduos das sociedades contemporâneas já não tivessem vínculos tão estreitos com seus grupos quanto os de antigamente, que eram ligados a clãs, tribos, castas ou feudos e consoantemente julgados e tratados. Mas a diferença, quando muito, é uma diferença de grau. O exemplo das pessoas do loteamento, em Winston Parva, mostrou em miniatura a que ponto o destino dos indivíduos, através da identificação feita por terceiros e por eles mesmos, pode ser dependente do caráter e da situação de seus grupos, mesmo nas sociedades contemporâneas. Pelo simples fato de morarem em determinado bairro, os indivíduos eram julgados e tratados — e, até certo ponto, julgavam a si mesmos — de acordo com a imagem que os outros faziam de sua vizinhança. E essa dependência que os indivíduos têm da posição e da imagem dos grupos a que pertencem, sua profunda identificação com estes na avaliação de outrem e em sua própria auto-estima, não se restringe a unidades sociais com alto grau de mobilidade social individual, como os bairros. Existem outras, como as nações, as classes ou os grupos étnicos minoritários, nas quais a identificação dos indivíduos com o grupo e sua participação vicária nos atributos coletivos são muito menos elásticas. O descrédito coletivo que é atribuído a esses grupos por outros mais poderosos, e que se encarna em insultos típicos e fofocas depreciativas estereotipadas, tem em geral alicerces profundos na estrutura de personalidade de seus membros, que, por ser parte de sua identidade individual, não é fácil de descartar.

E esse enraizamento profundo na estrutura de personalidade dos indivíduos tem também sua contrapartida, que é a crença na graça ou virtude coletiva que muitos grupos atribuem a si mesmos e que lhes pode ser atribuída por outros que eles consideram inferiores. Exemplo disso é a forma branda do carisma grupal que julgavam possuir os "aldeões" – particularmente os membros da rede de famílias antigas. Esse carisma constituía um ponto focal da imagem que eles tinham de si, não como indivíduos isolados, mas como um coletivo, como membros daquele grupo específico. Ele contribuía para dar mais sentido a sua vida em comum e a seu esforço de preservá-la.

Mas, tal como em outros casos, a pretensão carismática do grupo só exercia sua função unificadora – sua função de preservação grupal – erguendo barreiras bem demarcadas contra outros grupos, cujos membros, em consonância com ela, eram perenemente excluídos da participação na graça e nas virtudes atribuídas aos estabelecidos. Ao enaltecer dessa maneira os membros de um dado grupo, o carisma grupal relegava automaticamente os membros de outros grupos interdependentes a uma posição de inferioridade. O carisma grupal reivindicado pelo grupo antigo da "aldeia" tinha seu ferrão. Não apenas ajudava a definir as fronteiras entre os que pertenciam ao grupo e os que não faziam parte dele, como exercia também a função de uma arma que mantinha à distância os outsiders, que ajudava a preservar a pureza e a integridade do grupo. Era tanto uma arma de defesa quanto de ataque. Deixava implícito que era um sinal de desonra não fazer parte da graça e das virtudes específicas que os membros do grupo ilustre reivindicavam para si. O que se observava na "aldeia" era apenas um exemplo moderado, em pequena escala, de um padrão que se pode observar, amiúde sob forma muito mais tensa e virulenta, na relação de muitos grupos estabelecidos desde longa data – nações, classes, maiorias étnicas ou seja qual for sua forma – com seus grupos outsiders, quer estes sejam efetivamente mantidos em seu lugar, quer estejam em ascensão. Por toda parte, o carisma grupal atribuído ao próprio grupo e a desonra grupal atribuída às pessoas de fora são fenômenos complementares.* E em toda parte, assim como na "aldeia", esses fenômenos gêmeos

---

* Os problemas do "Carisma grupal e desonra grupal" foram mais detidamente discutidos num artigo apresentado por N. Elias, com esse título, no XV Deutschen Soziologentag (Centenário de Max Weber), em Heidelberg, em 29 de abril de 1964.

encontram expressão em formas estereotipadas de auto-enaltecimento e noutras, igualmente estereotipadas, de censura, invectivas e calúnias dirigidas contra os outsiders. Até os membros de menor "valor" dos grupos carismáticos tendem a reivindicar para si, por identificação, características e valores atribuídos ao grupo inteiro, os quais, na prática, às vezes só são encontrados como atributos da "minoria dos melhores".

Mais uma vez constatamos a que ponto a estrutura da fofoca está ligada à do grupo que circula. O que foi anteriormente apontado como "fofoca elogiosa", que tende para a idealização, e como "mexerico depreciativo", que tende para a degradação estereotipada, são fenômenos estreitamente ligados à crença no carisma do próprio grupo e na desonra do grupo alheio. Nos grupos estabelecidos desde longa data, naqueles em que os jovens e, quem sabe, seus pais e os pais de seus pais absorveram essas crenças desde a infância, junto com os símbolos correspondentes de louvor ou injúria, esse tipo de imagem grupal positiva e negativa impregna profundamente a imagem pessoal do indivíduo. A identidade coletiva e, como parte dela, o orgulho coletivo e as pretensões carismáticas grupais ajudam a moldar a identidade individual, na experiência que o sujeito tem de si e das outras pessoas. Nenhum indivíduo cresce sem esse alicerce de sua identidade pessoal na identificação com um ou vários grupos, ainda que ele possa manter-se tênue e ser esquecido em épocas posteriores, e sem algum conhecimento dos termos elogiosos e ofensivos, dos mexericos enaltecedores e depreciativos, da superioridade grupal e da inferioridade coletiva que a acompanha.

8 | Os jovens de Winston Parva

Tal como outras áreas industriais, Winston Parva tinha alguns jovens que eram quase delinqüentes ou delinqüentes. Em 1958, alguns provinham da Zona 2, um número maior da Zona 3 e nenhum da Zona 1. Como em toda parte, só uma minoria desses jovens era levada aos tribunais. Naquele ano, as cifras da delinqüência juvenil corresponderam a 19 casos, ou 6,81% das crianças de 7 a 16 anos da Zona 3, comparados a 3 casos, ou 0,78% das crianças da mesma faixa etária na Zona 2. A diferença entre os índices de delinqüência das duas zonas era considerável. Além disso, duas das três condenações de jovens da "aldeia" foram de adolescentes que cometeram pequenas transgressões da lei e apenas um foi condenado por um crime contra a propriedade. Na Zona 3 verificava-se o inverso. Nela, 17 dos 19 delinqüentes juvenis foram levados aos tribunais por crimes contra a pessoa ou a propriedade. Os outros dois foram condenados por pequenas infrações, como dirigir bicicletas que não atendiam às normas de segurança ou brincar na via férrea. É provável que alguns jovens do loteamento e da "aldeia" cometessem delitos sem ser apanhados. Apesar disso, a grande maioria dos jovens das duas zonas mantinha-se dentro da lei.

No entanto, as oportunidades de criação satisfatória que as duas zonas ofereciam às crianças eram muito diferentes. A "aldeia" tinha padrões coletivos bem estabelecidos. O fato de eles serem relativamente uniformes e partilhados por muitas famílias facilitava aos jovens segui-los, ao mesmo tempo que a rede bem desenvolvida de controles sociais lhes dificultava transgredi-los. No loteamento, ficava quase inteiramente a critério de cada família instituir padrões de conduta para seus filhos e, muitas vezes, os padrões de uma família não eram iguais aos de seus vizinhos. O fato de lhes faltar o reforço da comunidade, de os costumes e normas das diferentes famílias do mesmo bairro divergirem muito e de os jovens de uma família fazerem abertamente o que era proibido com rigor aos de outra, tornavam o processo de crescimento muito mais difícil para os jovens do loteamento que para os da "aldeia", e também aumentava muito a probabilidade de perturbações. Uma comunidade estreitamente unida, como a "aldeia" estava mais apta do que o loteamento a proporcionar um controle sistemático das crianças pelos adultos, o que constitui uma das condições do desenvolvimento de um autocontrole estável. Quando ambos os pais saíam para trabalhar, havia sempre parentes ou vizinhos dispostos a cuidar de seus filhos. No loteamento, era comum eles terem que ficar por conta própria. Quando as crianças da "aldeia" brincavam na rua, ficavam entre vizinhos a quem conheciam e que as conheciam muito bem; seus pais podiam ter certeza de que algum vizinho as admoestaria se elas fizessem algo que pudesse prejudicá-las, prejudicar terceiros ou danificar propriedades. Um adulto a quem as crianças contrariassem tinha apenas que dirigir-se a elas, usando uma das expressões costumeiras nessas ocasiões, como "pare com isso, senão eu vou contar a sua mãe!", e em geral era o bastante.

As crianças do loteamento brincavam em meio a casas cujos moradores, em muitos casos, eram praticamente desconhecidos, perante os quais não sentiam ter nenhum compromisso e os quais não sentiam nenhuma obrigação para com elas – moradores que, muitas vezes, relutavam em interferir ou estabelecer contato com as crianças e que eram indiferentes ou até hostis às que brincavam ali por perto e que lhes retribuíam esse sentimento. Ninguém gostava de dizer "vou contar a sua mãe" quando mal conhecia ou não queria conhecer os pais da meninada. Além disso, as queixas feitas a algumas mães da Zona 3 podiam ser respondidas, quando muito, por uma enxurrada de impropérios.

Um imenso abismo separava os jovens das famílias proletárias do loteamento que procuravam dar uma boa educação a seus filhos, incentivando-os a "progredir" e se interessando vivamente por sua realização e seu sucesso, e outras famílias proletárias que deixavam os filhos arranjarem-se mais ou menos sozinhos e que mal tinham disposição, ou talvez possibilidade, de melhorar sua própria sina e a de seus filhos. Muitas delas não sabiam o que fazer para "progredir". Viviam sem pensar no futuro, sem nenhuma idéia de carreira e sem projetos a longo prazo de que falar. Embora a maioria dos jovens encontrados nas visitas ao loteamento, depois do horário da escola ou do trabalho, ficasse em casa fazendo as mesmas coisas que seus equivalentes da "aldeia" e não fosse particularmente visível nas ruas de Winston Parva, havia uma minoria que não parecia ter mais nada a fazer senão circular à toa por elas. E eram sempre os mesmos jovens que eram vistos nas ruas. Eles provinham de famílias numerosas que moravam em casas pequenas. Não tinham outro lugar para ir em Winston Parva. A maioria pertencia às oito ou nove famílias "de má fama".

Para um distrito de suas dimensões, os recursos que Winston Parva oferecia aos jovens eram muito precários. Todos os seis grupos juvenis das igrejas ou capelas locais reuniam-se na Zona 2 e tinham um número reduzido de membros. Ficavam restritos aos jovens que compareciam regularmente ao culto e que eram quase exclusivamente recrutados na Zona 2. Não havia nenhuma agremiação juvenil na Zona 3, embora um pequeno setor da associação da igreja anglicana se reunisse no salão das missões do loteamento. Todas as outras organizações juvenis, com uma única exceção, exerciam bastante rigor em sua exclusão dos jovens do loteamento. Alguns deles tentavam associar-se, mas, na maioria dos casos, não freqüentavam a igreja com a mesma regularidade das crianças da "aldeia" e eram solicitados a se retirar. Um líder juvenil paroquial explicou a situação da seguinte maneira a um comitê de jovens da área:

> Temos gente demais no nosso clube. Bem, não é só isso, é que existe uma norma de que só os membros da igreja podem fazer parte do clube. Temos mais de 40 inscritos, mas só 14 freqüentam a igreja, de modo que o conselho disse para mandarmos embora uma parte dos criadores de caso do loteamento, que nunca põem os pés na igreja.

Esses expurgos periódicos mantinham quase todos os jovens da Zona 3, com exceção de um pequeno punhado, longe das atividades sociais e das oportunidades de formação oferecidas por essas agremiações.

A única organização juvenil que tinha por norma manter as portas abertas para os jovens do loteamento e da "aldeia" era o Clube Juvenil Aberto, organizado pela Diretoria Municipal de Ensino. Ele foi fundado durante o período da pesquisa. Um dos autores ajudou a organizar suas atividades. Era grande a necessidade de uma organização desse tipo em Winston Parva, e ela também funcionou como um "experimento *in situ*" que permitiu estudar de perto alguns dos problemas que a segregação dos dois bairros proletários acarretava para a nova geração.

Em muitos dos aspectos geralmente atribuídos a esse tipo de associação, o clube foi um sucesso durante os três anos em que foi possível participar de suas atividades e observá-lo. Atraiu continuamente um número bastante grande de jovens de todas as partes de Winston Parva, que pareciam gostar de suas atividades. Em pouco tempo, tornou-se a maior organização juvenil da comunidade, com cerca de 50 membros, 20 dos quais moravam no loteamento. Organizava jogos, passatempos, competições, bailes e festivais. O comitê diretivo, escolhido pelos próprios membros em suas fileiras, tinha uma boa parcela de autonomia. As reuniões semanais realizavam-se numa sala de aulas da escola secundária, colocada à disposição do clube. A Diretoria Municipal de Ensino oferecia uma ajuda constante. Mas os recursos disponíveis eram restritos e ficavam aquém das necessidades. Apesar de muitos esforços, não foi possível encontrar instalações maiores e mais adequadas.

Na tentativa de obtê-las, deparou-se com certas peculiaridades de todo um conjunto de valores, provavelmente correntes em muitas comunidades industriais, que tinham certa relevância para os problemas da nova geração. Segundo esse sistema de valores, admitia-se que a escolarização e a formação dos jovens — tudo o que estava implicado nesse trabalho ou ligado a ele — eram de interesse público e, por conseguinte, podiam ser financiadas por verbas públicas. Mas as verbas para as atividades de lazer e recreação pareciam figurar num patamar muito mais baixo da escala de valores das autoridades e adultos em geral. Eles haviam reconhecido que, na maioria dos casos, as famílias não podiam arcar, isoladamente, com custos de instalações de ensino e formação dos filhos nos moldes das exigências de uma sociedade industrial altamente complexa. Assim, fornecer essas instalações passara a figurar como um item de prioridade bastante alta no rol de despesas públicas, enquanto as verbas destinadas a atividades de lazer depois da escola e do trabalho ainda apareciam num nível muito baixo dessa lista. Tais atividades continuavam a ser predominantemente encaradas como um luxo que não chegava a ser essencial para o bem-estar da nova geração e, muitas vezes, como um assunto particular, que devia ficar a critério de cada família.

As condições vigentes em Winston Parva mostravam com muita clareza que o papel desempenhado pelas atividades extra-escolares e extraprofissionais na vida dos jovens, bem como o grau de satisfação que elas lhes proporcionavam, estavam longe de ser irrelevantes para seu bem-estar e sua conduta, inclusive a conduta na escola e no local de trabalho. Suas oportunidades de passar as horas de lazer de maneira agradável e produtiva, na companhia de terceiros, eram extremamente limitadas. Afora os clubes juvenis mais antigos e o grupo dos escoteiros, nenhum dos quais atraía mais do que pequena parcela da nova geração, não havia associações especiais nem prédios comunitários onde os jovens pudessem reunir-se. As escolas ofereciam algumas oportunidades para a prática de esportes, mas também estas eram extremamente restritas. Um clube de rúgbi que se reunia e jogava no campo da escola secundária masculina tinha um histórico de grande sucesso. Mas, como essa escola recebia alunos de uma vasta área ao redor de Winston Parva, e visto que os membros do clube de rúgbi eram quase sempre recrutados entre os "veteranos", a maioria deles vinha de fora da comunidade. Esse clube gozava de grande prestígio nas Zonas 1 e 2 e, em algumas ocasiões, foi mencionado pelo conselheiro Drew como um exemplo do espírito da "aldeia", embora fosse pequeno o número de jovens "aldeões" que participavam de suas atividades.

Havia um estabelecimento que abria suas portas a todos, mas cobrava um preço por isso. Era o cinema local. Não era de surpreender que muitos jovens que não podiam ou não gostavam de ficar em casa passassem suas horas de folga dentro dele ou em suas imediações. A programação concentrava-se no mínimo denominador comum do público potencial. A lista abaixo, extraída de anúncios publicitários, indica o tipo de filmes que eram oferecidos:

O PARAÍSO DOS NUDISTAS
Primeiro filme nudista britânico

O ABRAÇO DO ESTRANGULADOR

COMO FABRICAR UM MONSTRO

O JOVEM FRANKENSTEIN

AS FILHAS FUGITIVAS

O SANGUE DO VAMPIRO

OS DESPUDORADOS
Inteiramente filmado em campos de nudismo

A ÂNSIA DE UNIÃO
A corte e os costumes amorosos em terras estrangeiras
BONECAS DO VÍCIO
A CARNE É FRACA
OS PECADOS DA JUVENTUDE
Você pode desconhecê-los?
AS DIABÓLICAS
Metade mulher, metade besta
HISTÓRIA DE NUDISMO
Sensacional, em technicolor
CAMA SEM CAFÉ DA MANHÃ
A MULHER-VESPA & A BESTA DA GRUTA ASSOMBRADA
Sensacional sessão dupla de filmes de horror

A platéia assistia a essa mescla de pesadelos e fantasias sexuais sem levá-la muito a sério. Seu comportamento coletivo mostrava, mais uma vez, como era intensa a ânsia de muitos jovens de desafiar abertamente as regras da sociedade estabelecida e, se possível, provocar seus representantes. Nas noites em que esses filmes eram exibidos, grupos de jovens, quase todos no final da adolescência, chegavam a Winston Parva não apenas do loteamento, mas também dos vilarejos mais próximos e até da cidade vizinha. Quando o filme tinha um tema sexual, o momento em que qualquer personagem feminino surgia na tela pela primeira vez era o sinal para uma explosão de gritos, assobios e batidas com os pés por parte dos rapazes da platéia. Nas reuniões do clube juvenil, alguns rapazes do loteamento diziam ir ao cinema para se distrair com o filme, em parte, e em parte para se divertir com a "baderna" que faziam.

Um membro de uma gangue "arruaceira" da Zona 3 deu a seguinte descrição de um incidente havido no cinema, que ilustra essa situação:

> Como não havia mais nada para fazer, a gente acabou na última fila do Regal. Eu estava com a turma de sempre, o Dave, o Doug, o Lanky e o Henry.
> Estávamos todos fumando, menos o Lanky, e soprando a fumaça em cima dos outros. Fazemos isso para chatear as pessoas, e, logo, logo, quase todo o mundo estava virando para trás, dando risinhos sarcásticos e xingando a gente.
> Aí, depois que ficou tudo em silêncio, começou a barulheira, com as pessoas batendo nas poltronas, gritando, assobiando e atirando bolinhas, e de repente, acima da confusão, houve um barulho de uma coisa quebrando e um ruído surdo e todo o mundo virou para trás e viu o Lanky esparramado no chão. Ele estava gemendo e dizia: "E pensar que eu paguei duas pratas por isso: uma bosta de filme e uma droga de cadeira dobrável."

Em seguida, o rapaz relatou como o gerente do cinema e dois ajudantes haviam acendido as lanternas em cima deles, ameaçando chamar a polícia se a turma não fosse embora. E eles haviam "marchado" porta afora, fazendo o máximo barulho possível ao sair.

Outro rapaz do loteamento descreveu uma noite em que levou a namorada ao cinema:

> Eu e a Vera estávamos sentados no Regal quando ouvi um carinha atrás de mim dizer uma piada obscena pra ela. Então, virei pra ele e disse: "Diz isso de novo que eu arrebento a tua cabeça." E o moleque respondeu: "Vai em frente, experimenta só." Bom, ele estava sentado assim, meio afundado na poltrona, e eu fui e dei-lhe uma cacetada no alto da cabeça e ele começou a gritar. Então veio o gerente, o Wally, e perguntou o que estava acontecendo. Eu contei e ele perguntou ao cara se era isso mesmo. "É", disse o garoto, "foi isso mesmo." "Muito bem", disse o Wally, olhando para mim: "Você agiu bem, agora volte para o seu lugar"; e, virando para o moleque, disse: "Mais uma piada e eu ponho você para fora, sacou?"

Quando terminava a sessão, os jovens perambulavam pela rua principal e podia-se ver que pouquíssimos iam para casas da "aldeia". Era comum ver vários grupos dirigindo-se para o loteamento, enquanto outros esperavam os ônibus que os levariam de volta à cidade. De vez em quando, estouravam brigas entre gangues no "Passeio dos Macacos". Ao aplicar uma multa a dois rapazes por uma dessas brigas, um juiz declarou em dezembro de 1957: "As brigas são singularmente freqüentes em Winston Parva. Os juízes estão decididos a acabar com esse tipo de coisa." Verificou-se que a polícia fora chamada por causa de uma briga à porta do cinema e prendera os dois culpados, "que estavam cercados por um bando de jovens".

Essas cenas recorrentes eram o sintoma de uma situação de conflito que existia não apenas em Winston Parva, mas nas sociedades com centros urbanos, especialmente grandes centros urbanos, em quase qualquer lugar. Eram sintomáticas da guerrilha quase incessante que costuma travar-se entre os setores estabelecidos dessas sociedades e os grupos socialmente produzidos de outsiders — nesse caso, grupos de outsiders da nova geração. O cinema servia de ponto de encontro para multidões de adolescentes, que eram particularmente afetados pelo fato de sua sociedade não lhes oferecer papéis claramente definidos. Eles haviam ultrapassado parcialmente seus papéis infantis, porém muitos ainda não se enquadravam — e alguns, provavelmente, nunca se enquadrariam — em nenhum dos papéis prescritos para os adultos.

A multidão do cinema não era uma assembléia aleatória de jovens "anormais"; representava um fenômeno bastante normal das grandes sociedades urbanas. Todas elas produzem e reproduzem, repetidamente, grupos de pessoas que se adaptam melhor e outras que se adaptam mal ou não se adaptam à ordem estabelecida e a seus papéis prefixados. Muitos adolescentes estavam numa encruzilhada. Alguns eram ou viriam a ser delinqüentes, enquanto outros aprenderiam a se enquadrar nos papéis aceitos dos adultos. Mas só nos registros policiais e nas crenças de vários adultos comuns e cumpridores da lei é que há uma clara linha divisória entre os delinqüentes e os não delinqüentes. A classificação de alguns jovens como "delinqüentes" tende a nos fazer esquecer que o "comportamento delinqüente" funde-se imperceptivelmente com o não delinqüente. Se observarmos a conduta das crianças e adolescentes, em seu contexto comunitário real, encontraremos muitas formas transicionais de comportamento. As tentativas de estudar os delinqüentes, explicá-los e fazer previsões a seu respeito, unicamente com base em critérios individuais, através de diagnósticos psicológicos não corroborados por diagnósticos sociológicos, não costumam ser dignas de confiança. É que as condições de reprodução contínua dos grupos de jovens delinqüentes encontram-se na estrutura da sociedade e particularmente na das comunidades onde moram grupos de famílias com filhos "delinqüentes" e onde essas crianças crescem.

A multidão de adolescentes que convergia do loteamento e da área urbana vizinha para o cinema da "aldeia", em Winston Parva, era um bom exemplo do caráter coletivo dos problemas com que tinha que se haver essa parcela de adolescentes proletários. Tinha-se uma visão melhor deles ao comparar as condições em que cresciam os jovens das grandes famílias problemáticas do loteamento e aquelas em que cresciam os de outras famílias da Zona 3 e da "aldeia", sobretudo suas condições de lazer.

Depois da escola ou do trabalho, os primeiros costumavam reunir-se por algum tempo em pequenos grupos perto de casa. Vez por outra, podia-se vê-los jogando uma partida de futebol. A maioria parecia ficar parada ou andando a esmo, como quem esperasse ver algo acontecer, sem saber muito bem para quê. Às vezes, a tensão explodia e eles provocavam um acontecimento – começavam uma briga, arranjavam uma namorada ou promoviam uma "baderna". Ficavam entregues a seus próprios recursos, cheios de energia e quase sem ter como empregá-la de um modo que lhes pudesse ser agradável. A maioria parecia sofrer de uma escassez absoluta de oportunidades de diversão, não sabendo o que fazer com as horas de folga depois da escola ou do trabalho. Sua situação dificilmente confirmaria a idéia largamente aceita de que basta ensinar as pessoas a trabalhar e não a se divertir. Os jovens desordeiros de Winston Parva sofriam de uma falta de oportunidade e capacidade de se divertir de um modo que atendesse a suas necessidades e que, ao mesmo tempo, pudesse ser tolerado pela maior parte de sua comunidade sem causar aborrecimentos e repugnância.

Eis um trecho típico de uma conversa com um rapaz de 17 anos, morador da Zona 3, que era membro do Clube Juvenil Aberto. O tema em discussão era seu último comparecimento ao tribunal:

> Este lugar aqui é mortal. Não se tem aonde ir à noite. É fácil dizer "vá aos clubes juvenis", mas, quando a gente vai aos clubes paroquiais, chutam a gente pra fora. Eu disse ao A. (o policial que supervisionava sua liberdade condicional), da última vez que o vi: "Tem sempre alguma confusão, os garotos não têm para onde ir". E ele respondeu: "Por que vocês não fazem um clube?" Aí eu falei que a gente não tem

dinheiro e, de qualquer maneira, não existe nenhum lugar para isso. Só existe o Clube Aberto, eu disse, e, mesmo assim, só uma noite por semana.

A polícia não dá uma chance, ficam todos atrás da gente na rua, de olho. Quando me pegaram, tentaram tirar minhas impressões digitais; um sujeito me disse "me passe aquele cinzeiro, garoto", e eu falei, "pegue você mesmo", que eu não sou besta. Eles dão cigarro pra gente e tudo o mais, mas é só para nos fazer falar. Estão é atrás da promoção, é só nisso que estão interessados. Eu digo pros caras assim: "Se um guarda for atrás de você, corra, não pare para conversar." Se eles me pegarem de novo, vão me tirar de circulação. Eles não dão uma chance. Estão sempre vigiando a gente.

Muitos desses jovens mais rebeldes, inclusive os que não eram presos, multados, mandados para a cadeia e chamados de "delinqüentes", pareciam esbarrar nos muros da prisão invisível em que viviam, gastando suas energias na tarefa de chatear e provocar todos aqueles que lhes davam a vaga sensação de serem seus carcereiros, numa tentativa de escapar ou de provar a si mesmos que a opressão era real. Chegavam até a ir ao cinema não apenas pelo filme, mas pela "baderna". Ali, na obscuridade da sala de projeção, protegidos pelo anonimato da platéia, eles podiam manifestar seu desafio a regras sociais que ainda não haviam assimilado por completo, particularmente as que coibiam suas necessidades sexuais ainda indomadas, e podiam buscar um alívio temporário dos pesadelos fantasiados internos nos pesadelos fantasiados do lado de fora.

Também na "aldeia", os jovens pareciam sofrer bastante com a extrema escassez de lazer. Também eles pareciam sentir a aproximação das "sombras do presídio", à medida que iam crescendo. Porém estavam mais aptos a lidar com essa experiência, graças à estrutura não apenas da família, mas sobretudo da comunidade. Os padrões das frustrações que oprimiam os jovens dos dois bairros proletários eram bem diferentes em alguns aspectos. As pressões exercidas sobre os jovens da "aldeia" talvez fossem mais severas, sendo mais difícil fugir delas, mas eram também mais firmes, mais constantes e regulares no modo como se exerciam e mais claramente definidas. Estavam ligadas a recompensas sociais claramente inteligíveis e a metas sociais e individuais reconhecíveis – ou seja, a recompensas concedidas por terceiros e a objetivos escolhidos pelos próprios indivíduos dentre a gama dos que lhes eram oferecidos em sua sociedade, conforme a posição que ocupassem nela. Além disso, numa comunidade como a "aldeia", as frustrações da infância e da adolescência eram compensadas por um sentimento de pertença e de orgulho pelo próprio grupo. Os jovens estavam muito mais aptos que os do loteamento a fazer uma idéia do lugar e da posição que ocupavam em relação às outras pessoas; eram mais capazes de ter uma imagem de sua identidade como indivíduos em seu contexto social, e a imagem que tinham era mais gratificante em termos afetivos: apontava para seu valor pessoal como membros de uma comunidade que, segundo lhes ensinavam, era boa e superior às outras, uma comunidade da qual eles aprendiam a se orgulhar. Respeitando as normas, eles podiam obter ajuda e orientação em suas dificuldades de crescimento, a partir dos exemplos da geração anterior. Mas pagavam um preço por isso. A comunidade em que viviam era firmemente dominada pelos mais velhos e pelos idosos. Os dominados, nesse caso, não eram outsiders, mas dependentes que pertenciam ao mesmo grupo dos dominadores. Os jovens eram firmemente cercados pelo sentimento de inserção grupal da velha geração. Os arranjos relativos às horas de lazer eram um sintoma dessa distribuição do poder entre as gerações. Enquanto a "aldeia" proporcionava oportunidades coletivas satisfatórias de diversão às pessoas de meia-idade e aos idosos, depois de encerrado seu trabalho, poucas eram as oportunidades similares de atender às necessidades específicas de lazer dos jovens. Era como se as pessoas presumissem que eles gostavam das mesmas coisas que seus pais. Assim, por um lado, os jovens da "aldeia" identificavam-se com o código dos mais velhos, orgulhavam-se dele e, assim como os adultos, viam com desdém os outsiders do loteamento. Por outro lado, não obtinham o mesmo prazer que os mais velhos nos clubes paroquiais e nas capelas, nos concertos para senhoras e em muitas das outras atividades prazerosas que davam grande satisfação aos adultos. Esse era o seu dilema. Quase todas as organizações de lazer para jovens eram apêndices de organizações de adultos, dirigidas por estes de acordo com suas próprias normas. Pelos benefícios extraídos da estabilidade e segurança relativamente altas de sua comunidade, os jovens da "aldeia" tinham que pagar com uma vida social de lazer mais ou menos vazia e centrada nos adultos.

Os jovens do loteamento não ficavam igualmente expostos ao controle coletivo da velha geração, mas também lhes faltavam as recompensas de uma sólida rede de controles dos adultos – a segurança e a estabilidade comunitárias. Em muitos casos, a estabilidade lhes era assegurada unicamente pela família. E a configuração da estabilidade familiar, diante de uma instabilidade coletiva relativamente alta e de um alto grau de insegurança quanto ao status, criava para os jovens do loteamento problemas dos quais seus contemporâneos da "aldeia" estavam livres.

Mais difíceis ainda eram os problemas enfrentados pelos jovens do loteamento cujas famílias também eram instáveis e conturbadas. A estes faltavam não apenas controles coletivos estáveis, que eles pudessem assimilar e que os ajudassem a controlar seus impulsos socialmente inaceitáveis, mas também modelos de conduta estáveis e socialmente aprovados, estabelecidos por seus pais, que pudessem lhes servir de núcleo para o desenvolvimento de sua auto-imagem e de uma idéia de seu valor. Como outras pessoas de sua idade, eles se viam às voltas com perguntas como "quem sou eu?" e "qual é meu valor, qual é minha posição como pessoa?". Como noutros casos, as respostas eram determinadas não apenas pelo que eles mesmos sentiam e observavam em relação a seus familiares, mas também pelo que as outras pessoas do bairro sentiam e diziam a respeito de suas famílias e deles mesmos. Um dos traços principais da situação em que se encontravam as crianças e adolescentes da minoria de famílias conturbadas do loteamento era que, desde cedo, eles tinham que buscar tateantemente sua identidade individual, seu valor e orgulho pessoais, na condição de membros de famílias tratadas como outsiders e às vezes quase como párias não só pelas pessoas da "aldeia" mas até dentro de sua própria comunidade. Não raro, para os jovens que cresciam nesse tipo de família, era imensamente difícil escapar da posição de outsiders. Não há como duvidar que essa situação tinha profunda influência no desenvolvimento de sua auto-imagem, em seu sentimento de identidade* e orgulho em relação aos semelhantes, em suma, em todo o desenvolvimento de sua personalidade.

Qualquer que fosse a afeição que eles recebessem da família, era-lhes impossível encontrar nela modelos estáveis e seguros que servissem de núcleo cristalizador na luta com seus próprios impulsos desconexos. Já no início da vida, eles se viam confrontados com uma situação confusa, quando começavam a intuir que as normas e valores implícitos nas experiências intrafamiliares não se coadunavam com os do mundo lá fora. As vozes e gestos das pessoas ordeiras que os cercavam, inclusive da polícia, ensinavam-lhes desde a infância quão pouco eles e seus familiares eram apreciados. Não havia como extrair muito orgulho e um grande sentimento de orientação do fato de se saberem idênticos e identificados com famílias pouco respeitadas pelos outros.

Essa era a constelação que entrava na composição de sua auto-imagem. Sob muitos aspectos, tratava-se de uma imagem negativa e contraditória. Como muitos outros adolescentes das sociedades em que há um período prolongado de escolarização e adolescência, sua auto-estima era sumamente vulnerável e instável. Tal como os outros, eles se sentiam inseguros de seu valor, sua função e seu papel na sociedade; não tinham certeza do que os outros pensavam a seu respeito nem do que pensar sobre si mesmos. Mas eles tinham mais dificuldades do que outros para estabelecer vínculos individuais sólidos, a exemplo do que surge entre um rapaz e uma moça e que, muitas vezes, nas sociedades altamente individualizadas, é a primeira grande afirmação do valor pessoal do adolescente e o primeiro grande reforço do eu com que ele depara, ao emergir da identificação infantil com o grupo familiar como uma pessoa dotada de identidade própria. No caso desses adolescentes mais rudes do loteamento, as angústias e inseguranças comuns da adolescência acerca da própria identidade eram agravadas pela instabilidade familiar e pela baixa estima em que suas famílias costumavam ser tidas. Quando eles tentavam soltar-se e desenvolver uma identidade pessoal, distinta da identidade familiar, sua auto-estima e seu orgulho eram particularmente vulneráveis e instáveis, porque eles sempre tinham sido e continuavam a ser outsiders rejeitados. A fragilidade de seu eu tornava-lhes ainda mais difícil do que para os adolescentes comuns enfrentar o mundo em que viviam como indivíduos

---

* Ver Apêndice I.

isolados, ao saírem da débil proteção familiar. Inseguros de si e acostumados a ser tratados com muito desprezo e desconfiança pelos representantes das autoridades e do mundo ordeiro de que eram excluídos, eles procuravam encontrar ajuda e apoio nos laços de amizade temporários que estabeleciam entre si; era-lhes mais fácil enfrentar em grupos de pares um grupo hostil e desconfiado de pessoas, em relação ao qual eles mesmos sentiam muita hostilidade e desconfiança. Assim como suas famílias, os sucessores delas na vida desses jovens – as gangues que eles formavam uns com os outros – não eram particularmente estáveis. Mas, enquanto duravam, tornavam-lhes mais fácil enfrentar o mundo de que eles eram excluídos; funcionavam como antídotos contra a extrema vulnerabilidade de sua auto-estima. Em grupos formados por seus pares, eles podiam fazer de si uma idéia mais elevada do que sozinhos e podiam satisfazer sua necessidade de provar a si mesmos o quanto eram fortes. Podiam reassegurar-se de seu valor pessoal diante de suas próprias dúvidas, constantemente reforçadas pela atitude da maioria ordeira. As gangues formavam uma sociedade rudimentar de admiração mútua, destinada a jovens excluídos da admiração e das garantias recíprocas dos grupos já estabelecidos. Suas brigas vitoriosas e as agressões ou desafios bem-sucedidos contra as autoridades estabelecidas, sob o comando de um bom líder de gangue, pareciam proporcionar-lhes a elevação da auto-estima que os demais adolescentes encontravam, entre outras coisas, nas boas ligações amorosas individuais. A mesma coisa lhes era proporcionada pelas relações sexuais transitórias. Mas a reafirmação da força que eles obtinham dessa maneira era relativamente efêmera; muitas vezes, deixava-os tão vulneráveis e inseguros quanto antes. Esses episódios, apesar de momentaneamente satisfatórios, pouco contribuíam para seu desenvolvimento como pessoas e não os ajudavam a crescer.

É muito justa a atenção que se tem dedicado, a partir de Freud, aos padrões e necessidades libidinais peculiares dos adolescentes. Mas, a menos que se relacione o conhecimento desses fenômenos libidinais com o do desenvolvimento do eu da pessoa, e este, por sua vez, com o desenvolvimento das configurações sociais em que se formam o eu e a auto-imagem dos indivíduos, fica incompleta a compreensão que ele proporciona dos problemas dos adolescentes, na teoria e na prática.

Os jovens comuns, em outros meios sociais, cedo aprendem a pensar em si em termos de futuro. Para a maioria dos jovens indisciplinados do loteamento, porém, era difícil ter qualquer visão de si mesmos a longo prazo. Eles viviam no presente e para o presente. Essa era outra diferença que contribuía para erguer barreiras entre eles e os demais. Eles não entendiam o que sentiam, como pensavam e de que modo viviam as pessoas do outro lado das barreiras, e estas, por sua vez, não compreendiam esses jovens turbulentos; sua reação indicava com perfeita clareza que, para elas, tais adolescentes eram, quase que literalmente, "ninguém". Quanto aos jovens, como sucede a outras pessoas, eles queriam ser "alguém". Mas a única maneira que conheciam de mostrar aos que os tratavam como "ninguém" que de fato eles eram "alguém" era inteiramente negativa, a exemplo do sentimento que eles tinham a respeito de sua identidade: era a condição de outsiders rejeitados que, numa compulsão como que onírica e totalmente ineficaz, rebelavam-se contra essa rejeição através de uma espécie de guerrilha, provocando e perturbando, agredindo e, tanto quanto possível, destruindo o mundo ordeiro do qual eram excluídos, sem entender muito bem por quê. A lógica de seus sentimentos e atos parecia ser: "Vamos obrigá-los a prestar atenção a nós, se não por amor, ao menos por ódio." Ao agir de acordo com esse sentimento, eles ajudavam a reproduzir a própria situação de que tentavam escapar. Induziam repetidamente os representantes do mundo ordeiro que os cercavam a rejeitá-los como outsiders e a tratá-los com desprezo. Eles haviam nascido num círculo vicioso do qual era difícil escapar. Tendo crescido em famílias rejeitadas pelas famílias ordeiras do bairro e excluídas de qualquer relação social mais estreita com elas, esses jovens desenvolviam tendências comportamentais que faziam com que o estigma da rejeição e da exclusão recaísse sobre eles como indivíduos. E, ao serem rejeitados como outsiders de posição inferior, é bem possível que, por sua vez, levassem seus filhos, sob o impacto dos mesmos mecanismos sociais, a enveredar pelo mesmo caminho.

É freqüente se estudarem tendências comportamentais como as desses jovens em apenas uma geração. Quando alguém chega a considerar uma seqüência de gerações, em geral é por presumir que essas tendências se devem a alguma espécie de herança biológica. Mas é muito mais provável que elas se devam, como sucedia nesse caso, a uma forma de herança sociológica. O padrão específico e sobretudo os mecanismos de transmissão da herança sociológica ao longo das gerações ainda não foram suficientemente estudados, mas aqui está um exemplo: o comportamento dos pais de famílias desestruturadas como essas, que levava à rejeição delas e a sua posição inferior na hierarquia de status, gerava em seus filhos tendências comportamentais que, por sua vez, faziam-nos ser rejeitados quando eles começavam a levar sua própria vida. Os padrões de caráter específicos de uma geração e a configuração social particular de que ela fazia parte mostraram, nesse caso, uma tendência a se perpetuar na geração seguinte – a induzir nos filhos padrões de caráter que sustentavam uma configuração social semelhante.

Muitos textos contemporâneos sobre a delinqüência e assuntos correlatos parecem basear-se no pressuposto tácito de que as transgressões da lei pelas crianças e adolescentes nunca foram tão disseminadas quanto agora. E, quando se confia unicamente nas cifras da delinqüência durante um período relativamente limitado, é bem possível que esse pressuposto seja confirmado pelos dados estatísticos disponíveis, muito embora, mesmo nessa situação, seja preciso levar em conta a influência que as mudanças na política e na eficiência das forças policiais, bem como a atitude dos tribunais, exercem sobre o número de casos levados à justiça. E tal pressuposto dificilmente concordaria com os dados globais, adotando-se uma perspectiva de longo prazo. Relatos provenientes de fases anteriores da industrialização e dos estágios correspondentes de urbanização, como os estudos de Mayhew sobre os pobres de Londres ou a descrição da *Casa de Iago* feita por A. Morrison, além de muitos outros, sugerem que, durante essas etapas iniciais, pelo menos na Inglaterra, a desorganização familiar e a transgressão da lei pelos jovens eram muito mais comuns do que são hoje no proletariado industrial, e que essas condições estavam ligadas não somente aos transtornos normais dos processos de industrialização, como o desarraigamento das famílias à procura de trabalho, mas também a todo o complexo das altas taxas de desemprego e dos baixos níveis salariais. Ao longo de todo o século XIX, costumava-se fazer referência às massas trabalhadoras das cidades industriais como "os pobres", e, em sua maioria, elas o eram. É bem provável que o baixo nível de renda e suas irregularidades, como parte de toda uma síndrome de fatores que tornavam sumamente insegura e instável a vida das classes mais pobres, tenham contribuído muito mais para a desorganização familiar e a delinqüência juvenil naquela época do que hoje.

Isso não significa que a vida doméstica ordeira e bem regulada, naquele tempo, fosse desconhecida das classes trabalhadoras industriais. Há um bom número de dados que sugerem que, na Inglaterra, tal como noutros países nos mesmos estágios de desenvolvimento, havia na classe operária setores que, apesar de pobres, procuravam levar uma vida ordeira e respeitável dentro de seus recursos e possibilidades, e que conviviam – e, às vezes, entravam num cabo-de-guerra – com outros setores da vizinhança cuja vida doméstica era mais desorganizada, e cujos filhos mostravam pouco respeito pelas leis e normas das pessoas mais bem-sucedidas. As relações tensas, como as que existiam entre as famílias proletárias da "aldeia" e a maioria ordeira de famílias proletárias do loteamento, por um lado, e a minoria de famílias proletárias "de má fama", por outro, não constituem um caso isolado, nem mesmo em nossa época. É provável que fossem muito mais freqüentes no passado, embora, naqueles tempos, talvez os lares proletários instáveis e conturbados compusessem a maioria, e os demais, a minoria. Qualquer que tenha sido a situação nos Estados Unidos e noutros países industrializados da Europa, a proporção relativamente alta, na Inglaterra, de famílias proletárias estáveis e bem estruturadas, nas grandes cidades industriais de nossa época, bem como a proporção relativamente baixa de famílias proletárias instáveis e desestruturadas, foram efeito de um longo desenvolvimento, e esse "processo civilizador", não importa o que mais possa ter implicado, certamente não deixou de se relacionar com a elevação do padrão de vida de parcelas cada vez maiores das classes trabalhadoras. Se considerarmos esse desenvolvimento a longo prazo, é provável que constatemos que parte das famílias proletárias desestruturadas, as "famílias-problema" de hoje, constitui o remanescente progressivamente menor de gerações inteiras de famílias desse tipo – um remanescente que, por uma espécie de herança sociológica de algumas tendências do comportamento, não conseguiu escapar do círculo vicioso que tende a produzir, nos filhos das famílias mal estruturadas, uma propensão a tornar a formar, em sua geração, famílias mal estruturadas. O número de pessoas capazes de escapar dessa armadilha poderia ter sido maior se a desorganização familiar e as perturbações da vida doméstica não fossem constantemente reforçadas por outras condições sociais – pela perturbação das guerras, do desemprego, dos movimentos migratórios em larga escala, voluntários ou não, e do desarraigamento das famílias neles envolvidas. As famílias desestruturadas do loteamento de Winston Parva eram uma pequena amostra do refluxo, em nossa geração, das massas mais numerosas de famílias desestruturadas das gerações passadas. Seus filhos exibiam alguns dos mecanismos de transmissão. Mostravam como as condições responsáveis pela rejeição dos pais pelos vizinhos eram perpetuadas e reforçadas pelo comportamento dos filhos.

A maioria das famílias do loteamento procurava manter distância dessa minoria. Seus filhos, seguindo o exemplo dos pais, passavam boa parte das horas de folga em casa. Ficar pelas ruas era tido como uma forma de lazer própria da parte arruaceira dos jovens do loteamento. Os pais "respeitáveis" do bairro, tal como na "aldeia", não gostavam que seus filhos se portassem como os jovens das famílias "de má fama" e se misturassem com eles. O Clube Juvenil Aberto fez uma tentativa de reduzir essas barreiras, mas logo após sua inauguração, também nele as cisões comunitárias de Winston Parva se fizeram sentir com plena força. Em linhas gerais, podiam-se distinguir três grupos de jovens no Clube Juvenil Aberto, os quais correspondiam às divisões de sua comunidade como um todo: rapazes e moças da "aldeia", que compunham a maioria, rapazes e moças "respeitáveis" do loteamento, e rapazes e moças provenientes da minoria de famílias desestruturadas do loteamento. As linhas divisórias eram sempre discerníveis, embora uns poucos indivíduos, sobretudo do grupo intermediário, vez por outra as atravessassem numa ou noutra direção. Mas os esforços de superar a segregação desse grupos, de aproximá-los mais e conseguir uma certa integração, não obtiveram sucesso.

Os jovens da "aldeia" tinham que ficar à altura dos sólidos padrões e das normas coletivas um tanto rigorosas dos mais velhos, se quisessem conservar o respeito de sua comunidade. O conselheiro Drew, que tinha o dom de expressar com autoridade a opinião da "aldeia" sobre muitos assuntos, certa vez resumiu com muita precisão o que ela pensava dos "jovens". Sua declaração não deixou de ser típica da visão intensamente normativa das realidades da "aldeia" e da tendência de seus habitantes a criar uma imagem ligeiramente idealizada dos seus:

> "Os jovens", disse ele certa feita, "são basicamente bons. São bons no atletismo etc. Têm bom aproveitamento escolar. Recebem uma boa educação aqui. A maior parte dos problemas é provocada pelos do loteamento, que são de outro calibre e não têm uma vida doméstica decente. Por isso, os bem educados, que constroem o espírito da aldeia, tendem a se afastar dos outros."

Os jovens "aldeões" quase não tinham como escapar das implicações dessas crenças. A força das injunções e preceitos contidos nesse tipo de declaração era ainda maior na medida em que apareciam sob a capa da simples afirmação de fato. A crença dos mais velhos em que os jovens eram basicamente bons reforçava a necessidade que cada jovem tinha de parecer bom e de evitar qualquer indício de que ansiasse por fazer coisas que os pais e vizinhos pudessem reprovar, se viessem a ter conhecimento delas. E "ser bom" significava não se portar da maneira como diziam portar-se os jovens do loteamento. Não apenas a família, mas o bairro inteiro e seu status, exerciam uma forte influência na formação do caráter. A disciplina a que os jovens eram submetidos pelas outras pessoas, e à qual aprendiam a se submeter, estava solidamente ligada ao orgulho pelo "grupo interno", a "aldeia", e ao desprezo pelo "grupo externo", o loteamento. É fácil descobrir exemplos desse padrão noutros lugares. A vinculação do controle externo e do autocontrole com o orgulho pelo grupo interno e o desprezo pelo grupo externo é uma constelação encontrada em muitos grupos, pequenos e grandes.

A experiência do Clube Juvenil Aberto, onde se reuniam com bastante regularidade jovens da "aldeia" e do loteamento, indicou a intensidade com que essa constelação estava arraigada entre os primeiros. Eles eram bem-comportados e ordeiros, porém uma tentativa de aproximadamente três anos de promover uma integração maior entre os dois grupos não obteve quase nenhum resultado. No clube, como eram solicitados a fazer, os jovens da "aldeia" cooperavam com os do loteamento nos jogos e competições, mas raramente iam além disso. Embora muitos dos jovens do loteamento não fossem menos ordeiros e bem-comportados que os da "aldeia", o mau cheiro das denominações grupais depreciativas, como "gente do loteamento" ou "beco dos ratos", aderia a eles, mesmo quando ninguém as usava em sua presença. Fazer amizades que transpusessem as barreiras invisíveis rebaixaria o jovem "aldeão" aos olhos de seus pares e, provavelmente, aos dele mesmo. A segregação era estritamente mantida, até nos padrões de namoro do clube. Ser visto com uma moça do loteamento equivaleria a provocar o escárnio de outros adolescentes da "aldeia" e, possivelmente, uma repreensão dos pais.

Havia alguns rapazes da "aldeia" que se arriscavam a essa repreensão. Saíam com jovens do loteamento, tidas como moças fáceis, sexualmente mais acessíveis do que as outras. Eram moças que, em geral, não mantinham "namoros" regulares com um mesmo rapaz por um certo período, mas eram "cercadas" por um grupo de rapazes, com isso confirmando as piores suspeitas dos adultos da "aldeia". Podia-se vê-las passeando para cima e para baixo pela rua principal da "aldeia", até serem "fisgadas", caso o Clube Aberto não oferecesse um sortimento suficientemente atraente de rapazes. Também nessa esfera, o setor mais desviante da população do loteamento determinava a atitude dos jovens "aldeões" para com todo o grupo juvenil do bairro. Este último, em geral, desempenhava para os primeiros o papel de "mau exemplo", o qual, em muitas sociedades, parece ser um complemento indispensável do "bom exemplo" que os líderes querem que seja seguido por seu grupo.

Sempre havia um número suficiente de jovens do loteamento que se enquadravam nesse papel. A rua principal da "aldeia" e, até certo ponto, o parque entre as Zonas 2 e 3 eram usados pelos adolescentes e alguns adultos jovens como área de passeio, conhecida no lugar como "Passeio dos Macacos" e extremamente freqüentada nas noites de verão e nos fins de semana. Os jovens passeavam em grupos do mesmo sexo, procurando chamar a atenção do sexo oposto. Os pais da "aldeia" criticavam vivamente as roupas extravagantes de alguns adolescentes do loteamento, de ambos os sexos. "Se o meu filho aparecesse em casa com uma coisa dessas", disse um dos pais, apontando para um terno azul de estilo eduardiano com debruns dourados, "não teria permissão para usá-la." Uma comerciante contou como observava, de sua vitrine, as moças que andavam pela rua principal: "É uma vergonha! Elas usam vestidos tão reveladores e uma maquiagem tão pesada, que ficam com um aspecto horroroso, e dá para ver os homens seduzindo-as mentalmente!" A lojista acrescentou saber que algumas dessas moças ainda estavam na escola secundária e vinham "daquele loteamento".

Assim, colocando no papel de "mau exemplo" um grupo estigmatizado como socialmente inferior e desprezível, associavam-se à inferioridade social os "maus impulsos" que os jovens pudessem ter. O palco dos conflitos e tensões psicológicos individuais era ligado ao dos conflitos e tensões sociais. A "moral baixa" era ligada ao "status social inferior", a perda do autocontrole à perda da integração e da identidade sociais, e a associação com pessoas de um grupo outsider, ao medo da contaminação moral e ao enfraquecimento das próprias defesas. E, enquanto a má reputação associada a toda a comunidade do loteamento tornava quase impossível, para os jovens "aldeões", distinguir entre os indivíduos que partilhavam e os que não partilhavam de seus padrões, por certo havia sempre, aos olhos do público, um número suficiente de jovens do loteamento nessa segunda categoria, que permitiam que os guardiães da moral da "aldeia" apontassem o dedo para seu "mau exemplo" e afirmassem: "Eu não lhe disse?"

Podiam-se ver grupos de rapazes do loteamento, entre 15 e 19 anos de idade, entrando na "Lebre e os cães" para beber. Adolescentes mais novos tinham amigos com idade suficiente para comprar cerveja em lata e vinho barato, que eles bebiam juntos pelas esquinas. Alguns grupos, mais ou menos da mesma faixa etária, iam para a área do parque próxima ao talude da ferrovia, onde participavam de brincadeiras sexuais, enquanto adolescentes mais velhos iam para lá, em grupos ou aos pares, para manter relações sexuais. Normalmente, falar disso era impedido pelo tabu de uma espécie de "espírito corporativista", mas a confiança estabelecida entre membros do Clube Juvenil Aberto deixava claro que alguns dos jovens sabiam e falavam livremente uns com os outros sobre o que acontecia no parque. Mostrava também que eles haviam começado a desenvolver uma orientação própria em matéria de sexualidade, que diferia em aspectos significativos da adotada pela geração mais velha. As carícias sensuais eram geralmente aprovadas pelos jovens de ambos os bairros que eram membros do clube, embora não por seus pais. Apenas uma minoria de adolescentes do loteamento, quase todos com o conhecimento dos outros, mantinha relações sexuais plenas. Tanto quanto se podia ver, isso não combinava com a proclamada conduta sexual da maioria dos jovens da "aldeia". Entretanto, os membros "aldeões" do clube que estavam a par dos fatos e falavam deles entre si não costumavam conversar com os adultos sobre esses assuntos. Nesse aspecto, os tabus verbais de que os adultos respeitáveis da "aldeia" cercavam o ato sexual em suas conversas com os jovens tinham sua contrapartida em tabus correspondentes contra as comunicações diretas e francas sobre relações sexuais que eram observados pelos adolescentes da "aldeia" em relação aos adultos.

Entre os jovens, a situação era bem clara. Duas das moças do loteamento que faziam parte do grupo promíscuo e que visitavam o Clube Juvenil Aberto de vez em quando eram ignoradas pelas moças da "aldeia", que teciam comentários sobre elas entre si. Os rapazes usavam menos rodeios. Assim, um dia, um jovem do loteamento disse bem alto a uma moça chamada Gladys: "E aí, Glad, ninguém te derrubou esta noite?" Tratava-se de uma jovem ainda em idade escolar, que, segundo diziam, às vezes podia ser vista na "Lebre e os cães", onde grupos de rapazes lhe ofereciam bebidas antes de levá-la "para o talude".

Alguns adultos estavam a par dessas "manobras", mas, enquanto os jovens falavam francamente delas com o animador do clube, depois de adquirirem suficiente confiança nele, continuava a ser praticamente impossível, para os adultos, discutir abertamente essas questões com um outsider. Romper os tabus verbais que cercavam toda a esfera sexual na "aldeia", exceto, quem sabe, quando os homens estavam sozinhos, era dificultado por uma barreira dupla: pelos sentimentos pessoais de vergonha e pela ânsia de manter livre de qualquer mácula a imagem ideal da comunidade, símbolo do carisma coletivo. Um comerciante da "aldeia" fez alusões obscuras à "imoralidade": "Há uma coisa que anda acontecendo aqui, sabe, lá pelo loteamento, mas ainda não se descobriu ao certo." Um rapaz do loteamento declarou: "As coisas que eles aprontam no parque fariam o senhor corar, se passasse por lá." Provavelmente, a maioria dos "aldeões" e dos moradores do loteamento escondia das pessoas de fora o que sabia sobre essas violações de seu código e só as discutia confidencialmente com pessoas muito íntimas.

A "má conduta" de uma minoria de jovens da Zona 3, que reforçava reiteradamente a imagem estereotipada que os "aldeões" faziam do lugar, não se limitava às transgressões da moral sexual. Uma das queixas típicas dos habitantes da "aldeia" dizia respeito ao mau comportamento dos "enxames de crianças" do loteamento. Repetiam-se histórias constantes sobre as "massas" de crianças da Zona 3, que cresciam para se tornar delinqüentes e criminosos e destruíam a "antiga tranqüilidade" da "aldeia".

A tentativa de determinar o número de filhos por família, nas três zonas examinadas, indicou que uma percentagem consideravelmente maior da população total do loteamento, comparada à dos outros dois bairros, tinha menos de 18 anos.

TABELA IX*
Número de crianças das três zonas

Zona	Número de moradores adultos com 21 anos ou mais	Número de filhos abaixo de 18 anos	Filhos menores de 18 anos como % da população total
1	365	91	19,9
2	2.039	514	20,1
3	797	379	32,2

Como indica a tabela abaixo, o número de famílias grandes era maior no loteamento do que na aldeia.

TABELA X*
Número de famílias com três filhos ou mais

Zona	Número de famílias com três filhos ou mais	Número de filhos dessas famílias
1	3	9
2	23	86
3	28	107

As queixas sobre os "enxames de crianças" que perturbavam o sossego da "aldeia" não eram inteiramente injustificadas, mas o importante era menos o número real de crianças do loteamento do que as condições em que elas viviam. As crianças que perambulavam pelas ruas e perturbavam a tranqüilidade dos "aldeões" vinham da minoria de famílias "de má fama" que já foi mencionada. Morando em casas relativamente pequenas, os filhos dessas famílias numerosas não tinham outro lugar para ir senão a rua, na volta da escola ou do trabalho. As que tentavam associar-se aos clubes juvenis mais antigos eram prontamente levadas a entender que não eram bem-vindas. E não houve êxito nas tentativas de lhes abrir as portas do Clube Juvenil Aberto. A maioria dos jovens da Zona 3 fazia poucas tentativas de estabelecer um contato mais estreito com os jovens

---

* Esses números só são significativos na medida em que apontam para diferenças entre as três zonas. As cifras absolutas, como indicam os cabeçalhos, não são conclusivas, dada a lacuna entre as cifras populacionais relativas às pessoas com menos de 18 e mais de 21 anos. Essa lacuna, na época, não pôde ser preenchida com exatidão, pois os números relativos a esse grupo etário incluíam rapazes que estavam fora, prestando o serviço militar.

"aldeões", tão logo se apercebia das barreiras que estes erguiam entre os dois grupos. Esses jovens haviam aprendido a manter uma certa reserva no loteamento e, ao que parece, empregavam-na com muita facilidade em seu relacionamento com a meninada da "aldeia". Mas uma minoria de garotos da Zona 3, quase todos filhos das famílias problemáticas, reagia de maneira diferente. Eles gostavam de embaraçar as pessoas que os rejeitavam. O círculo vicioso, o processo de gangorra em que estavam envolvidos o bairro antigo e o novo, os estabelecidos e os outsiders, desde que se haviam tornado interdependentes, mostrava a plenitude de sua força no relacionamento entre os jovens. As crianças e adolescentes da minoria desprezada do loteamento eram evitados, rejeitados e tratados com frieza por seus contemporâneos "respeitáveis" da "aldeia", com uma firmeza e crueldade ainda maiores do que as reservadas a seus pais, porque o "mau exemplo" que eles davam ameaçava as defesas dos jovens "respeitáveis" contra seus próprios impulsos desregrados; e, como a minoria mais rebelde sentia-se rejeitada, ela procurava ir à forra portando-se mal, de maneira ainda mais deliberada. Saber que, sendo barulhentos, destrutivos e agressivos, esses jovens seriam capazes de aborrecer aqueles por quem eram rejeitados e tratados como párias funcionava como um incentivo a mais ou, talvez, como o principal incentivo à "má conduta". Eles se compraziam em fazer justamente as coisas pelas quais eram censurados, num ato de vingança contra aqueles que os censuravam.

Alguns grupos desse tipo, sobretudo compostos por meninos de 14 a 18 anos, "curtiam" suas tentativas de ingresso num dos clubes das igrejas ou capelas. Entravam no clube fazendo barulho, gritando, cantando e dando risadas. Quando um funcionário se aproximava, um deles pedia para se inscrever, enquanto os outros ficavam por perto, rindo. Os meninos sabiam de antemão que seriam solicitados a freqüentar regularmente os ofícios religiosos. Quando essa condição lhes era apresentada, começavam a reclamar e a gritar, em sinal de protesto. Depois disso, em geral eram solicitados a se retirar, embora, em alguns casos, recebessem permissão de ficar para a reunião da noite, a fim de conhecer os benefícios que a vida do clube teria a lhes oferecer. O pedido de que se retirassem era, para o grupo, o clímax esperado de sua encenação. Eles tinham a expectativa de que lhes pedissem para se submeter aos padrões de conduta estipulados pelas igrejas; tinham a expectativa de ser rejeitados, ou de só serem aceitos em termos da completa anuência às normas da "aldeia". Quando esse estágio era atingido, o grupo se retirava ruidosamente, gritando palavrões, batendo com as portas e, em seguida, reunindo-se na rua para berrar e cantar por algum tempo. Às vezes, um grupo concordava em ficar para a reunião noturna e, nesse caso, empenhava-se em "ser desagradável", derrubando cadeiras, "azucrinando as garotas", ou tecendo comentários obscenos, em voz alta, sobre as atividades do clube.

Nos primórdios do Clube Juvenil Aberto, havia um grupo de adolescentes que se especializara nesse tipo de encenação. "Os garotos", como se autodenominavam, eram um bando de seis rapazolas de 14 a 16 anos, com um ou dois seguidores da mesma faixa etária. A Tabela XI fornece alguns dados que permitem estabelecer seu perfil.

A maioria desses rapazes vinha de famílias desestruturadas e fora levada aos tribunais por uma série de delitos. Seu rendimento escolar era geralmente precário e seu QI estava abaixo da média – o que talvez fosse outro sintoma, e não necessariamente a causa, de seu antagonismo ao mundo ordeiro, do qual fazia parte a escola, e que incluía os testes de inteligência. Suas invasões dos clubes juvenis exprimiam esse mesmo padrão. Eles sentiam um forte impulso de despertar raiva e hostilidade nas pessoas por quem se sentiam rejeitados e que lhes recusavam nem bem sabiam o quê. Seu comportamento era parte do círculo vicioso em que eles haviam nascido, como membros de famílias desestruturadas e tratadas como outsiders, e amiúde como párias, pelo resto do mundo conhecido. Eles eram rejeitados pela comunidade por se portarem mal e se portavam mal por ser rejeitados. Essencialmente, a gangue era uma aliança transitória de jovens párias. Eles procuravam repetidamente provocar raiva e hostilidade nas pessoas pertencentes ao mundo de que eram excluídos, e exultavam com seu sucesso quando chegava o clímax esperado e as pessoas provocadas os agrediam e puniam. No início da pesquisa, todos estavam nas últimas séries da escola secundária e todos, sem exceção, figuravam entre os piores alunos, tirando as notas mais baixas. Tinham problemas freqüentes de insubordinação com os professores e por causar danos à propriedade escolar, brigar e usar linguagem obscena. Três componentes da gangue foram condenados e mantidos em liberdade condicional durante a última série da escola, por furtos cometidos em lojas e casas da Zona 2.

À noite, "Os garotos" costumavam sair de casa, no loteamento, e se encontrar na rua principal da Zona 2. Ali, entravam em qualquer clube juvenil que porventura estivesse aberto e criavam toda confusão possível, até serem postos porta afora. Algumas semanas depois de suas primeiras investidas, uma descrição bastante detalhada e precisa da gangue e de sua conduta já havia chegado, através dos canais de mexerico, a todos os funcionários dos clubes juvenis da "aldeia". Daí em diante, eles passaram a ser recebidos à porta dos clubes por um funcionário que lhes dizia que chamaria a polícia caso não fossem embora.

Quando "Os garotos" visitaram o Clube Juvenil Aberto, tiveram permissão de entrar. Naquele estágio, ainda havia esperança de que o clube pudesse dar-lhes alguma ajuda e de que fosse possível estudá-los de perto. As coisas costumavam correr mais ou menos assim: a princípio, quando chegavam, "Os garotos" sentavam perto uns dos outros, dividindo um jornal ou revista sobre os quais faziam pilhérias e que disputavam aos puxões, até rasgar. Depois, andavam em grupo pela sala do clube, esbarrando nas cadeiras e bancos. Fred, o líder, comentava: "Alguém vai derrubar essas cadeiras, tá sabendo?". Ao que a gangue ria e procurava verificar a reação dos membros do clube. Harry era o "palhaço", o "pateta" da gangue, e às vezes "Os garotos" o empurravam sobre uma fileira de cadeiras para ele se esparramar em cima delas e cair no chão. Ted lhe dava uma

TABELA XI
MEMBROS DA GANGUE OS GAROTOS

Nome	Idade em 1958	QI	Conduta escolar	Emprego	Histórico policial	Zona de residência	Situação familiar	Outros aspectos
Brian	16	70	Baixo rendimento Gazetas freqüentes	Trabalhador braçal. Mudanças freqüentes de emprego	1957: Em liberdade condicional por furto. 1958: Mandado para um reformatório. 1961: Multado por destruição de propriedade	Zona 3	Família paupérrima. A mãe trabalha em bares. O pai bate nele	O número de delitos não punidos é consideravelmente maior que o do histórico policial
Fred	16	90	Baixo rendimento Instabilidade afetiva	Maquinista	1958: Libertado sob fiança de uma condenação por briga. 1959: Multado por briga. 1960: Multado por vandalismo	Zona 3	Pai ausente de casa por muitos anos, no exército	Líder da gangue Os Garotos. Mais astucioso do que Brian. Inúmeros delitos impunes. Muitas brigas de gangue. Casou-se em 1961
Harry	16	81	Baixo rendimento Sonso	Maquinista	1959: Multado com Fred por vandalismo	1958: Zona 3 1959: Mudou-se para Winston Magna	Uma das famílias de má fama que se mudaram em 1959	Amigo de Fred. Inúmeros delitos impunes
Johnny	16	82	Baixo rendimento Gazeteiro	Trabalhador braçal	1957: Em liberdade condicional, condenação por furto (com Brian)	1958: Zona 3 1959: Mudou-se para Winston Magna	Uma das famílias de má fama que se mudaram em 1959	1959: Envolvido numa briga de gangues. Fugiu da polícia

TABELA XI
MEMBROS DA GANGUE OS GAROTOS

Ken	15	90	Baixo rendimento Instável	Trabalhador braçal	Nenhuma ocorrência	1958: Zona 3 1959: Mudou-se para Winston Magna	Uma das famílias de má fama que se mudaram em 1959	1958: Encontrado bêbado na Zona 2 pelo encarregado do Serviço de Menores. 1959: Envolvido numa briga de gangues. 1960: Bêbado na Zona 2
Ted	16	70	Baixo rendimento Surdo Gazeteiro	Trabalhador braçal	1957: Em liberdade condicional, condenação por furto (com Brian)	Zona 3 Transferido para a Zona 2 pelo Serviço Nacional de Prevenção de Crueldades contra a Criança	Pai violento	Deixou Winston Parva em 1960
Phil	16	95	Conduta razoável Campeão escolar de atletismo	Trabalhador braçal	1959: Multado por insultar um policial	1959: Multado por briga de gangues	Zona 2	Família de imigrantes irlandeses. Casou-se em 1960

rasteira quando ele ia se levantar e a gangue soltava novas gargalhadas, com Ted gritando: "Por que você fez isso? Não sabe ficar em pé direito?"

Nessa altura, em geral, esse comportamento começava a despertar comentários consideráveis dos outros membros do clube. Durante algum tempo, foi possível convencer os componentes do conselho de membros a não expulsarem "Os garotos". Depois que a gangue fez várias visitas ao clube e seus componentes se familiarizaram com os passatempos dos diversos grupos, eles ampliaram seu papel e começaram a interferir diretamente nas atividades grupais. Sua ânsia de enraivecer os outros, de provocar hostilidades e agressões contra si, frustrada até esse momento, tornou-se mais intensa. Eles derrubaram da mesa um aeromodelo que acabara de ser pintado; viraram uma caixa de brinquedos preparada para um orfanato e quebraram alguns deles. Quebraram canivetes, ou então os utilizaram para estragar cadeiras e livros. Certa noite, "Os garotos" ficaram algum tempo atirando dardos num pedacinho de madeira segurado por Harry, até que a mão deste foi cortada por um dardo. Na comemoração de Natal do clube, a contribuição dos "Garotos" para os festejos foi registrada como "pedaços de bolo amassados nas cadeiras e prensados nas paredes, pratos quebrados e duas cadeiras quebradas".

Nenhum componente da gangue procurava dançar, embora a dança fosse uma parte muito popular e ruidosa da programação do clube. Eles ficavam sentados observando os dançarinos, e as moças que dançavam defendiam-se de seus comentários grosseiros com um sarcasmo eficaz. Duas jovens do loteamento, porém, Brenda e Val, incentivavam "Os garotos", davam gargalhadas altas com o que eles faziam e os acompanhavam quando eles se retiravam da sala do clube. Essas moças se deixavam "apalpar" por qualquer membro da gangue e os estimulavam, sentando-se em seu colo, despenteando seus cabelos e tirando cigarros dos seus bolsos. Membros do conselho dirigente do clube queixaram-se de que esse grupo havia usado os banheiros para praticar "atos obscenos", dizendo que "não era legal os membros decentes do clube irem lá e darem com eles transando".

Os adolescentes da "aldeia" foram ficando cada vez mais furiosos e enojados com a maneira como "Os garotos" se portavam em matéria de sexo. Também os jovens "aldeões" transgrediam o código oficialmente estabelecido pelos mais velhos, porém, em certa medida, como é comum acontecer hoje em dia na sucessão de gerações, haviam criado, sem ter plena consciência disso, um código próprio. Ele era respeitado e controlado por esses adolescentes "aldeões", que compunham a maioria do conselho dirigente do clube juvenil. Como outros membros provenientes da "aldeia", os participantes do conselho gostavam de carícias e outras formas brandas de brincadeiras sexuais no clube juvenil. Isso era aprovado pela opinião pública dos sócios e praticado mais ou menos abertamente. Em alguns casos, era o prelúdio de uniões mais sólidas. Dois membros do comitê ficaram noivos e outros estavam "namorando firme". Os pais, que talvez não aprovassem as carícias, não eram informados delas, ou fechavam os olhos e ouvidos.

Mas "Os garotos" desrespeitavam não apenas o código dos adultos da "aldeia", como também o de seus companheiros. E, também nesse caso, seu comportamento não tinha apenas o caráter de licenciosidade sexual. Tinha ainda, talvez principalmente, o caráter de uma demonstração, de uma exibição de licenciosidade. As atividades da gangue tinham por objetivo mostrar que eles ultrapassavam o que os outros aceitavam como sendo os limites de sua conduta sexual. Tinham a evidente intenção de chocar os outros jovens, cujas queixas indicaram com clareza que a tentativa fora bem-sucedida. A maneira como "Os garotos" ocupavam os toaletes e tiravam os móveis do lugar era um ataque mal disfarçado contra os "esnobes" da "aldeia". As duas moças do loteamento logo passaram a ser tratadas com frieza pelas outras jovens do clube, entre as quais se incluía uma adolescente de 15 anos que morava perto delas na Zona 3. Nos meses seguintes, essas duas moças "fáceis", Brenda e Val, adquiriram o hábito de se aproximar do clube e ficar à porta esperando pelos "Garotos". Todo esse episódio mostrou a tensa relação que havia entre a minoria de adultos do loteamento e os "aldeões" adultos, projetada na nova geração. E não durou muito. Em 1960, Brenda saiu de Winston Parva com os pais, e Val, então com 17 anos, preferia a companhia dos freqüentadores dos bares da cidade à dos membros dos clubes juvenis da "aldeia".

Passado algum tempo, "Os garotos" começaram a freqüentar "A lebre e os cães" com mais assiduidade. Embora, nos termos da lei, fossem jovens demais para que lhes servissem bebidas, conseguiram por algum tempo comprar cerveja e outras bebidas alcoólicas nesse bar. A princípio, ainda iam ao clube juvenil depois de passar pelo *pub*, vangloriando-se um pouco do que haviam bebido, ou iam do clube para lá, deixando claro, por comentários em voz alta e gestos apropriados, que "iam tomar uma birita". Com o tempo, no entanto, passaram a freqüentar cada vez menos o clube. Encontraram uma diversão melhor em provocar diretamente os adultos da "aldeia". Gostavam de se juntar na rua central do bairro, onde pudessem ser vistos pelos comerciantes e moradores locais, que reclamavam muito do barulho que eles faziam, de sua "linguagem obscena" e de suas brincadeiras grosseiras. Vez por outra, a gangue conseguia começar uma briga de rua. Desenvolvera para isso uma técnica própria. Certa noite, por exemplo, trocando empurrões e encontrões na fila da lanchonete Peixe e Fritas, "Os garotos" derrubaram um rapaz de um vilarejo próximo. Phil, o mais forte da gangue, tornou a "jogá-lo na lona" quando ele ia se levantando. Alguém chamou a polícia, mas a gangue dispersou-se na multidão ao redor da Peixe e Fritas e ninguém foi preso por sua participação no incidente. Depois de outra briga, foi proibida a entrada dos "Garotos" no *pub* e eles começaram a comprar garrafas de vinho barato e cerveja nas lojas. Encontravam-se nas vielas e atrás das fábricas da "aldeia", ou no talude da ferrovia, muitas vezes convencendo uma das moças do loteamento a acompanhá-los. Uma noite, ao voltar tarde do escritório para casa, o encarregado do Serviço de Menores de Winston Parva viu "Os garotos" carregando Ken; quando parou o carro para perguntar se eles precisavam de ajuda, os rapazes soltaram uma gargalhada sonora e lhe disseram que "o Ken exagerou esta noite", de modo que o estavam ajudando a chegar em casa. Todos cheiravam fortemente a álcool e ficou patente que encararam a oferta de ajuda do funcionário como um acréscimo bem-vindo à diversão da noite.

Embora fosse considerável a importância social desses incidentes, a importância que eles tinham para a vida da comunidade, o número real de jovens envolvidos era pequeno. Segundo uma estimativa aproximada, menos de 10% dos jovens do loteamento, ou talvez não mais de 5%, formavam esse tipo de gangues. As histórias sobre a conduta desregrada dos "arruaceiros do loteamento" espalharam-se depressa pelos canais de mexericos da "aldeia", onde se situavam os prédios dos clubes juvenis e em cuja rua principal os intrusos passeavam. O que os "aldeões" viam servia para corroborar sua antiga crença de que todos os jovens "de lá" eram de outro quilate e "não tinham uma vida familiar decente". Os "aldeões" mantinham pouco contato com os outros e não mostravam nenhum desejo de descobrir como eles realmente viviam. Os mexericos de rejeição eram a arma social que costumavam usar contra as pessoas que não se curvavam a seus próprios padrões. Nesse caso, porém, tratava-se de uma arma inútil. A rejeição era exatamente o que esses jovens esperavam, e as expressões de irritação e raiva daqueles que os rejeitavam eram o que mais lhes dava prazer. Os "aldeões" poderiam ter obtido mais sucesso caso se aliassem numa causa comum às outras famílias do loteamento, que também sofriam com sua minoria. Juntos, eles poderiam ter conseguido exercer um controle maior sobre a minoria desordeira da Zona 3. Mas a tendência a construir uma imagem estereotipada de todo o bairro outsider, com base na experiência com a minoria dos piores, tornou impraticável qualquer providência nesse sentido.

Como já foi mencionado, essa minoria foi desaparecendo durante o período da pesquisa. O primeiro indício da mudança foi a alteração dos índices de delinqüência.

Os números em geral eram bem pequenos. Havia bons motivos para hesitar quanto a sua significação. A alteração dos índices de delinqüência da Zona 3 poderia ser uma anomalia. Quando do início da pesquisa, essa zona era majoritariamente vista como uma espécie de "área de delinqüência" pelos "aldeões" e pela maioria das autoridades. E os dados estatísticos pertinentes pareciam confirmar essa opinião. Quando os números relativos a 1959 foram divulgados, logo no início de 1960, a situação tinha-se modificado por completo. O índice de delinqüência de 6,81% dera lugar a um índice de 1,09% e, no ano seguinte, exibiu uma queda ainda maior, baixando para 0,7%.

Como se verificou, os números relativos aos infratores adultos levados aos tribunais, até onde foi possível levantá-los, exibiram um padrão semelhante. Não havia cifras relativas unicamente a Winston Parva. Mas um estudo criterioso de

TABELA XII

Zona	Ano	Delinqüentes levados aos tribunais	Número de filhos de 7-16 anos	Índice de delinqüência, %
1	1958	–	59	–
	1959	–	61	–
	1960	–	57	–
2	1958	3	388	0,78
	1959	4	379	1,06
	1960	2	401	0,49
3	1958	19	276	6,81
	1959	3	275	1,09
	1960	2	285	0,70

casos publicados pela imprensa local, sugerido pelo Comissariado de Polícia Municipal, foi de certa utilidade. A tabela seguinte baseou-se nele.

TABELA XIII
Número de delitos cometidos por adultos, conforme o noticiário da imprensa (1958-60)

Zona	Ano	Crimes contra a propriedade	Crimes contra a pessoa	Pequenas infrações do código penal	População adulta
		n°	n°	n°	n°
1	1958	–	–	–	365
	1959	–	–	–	351
	1960	1	–	–	359
2	1958	3	1	–	2039
	1959	3	1	3	2062
	1960	2	2	1	2051
3	1958	5	8	–	797
	1959	3	2	–	785
	1960	1	1	2	802

Em 1958, oito dos delitos atribuíveis à Zona 3 relacionaram-se com agressões físicas. Esse número incluiu um caso de violência contra si mesmo – o suicídio duplo de um casal que se envenenou com gás. Outro desses oito casos já foi mencionado: a imprensa o noticiou como "A batalha de Winston Parva", usando manchetes como "Ele quebrou a janela e esmurrou minha filha". Todos esses casos despertaram comentários consideráveis na imprensa e em Winston Parva. Os números relativos a 1958 sugeriram que a concentração relativamente elevada da delinqüência juvenil na Zona 3 equiparava-se a uma alta concentração de delitos cometidos por adultos nessa mesma zona. Eles corroboraram a descoberta de Morris de que "a maior concentração de delinqüentes adultos e juvenis ocorre nas mesmas áreas".* A maior diferença foi observada entre as cifras referentes à Zona 3 e à área de classe média da Zona 1, que não registrou, naquele ano, nenhum delito cometido por adultos ou adolescentes.

Como no caso da delinqüência juvenil, o número de delitos de adultos registrado na Zona 3, em 1959, caiu mais ou menos para o nível do da Zona 2, se considerarmos as cifras absolutas, e, em 1960, na verdade ficou abaixo dele. O ano de 1960 foi também o primeiro, durante o período da pesquisa, em que se registrou a condenação de uma pessoa da Zona 1. Uma viúva foi condenada por retirar mercadorias sem pagar numa loja de auto-serviço. Como no caso dos adolescentes, podemos presumir que vários delitos cometidos pelos adultos não eram descobertos. O oficial de polícia responsável por toda a área a que pertencia Winston Parva dispunha apenas de doze homens e uma mulher em sua força policial, para complementar qualquer controle existente nos bairros, e as conversas no Clube Juvenil Aberto confirmaram a impressão de que diversos delitos permaneciam "ocultos". Mas isso não explicava a razão do declínio do número de infratores. A polícia se manteve tão vigilante e eficiente nos últimos anos da pesquisa quanto no primeiro. O oficial mencionou que era comum os policiais "advertirem" os infratores apanhados pela primeira vez, em vez de levá-los aos tribunais, a não ser nos casos muito graves. Mas essa política se manteve inalterada durante todo o período em questão. O uso da "advertência" aplicou-se tanto às cifras relativas a 1958 quanto às dos outros anos.

Alguns professores e responsáveis pela prestação de assistência aos menores tendiam a acreditar numa teoria criminal do "movimento pendular". Sua teoria era que 1958 tinha sido um "ano ruim", com um pico de delinqüência em Winston Parva. Em sua opinião, ele seria seguido por alguns anos de criminalidade decrescente, sobretudo na Zona 3; depois, o "pêndulo" oscilaria em sentido inverso e a criminalidade do loteamento voltaria a subir. Esse era um tipo de teoria – hoje bastante difundido – que parecia explicar um fenômeno inexplicado, sem, na verdade, fornecer nenhuma explicação. A questão de por que a incidência do crime aumentava e diminuía dessa maneira, mesmo que se pudesse mostrar que os dados factuais estavam de acordo com o postulado teórico, continuava sem resposta.

E, no entanto, havia uma explicação factual bastante simples ao alcance da mão. Em 1957 e 1958, alguns decretos parlamentares puseram fim ao controle dos aluguéis, que vigorava desde antes da guerra. Os proprietários ficaram então em condições de praticar aumentos. Em conseqüência dessa legislação, os aluguéis do loteamento subiram de 17 xelins e 2 centavos por semana, em outubro de 1957, para 24 xelins e 9 centavos por semana no início de 1961. Na Zona 2, onde as casas costumavam ser maiores e os aluguéis tinham uma variação mais

---

* T. Morris, *The Criminal Área*, 1957, VI, p.132.

ampla, os aluguéis subiram de cerca de 18 xelins por semana para aproximadamente 35, nesse mesmo período. Ainda no mesmo período, concluiu-se a construção de um grande conjunto habitacional do município em Winston Magna, a pouco mais de 1,5 km. da Zona 3. As casas tinham salas maiores, quartos melhores, banheiro separado e outras instalações que faltavam nas casas do loteamento de Winston Parva. Várias das famílias grandes da Zona 3, inclusive algumas das famílias "de má fama", perceberam que, em vez de pagar aluguéis mais altos por casas pequenas, sem os confortos modernos, bem poderiam "candidatar-se" a casas municipais mais confortáveis, pois o tamanho de sua família lhes dava prioridade.

Os "D" eram uma das famílias "de má fama" que se mudaram do loteamento em 1959. A mãe, o pai e dois dos cinco filhos trabalhavam em fábricas e, portanto, tinham condições de arcar com os aluguéis das novas casas municipais. Nos anos anteriores, um ou outro dos filhos tinha feito sua contribuição, com bastante regularidade, para os delitos juvenis descobertos e não descobertos de Winston Parva. O estado da casa entregue por essa família foi descrito pelos novos inquilinos, um jovem casal sem filhos, como "terrível! Achava-se num estado pavoroso, fedia, sabe, e com o papel despencando das paredes". Outra dessas famílias, os "S", também trocou o loteamento por uma casa popular em Winston Magna. Dois de seus filhos tinham sido líderes de gangues. Um deles fora mandado da escola secundária para um reformatório, depois de um período de liberdade condicional que de nada adiantara. Esses jovens continuaram a cometer delitos depois de deixar o loteamento de Winston Parva, porém seus casos não mais foram incluídos nas cifras referentes à comunidade. A família "N" trocou o loteamento por Winston Magna no fim de 1958. Nesse ano, seu filho de 16 anos fora multado por estilhaçar os vidros de um abrigo de ponto de ônibus, com uma gangue embriagada. Também esse delito deixou de ser incluído nos cálculos relativos a Winston Parva. Alguns dos "Garotos", como vimos na Tabela XI, pertenciam a esse mesmo grupo; suas famílias mudaram-se do loteamento nos últimos anos da pesquisa. Segundo as informações que circulavam nos canais de fofocas na época, o "senhorio" do loteamento havia pressionado algumas famílias para obrigá-las a irem embora, e para substituí-las por inquilinos melhores. Ao mesmo tempo, algumas famílias com filhos delinqüentes mudaram-se do loteamento para as ruas mais pobres da "aldeia". De modo geral, podemos dizer que essas mudanças — uma seqüência de acontecimentos que foi da eliminação do controle dos aluguéis e de sua majoração, passando pelo atrativo das casas mais novas e com instalações um pouco melhores, oferecidas por aluguéis equiparáveis a quem pudesse pagá-los, até a redução do número de famílias problemáticas do loteamento — explicam razoavelmente bem a diminuição dos delitos levados à justiça, que aparece nas Tabelas XII e XIII.

Elas também esclarecem melhor as características desse grupo minoritário. As famílias que o compunham foram descritas aqui como "problemáticas" ou "desestruturadas". Esses termos indicam que sua vida doméstica e o relacionamento entre seus membros ficavam abaixo dos elevados níveis de ordem e regularidade que hoje se esperam das famílias de todas as classes sociais na condução dos assuntos familiares nas sociedades industriais avançadas. Ficavam abaixo desses níveis num ou noutro dos muitos aspectos da vida doméstica que exigem considerável talento administrativo e capacidade organizacional, mesmo que não se esteja ciente desses requisitos e que eles sejam presumidos como dons que todo o mundo tem, digamos, "naturalmente".

Na verdade, exercer as aptidões necessárias à administração familiar – que incluem cuidar da receita e das despesas da família, dos conflitos e tensões entre os familiares, dos filhos, das refeições, da saúde, dos bens materiais, da limpeza, das atividades de lazer, compartilhadas ou não, e de muitas outras coisas – é tudo menos um dom natural; depende muito da formação, quase sempre informal, que as pessoas recebem ou copiam dos pais, parentes, vizinhos e outros conhecidos, à medida que vão caminhando para a idade adulta. Antigamente, a formação nas regras e aptidões que permitiam a maridos e mulheres gerir suas relações domésticas, inclusive o relacionamento do casal, segundo os padrões de sua comunidade, era garantida, muitas vezes, por uma tradição bastante concisa transmitida de geração em geração. Mas essa maneira de transmitir as regras e aptidões da administração doméstica só cumpria bem sua finalidade enquanto as condições de vida dos filhos não diferiam muito das dos pais. Hoje em dia, o ritmo da mudança teve uma grande aceleração. As pressões crescentes por uma ordem e regularidade maiores na condução do relacionamento familiar, que incluem a supervisão mais rigorosa de muitos aspectos da vida doméstica pelas autoridades públicas – dos bastidores, por assim dizer –, bem como o alto grau de regularidade e ordem que se transfere de inúmeras profissões para a vida doméstica, deparam com outros fatores que exercem pressão no sentido inverso, dentre eles o ritmo crescente da mudança, que torna muitas das regras e talentos usados pelos pais na ordenação da vida doméstica menos úteis para seus filhos. Freqüentemente, ao administrarem suas relações familiares, os filhos vêem-se diante de problemas diferentes dos de seus pais; ficam entregues aos próprios recursos e têm que lidar com essas questões da melhor maneira possível. Podem aprender com os exemplos dados tanto por pessoas de sua própria geração quanto pelos mais velhos; e podem até aprender um pouco com os filmes, as peças teatrais, os romances e a televisão, e toda essa aprendizagem informal, na maioria dos casos, pode funcionar razoavelmente bem.

Mas há sempre algumas famílias que não conseguem administrar suas relações domésticas de acordo com as normas estabelecidas; ficam visivelmente abaixo da ordem e regularidade vigentes na comunidade na condução dos assuntos domésticos. É possível que não tenham vindo de uma tradição familiar que pudesse ensinar-lhes a rotina elementar da vida doméstica ordeira. Talvez lhes tenham faltado exemplos individuais quando eram pequenos; talvez tenham faltado a seus próprios pais a oportunidade e a capacidade de levar uma vida familiar razoavelmente organizada. É possível que transtornos ou catástrofes na situação da família tenham desorganizado sua vida doméstica quando eles eram pequenos, ou que isso tenha ocorrido em função de perturbações da sociedade em geral, como as guerras, o desemprego, as doenças e outras já mencionadas. No passado, a pobreza e a instabilidade no emprego, como situações de vida permanentes, figuravam entre os principais fatores de instabilidade e desorganização familiar nas classes trabalhadoras dos centros urbanos. Era significativo que, no caso das famílias "problemáticas" de Winston Parva, nenhum desses fatores – nem a pequenez da renda familiar nem a falta de oportunidades de emprego – continuasse a figurar entre as razões imediatas de elas se desviarem dos padrões aprovados de organização na gestão dos assuntos domésticos. As razões imediatas, na maioria desses casos, eram as características de personalidade da geração dos pais. E, tanto quanto pudemos perceber, a herança sociológica desempenhava um papel na produção desses traços de personalidade. Vários dos "pais-problema" eram, evidentemente, filhos de outros "pais-problema"; a julgar pelo punhado de informações de que dispúnhamos, eles mesmos pareciam vir de famílias cujo nível de administração doméstica teria ficado aquém do exigido como "normal" em comunidades como Winston Parva – no caso delas, muitas vezes em decorrência do desemprego e da miséria. Faltavam-lhes a tradição e, com freqüência, o conhecimento e o autocontrole necessários para a organização de suas relações domésticas da maneira aprovada pela maioria das famílias de Winston Parva. É bem possível que, em seus bairros de origem, essas deficiências fossem menos visíveis; lá, talvez esses pais não fossem condenados na mesma medida a uma situação de outsiders, em função dessas deficiências; lá, é possível que o nível inferior de organização da vida doméstica e de aptidões para a gestão da família não constituísse tamanho estigma. No loteamento de Winston Parva, como em muitos outros conjuntos habitacionais em que são reunidas famílias de diferentes partes do país, com normas e padrões diferentes de conduta familiar, as diferenças no nível de organização, de condução "civilizada" dos assuntos domésticos, faziam-se sentir com intensidade muito maior. Assumiam ali uma nova significação social; como o loteamento fazia parte de uma comunidade mais antiga, com um nível relativamente alto de regularidade e ordem na administração das questões familiares, as famílias recém-chegadas que estavam habituadas a um nível inferior ficaram em clara desvantagem. No seio de sua nova comunidade, sua posição tinha muitas das características da situação das camadas sociais inferiores. De fato, esse grupo de famílias desestruturadas foi colocado no nível social mais baixo da hierarquia de status de Winston Parva. E não porque fossem mais pobres do que outras. Na verdade, é provável que algumas dessas famílias tivessem uma renda maior que a de diversas outras de posição social superior; e, quando eram mais pobres, como às vezes acontecia, isso se devia mais a sua incapacidade de gerir seus assuntos econômicos ou conservar seus empregos do que a qualquer falta de oportunidade de ganhar o mesmo que as outras famílias. À primeira vista, a natureza da profissão que exerciam poderia, em alguns casos, ser a razão de sua posição inferior. Em várias dessas famílias, o pai era operário não qualificado ou trabalhador braçal. Mas havia outros homens com esse ofício que levavam uma vida familiar ordeira, no nível da maioria, e que de modo algum eram incluídos entre as famílias "de má fama" como membros do grupo mais baixo na escala das posições sociais. É quase certo que essa classificação não se devesse primordialmente ao que se costuma chamar de diferenças "econômicas", mas à incapacidade ou à má vontade dos membros de algumas famílias de se pautarem, em sua conduta pessoal e na condução de seus lares, nos padrões tidos como norma pela maioria.

Essa classificação, como vimos, era quase que automaticamente transferida dos pais para os filhos e afetava o desenvolvimento da personalidade destes, sobretudo sua auto-imagem e seu respeito próprio. A nova geração estabelecia e mantinha, a seu modo, as mesmas divisões sociais da geração mais velha, às vezes com muito mais rigidez. A consciência que os pais tinham da classificação diferenciada das famílias de Winston Parva e de sua própria posição na hierarquia de status era comunicada a seus filhos de diversas maneiras, através de palavras, gestos e do tom da voz, contribuindo para moldar a consciência que eles tinham de si desde muito cedo. Isso criava neles barreiras ainda mais sólidas entre as várias partes dos bairros proletários – barreiras com alicerces profundos demais para cederem sob o impacto de contatos breves, como os proporcionados pelas associações juvenis. Nestas se podia ver, com muita clareza, a profundidade com que se havia arraigado na idéia que as crianças faziam de si a consciência que elas tinham de sua posição em meio aos outros. O orgulho que os jovens da "aldeia" sentiam de seu grupo de status, e seu desprezo correspondente pelos grupos de status inferior do loteamento, particularmente pelo grupo mais baixo – o "mau exemplo", as famílias "de má fama" e seus filhos –, tinham uma contrapartida no comportamento violento e desordeiro dos jovens de "status inferior", que desde cedo tinham sido instigados, através da rejeição e do desdém, a provocar e aborrecer aqueles por quem eram rejeitados e desdenhosamente tratados, enquanto estes, por sua vez, ficavam compreensivelmente exasperados com as ameaças constantes ao caráter ordeiro de sua vida.

Sob muitos aspectos, a atitude e a visão dos estabelecidos e dos outsiders, inelutavelmente aprisionados na interdependência de seus bairros, eram complementares. Tendiam a se reproduzir e a reproduzir umas às outras.

9 | Conclusão

Ao estudar uma comunidade, vemo-nos diante de uma grande variedade de problemas. A questão é saber se todos são igualmente centrais para compreendermos o que confere a um grupo de pessoas um caráter específico: o caráter de uma comunidade.

É perfeitamente possível decompor os problemas de uma comunidade em várias categorias e examiná-los um a um. Podemos distinguir os aspectos econômicos, históricos, políticos, religiosos, administrativos e outros de uma comunidade, estudar cada um deles separadamente e, na conclusão, indicar da melhor maneira possível como eles se interligam.

Mas também é possível inverter essa abordagem e indagar o que vincula os dados econômicos, históricos, políticos e de outra natureza como aspectos de uma comunidade. Quais são, em outras palavras, os aspectos comunitários específicos de uma comunidade? A resposta a esse tipo de pergunta, à primeira vista, é bem simples e, talvez, bastante óbvia. É evidente que se está fazendo referência à rede de relações entre pessoas que se organizam como uma unidade residencial – de acordo com o lugar em que normalmente vivem. As pessoas estabelecem relações quando negociam, trabalham, rezam ou se divertem juntas, e essas relações podem ou não ser altamente especializadas e organizadas. Mas elas também estabelecem relações quando "moram juntas num mesmo lugar", quando constroem seus lares num mesmo local. As interdependências que se estabelecem entre elas como criadoras de lares, nos quais dormem, comem e criam suas famílias, são especificamente comunitárias. Em essência, as comunidades são organizações de criadores de lares, são unidades residenciais como os bairros urbanos, os vilarejos, as aldeias, os conjuntos habitacionais ou os grupos de barracas de acampamento. É difícil imaginar comunidades sem mulheres e crianças, embora se possa imaginá-las quase sem homens. Os campos de prisioneiros de guerra podem ser vistos como comunidades substitutas.

Em nossa época, é comum as casas serem separadas do lugar onde as pessoas ganham a vida, o que amiúde não acontecia no passado. Mas, sejam elas especializadas ou não, as unidades sociais dotadas de um núcleo de famílias que constroem seus lares ali levantam problemas sociológicos específicos. Estes são o que se costuma chamar de "problemas comunitários". Os locais de trabalho onde ninguém reside, que ficam repletos de pessoas sem suas famílias nos dias de semana e vazios aos domingos, levantam problemas diferentes. O mesmo se dá com as famílias em configurações diferentes, como, por exemplo, os grupos familiares em férias. Quem julgar apropriado também poderá chamar esses grupos de "comunidades". A palavra em si não tem muita importância. O que importa é reconhecer que os tipos de interdependências, estruturas e funções encontrados nos grupos residenciais de famílias que constroem lares com um certo grau de permanência suscitam problemas próprios, e que o esclarecimento desses problemas é central para a compreensão do caráter específico da *comunidade como comunidade* — se é que podemos continuar a usar esse termo num sentido especializado.

Entre os problemas centrais figura aquele referente às distinções do valor atribuído, nessas redes comunais de famílias, a cada uma das famílias. Invariavelmente, algumas famílias ou talvez grupos delas em uma mesma comunidade, tão logo são ligadas umas às outras pelos fios invisíveis da vizinhança, passam a se ver e a ser vistas pelos outros como "melhores" ou, alternativamente, como "menos agradáveis", "menos boas", "menos dignas" ou seja qual for a denominação que se use. Nesses casos, em termos acadêmicos, falamos da "hierarquia classificatória" das famílias ou da "ordem de status" de uma comunidade e, a título de aproximação, essa conceituação é útil. Mas não indica com muita clareza o papel central desempenhado por essas distinções na vida de toda comunidade; não indica suas amplas ramificações funcionais, a profusão de associações pessoais entre os indivíduos implicados, e as tensões inerentes a essas distinções.

Algumas dessas ramificações foram apontadas aqui. A "classificação das famílias" de Winston Parva, como vimos, desempenhava um papel central em todos os setores da vida comunitária. Influenciava o rol de membros das associações religiosas e políticas. Desempenhava um papel no agrupamento das pessoas em bares e clubes. Afetava a reunião dos adolescentes e penetrava nas escolas. A rigor, é possível que "classificação das famílias" e "ordem hierárquica" sejam expressões estreitas demais para o que foi efetivamente observado. Elas podem facilmente fazer-nos esquecer que, para se manter, o status superior exige recursos superiores de poder, condutas e crenças distintas e transmissíveis a terceiros, e que amiúde é preciso lutar por ele; elas nos fazem esquecer que o status inferior, para dizê-lo sem rodeios, pode caminhar de mãos dadas com a degradação e o sofrimento. As diferenças de status e classificação são freqüentemente demonstradas como dados factuais, mas raramente explicadas. Em Winston Parva, foi possível ver com um pouco mais de clareza de que modo elas eram produzidas e que papel desempenhavam na vida das pessoas.

O que se apresentou neste estudo, visto de perto, foi um episódio no desenvolvimento de uma área industrial urbana. Esse desenvolvimento trouxe atritos e perturbações. Os que já se haviam fixado na região e que, em condições favoráveis, tinham tido tempo de criar, a partir da corrente predominante de sua tradição nacional, uma vida comunitária bastante estável, uma tradição provinciana própria, viram-se diante do fato de que chegava um número maior de pessoas para se estabelecer em suas imediações e em seu seio, pessoas estas que, até certo ponto, tinham idéias, maneiras e crenças diferentes das que eram costumeiras e valorizadas em seu círculo. Não se pode excluir a possibilidade de que, no começo, quando se construíram novas casas na vizinhança, os trabalhadores já estabelecidos também tenham achado que os recém-chegados seriam concorrentes em potencial pelo emprego e que por isso não tenham gostado deles. Se assim foi, todos os vestígios tangíveis desse tipo de sentimento haviam desaparecido na época da pesquisa. Durante a guerra, o maior grupo de novos operários chegou juntamente com a fábrica de que eram empregados e, de modo geral, a indústria e as oportunidades de emprego na região estavam em crescimento.

As tensões entre os velhos e novos moradores foram de um tipo peculiar. O núcleo dos residentes antigos atribuía um valor elevado aos padrões, às normas e ao estilo de vida que eles haviam criado entre si. Tudo isso tinha uma estreita ligação com seu respeito próprio e com o respeito que eles julgavam ser-lhes devido pelos outros. No correr dos anos, alguns haviam prosperado e ascendido socialmente. Grosseiramente falando, pode-se dividir a população da Inglaterra entre aqueles que moram em fileiras de meias-águas idênticas – sem "vestíbulo", no caso das mais modestas, e com um pequeno "vestíbulo" nas que são um pouco melhores –, os que vivem em casas geminadas e os que residem em casas em centro de terreno, com uma série de subdivisões. Em Winston Parva, um fluxo pequeno mas contínuo de pessoas passara do nível proletário das meias-águas para um nível de classe média de dimensões modestas, simbolizado pelas casas geminadas e ainda muito distante do mundo da administração industrial em larga escala ou da posse de grandes empresas e das grandes profissões liberais, cujos representantes moram em casas totalmente separadas de ambos os lados. A ascensão dessa minoria, parte da qual exerce um poder considerável na antiga comunidade, era, em termos dos valores públicos coletivos, motivo de orgulho para a maioria dos residentes mais antigos.

Os recém-chegados que se fixaram no loteamento foram vistos como uma ameaça a essa ordem, não porque tivessem qualquer intenção de perturbá-la, mas porque seu comportamento levava os velhos residentes a achar que qualquer contato estreito com eles rebaixaria seu próprio status, que os arrastaria para baixo, para um status inferior em sua própria estima e na do mundo em geral, e que reduziria o prestígio de seu bairro, com todas as possibilidades de orgulho e satisfação que lhe estavam ligadas. Nesse sentido, os recém-chegados foram vividos como uma ameaça pelos antigos moradores. Em ordens sociais de extrema mobilidade, é comum que as pessoas sejam extremamente sensíveis em relação a tudo o que possa ameaçar sua posição. É comum que elas desenvolvam angústias ligadas ao status. Por isso os moradores mais antigos de Winston Parva imediatamente perceberam na conduta dos recém-chegados muitas coisas que feriam sua sensibilidade e que lhes pareciam ser marcas de inferioridade social. Os mexericos agarraram-se prontamente a tudo o que pudesse mostrar os recém-chegados sob um prisma desfavorável e confirmar a superioridade da moral e dos costumes dos velhos residentes, símbolos de sua respeitabilidade, de sua reivindicação de um status social superior e da ordem social existente.

O fato de a "antigüidade" ser encarada como um grande trunfo social, como motivo de orgulho e satisfação, pode ser observado em muitos contextos sociais diferentes. O estudo das relações entre as famílias "antigas" e "novas" de Winston Parva pode contribuir um pouco para solucionar o problema de por que o "tempo de residência" e a "idade das famílias" são capazes de afetar profundamente o relacionamento entre as pessoas. E pode ser particularmente útil porque, nesse caso, inusitadamente, a "antigüidade" não estava associada à riqueza, passada ou presente. O fato de os dois grupos de Winston Parva serem quase iguais, sob muitos aspectos que costumam combinar-se com a "antigüidade" e a "recenticidade", permitiu evidenciar algumas chances de poder, ao alcance dos "antigos" grupos de pessoas, que passam facilmente despercebidas quando também estão presentes outras chances, como as que provêm da riqueza, do poderio militar ou de um maior conhecimento.

Nesse contexto, como se pôde ver, termos como "antigo" ou "velho" não eram simples referências ao maior número de anos de existência de um bairro em comparação com o outro. Referiam-se a uma configuração social específica, que pode ser apresentada sem que reste grande margem de incerteza. Na verdade, pode-se destacá-la como um modelo geral, uma matriz das configurações desse tipo. Concebida dessa forma, ela pode ser cotejada com outras configurações similares. Pode ajudar a esclarecer novas evidências e, por sua vez, ser esclarecida por elas ou, se necessário, corrigida ou inutilizada e substituída por um modelo melhor.

Quando o termo "velho" (ou "antigo") é usado com referência a várias famílias que residem num certo local há pelo menos duas ou três gerações, ele não tem a mesma significação de quando nos referimos aos indivíduos como "velhos". Não tem nenhum significado biológico, embora, vez por outra, as pessoas lhe confiram uma conotação pseudobiológica, ao deixarem implícito que as "famílias antigas" são decadentes ou estão chegando ao fim, como as pessoas idosas. Em termos estritamente científicos, "velho", nesse contexto, é uma categoria puramente sociológica, e é a um problema sociológico e não biológico que se refere. Um grupo velho de pessoas não precisa ser um grupo de pessoas velhas.

Quando se fala de algumas famílias como "velhas", elas são diferenciadas de outras às quais falta essa qualidade, e é a referência a essa configuração contrastante, com suas diferenças de status e suas tensões específicas, que confere a essa utilização do termo o seu sabor social característico. Num sentido biológico, todas as famílias da Terra são igualmente velhas. Todas provêm de "famílias" de macacos ancestrais, ou, para quem preferir, de Adão e Eva. Compreendido em seu contexto social específico, em expressões como "velhas famílias", o termo "velhas" expressa uma pretensão de distinção e superioridade sociais. Tem uma conotação normativa. As famílias que se referem a seu próprio círculo de famílias como "velho", embora não se refiram necessariamente a cada um de seus membros, regulam sua conduta de maneira a que ela se diferencie da dos outros. Moldam seu comportamento por um código singularizador que têm em comum. Pode haver ovelhas negras entre elas, mas espera-se que as famílias as desaprovem e, quem sabe, as rejeitem. Caso contrário, poderão realmente ser consideradas decadentes, não por qualquer mudança biológica, mas por sua incapacidade de manter os padrões e compromissos elevados que se esperam de uma "velha família" em seu quadro social e, muitas vezes, também em outros.

A criação desses padrões tem uma estreita ligação com a do próprio quadro social. Requer um ambiente em que as famílias tenham a possibilidade de transmitir padrões distintivos continuamente, por várias gerações. A possibilidade de transmitir esses padrões depende de outras, as quais, apesar de seu caráter muito específico, podem variar de sociedade para sociedade dentro de uma margem bastante estreita. A transmissão de padrões distintivos costuma caminhar *pari passu* com a possibilidade de se transmitir dentro da mesma família, de geração para geração, um ou outro tipo de propriedades, inclusive cargos ou aptidões particulares. Seja qual for a forma específica assumida pela herança sociológica nesses casos, todas essas possibilidades de transmissão têm em comum o fato de representarem chances hereditárias de exercício do poder em relação a outras pessoas que, como grupo, só têm a elas um acesso limitado, quando não ficam diretamente excluídas. Em última instância, só podem desenvolver-se redes de famílias antigas quando os grupos familiares conseguem transmitir de uma geração para outra as fontes de poder que, como grupo, são capazes de monopolizar em grau bastante alto, e das quais aqueles que pertencem a outros grupos ficam correspondentemente excluídos. Em muitos casos, ninguém que não pertença ao círculo dos detentores do monopólio consegue penetrar nele sem o consentimento destes. E, dado que alguma forma de monopólio está sempre na origem e é a condição de eles perpetuarem sua singularidade por gerações, como um grupo de "famílias antigas", só lhes é possível continuar a existir como tal enquanto têm poder suficiente para preservar esse monopólio.

Durante muito tempo, os grupos de famílias só conseguiam adquirir a qualidade sociológica da "antigüidade" quando se erguiam acima de ordens inferiores, que tinham pouco ou nenhum patrimônio a transmitir. A "aldeia" de Winston Parva parece indicar que o patrimônio já não é uma condição tão essencial dessa "antigüidade" sociológica como costumava ser. É claro que, no passado, conheceram-se velhas famílias de camponeses baseadas na herança da terra, assim como antigas famílias de artesãos cuja "antigüidade" se baseava no monopólio da transmissão de aptidões especiais. As "antigas" famílias proletárias parecem ser típicas de nossa era. Se são uma anomalia ou um presságio, ainda resta averiguar. Como no caso delas, a antigüidade sociológica, não está visivelmente ligada à herança de bens, destacam-se com mais clareza algumas outras condições de poder normalmente encontradas também em outros casos, porém menos ostensivas nestes, em especial o poder decorrente da monopolização de posições-chave em instituições locais, da maior coesão e solidariedade, da maior uniformidade e elaboração de normas e crenças, e da maior disciplina externa e interna que lhes é concomitante. Em Winston Parva, a coesão, a solidariedade, a uniformidade de normas e a autodisciplina ajudaram a manter o monopólio, o que, por sua vez, contribuiu para reforçar essas características grupais. Daí a possibilidade permanente de os "grupos antigos" se destacarem; sua bem-sucedida aspiração a um status social superior ao de outras formações sociais interdependentes, bem como as satisfações dele derivadas, aliam-se a diferenças específicas na estrutura de personalidade, que desempenham seu papel – positivo ou negativo, conforme o caso – na perpetuação das redes de famílias antigas.

Aí temos, de fato, um traço geral das "velhas famílias": elas se diferenciam das outras por certas características comportamentais distintivas, inculcadas desde a infância em cada um de seus membros, de acordo com a tradição distintiva do grupo. Os círculos de famílias antigas costumam ter um código de conduta que exige, em situações específicas ou na totalidade delas, um grau de autocontrole maior do que o habitual entre grupos interdependentes de status inferior. Eles podem ou não ser "civilizados", no sentido europeu contemporâneo da palavra, mas, comparados àqueles em relação aos quais reivindicam com sucesso uma superioridade de status, em geral são *mais* "civilizados", no sentido factual da palavra:* sob alguns ou todos os aspectos, seu código exige um nível mais elevado de autodomínio; em situações específicas ou em todas, prescreve um comportamento mais firmemente regulado, associado a uma previdência maior, maior autodomínio e costumes mais refinados, e provido de tabus mais elaborados. O relacionamento entre os conjuntos solidamente estabelecidos de "famílias antigas" e os que não "pertencem" a eles, como muitas outras relações entre grupos de status superior e inferior, é amiúde marcado por um gradiente decrescente de autodomínio; na escala do processo civilizador, a formação social mais elevada encontra-se, geralmente, alguns graus acima das formações sociais inferiores. Os princípios relativamente mais rigorosos são apenas uma das formas de autocontrole socialmente induzido, dentre muitas outras. As boas maneiras são outra. Todos eles aumentam as chances de que um grupo superior se afirme e mantenha seu poder e superioridade. Numa configuração apropriada, os diferenciais de

---

* N. Elias, *Über den Prozess der Zivilisation*, Basiléia, 1939, vol.2, p.163 [*O processo civilizador*, Rio de Janeiro, Zahar, 2 vols., 1990, 1993].

civilização podem ser um fator importante na criação e perpetuação de diferenciais de poder, embora, nos casos extremos, o maior grau de civilização possa enfraquecer os "velhos" grupos poderosos e contribuir para sua queda.

Num ambiente relativamente estável, o código de conduta mais sofisticado e o maior grau de autocontrole costumam associar-se a um grau mais elevado de disciplina, circunspecção, previdência e coesão grupal. Isso oferece recompensas sob a forma de status e poder, para contrabalançar a frustração das limitações impostas e da relativa perda de espontaneidade. Os tabus compartilhados e o comedimento característico reforçam os laços que unem a rede de "melhores famílias". A adesão ao código comum funciona, para seus membros, como uma insígnia social. Reforça o sentimento de inserção grupal conjunta em relação aos "inferiores", que tendem a exibir menor controle nas situações em que os "superiores" o exigem. As pessoas "inferiores" tendem a romper tabus que as "superiores" são treinadas a respeitar desde a infância. O desrespeito a esses tabus, portanto, é um sinal de inferioridade social. Com freqüência, fere profundamente o sentimento de bom gosto, decência e moral das pessoas "superiores" – em suma, seu sentimento dos valores afetivamente arraigados. Desperta nos grupos "superiores", conforme as circunstâncias, raiva, hostilidade, repulsa ou desdém; enquanto a adesão a um código comum facilita a comunicação, infringi-lo cria barreiras.

Assim, as pessoas que pertencem a um círculo de "famílias antigas" são providas de um código comum por seus vínculos afetivos específicos: uma certa união das sensibilidades subjaz a todas as suas diferenças. Nesse aspecto, elas sabem onde se situar em relação umas às outras e o que esperar umas das outras, e o sabem "instintivamente" melhor, como se costuma dizer, do que onde se situar em relação aos outsiders e o que esperar deles. Ademais, numa rede de "velhas famílias", as pessoas geralmente sabem quem são em termos sociais. Em última instância, é isso que significa o termo "velhas" quando referido às famílias; significa famílias conhecidas em sua localidade e que se conhecem há várias gerações; significa que quem pertence a uma "família antiga" não apenas tem pais, avós e bisavós como todo o mundo, mas que seus pais, avós e bisavós são conhecidos em sua comunidade, em seu meio social, e são geralmente conhecidos como pessoas de bem, que aderem ao código social aceito desse meio.

Portanto, embora o termo "antigo" se afigure, à primeira vista, um atributo de determinada família, na verdade ele concerne a uma rede de famílias, a uma formação social em que homens, mulheres e crianças, na ordem de descendência socialmente regulada a que nos referimos como "família", podem ser reconhecidos uns pelos outros, durante várias gerações, como respeitando certos padrões comuns em contraste com outros. As "famílias antigas", nesse sentido, nunca se formam isoladamente; sempre se aglutinam ou se agrupam em redes de famílias com sua própria hierarquia interna de status e, em geral, com um alto índice de casamentos endogâmicos, em bairros, "Sociedades" com S maiúsculo, patriciados, famílias reais e muitas outras formas. Nesses e noutros casos, a estrutura das famílias depende da que prevalece nos grupos sociais específicos. Exceto como remanescente de uma configuração social desaparecida, a "família antiga" não pode existir isoladamente; só pode formar-se em determinadas situações sociais, como um correlato de uma formação social particular, juntamente com outras do mesmo tipo.

O fato de as "famílias antigas" se conhecerem e terem sólidos vínculos entre si, no entanto, não significa necessariamente que elas se estimem. É apenas em relação aos intrusos que elas tendem a se unir. Entre si, podem competir e quase invariavelmente o fazem, de maneira branda ou acirrada, conforme as circunstâncias, e, muitas vezes por tradição, podem antipatizar profundamente umas com as outras, ou até odiar-se. A familiaridade produzida pelo contato estreito ao longo de várias gerações, a intimidade nascida de uma longa sucessão de experiências grupais comuns, confere a seu relacionamento algumas qualidades específicas, tão compatíveis com a amizade quanto com a inimizade mútuas. Seja qual for o caso, elas excluem os outsiders. No clima de todo círculo de "famílias antigas" há uma boa dose de tradições familiares comuns, enriquecidas a cada nova geração que surge. Como outros aspectos da tradição comum, isso cria uma intimidade – até entre pessoas que não se gostam – da qual os recém-chegados não conseguem participar.

No sentido sociológico, portanto, a "antigüidade" refere-se a relações sociais com propriedades específicas. Elas dão um sabor especial às inimizades e às amizades. Tendem a produzir sentimentos ou atitudes muito exclusivos – uma preferência por pessoas com a mesma sensibilidade, que reforça a frente comum contra os outsiders. Embora alguns membros isolados possam afastar-se ou até voltar-se contra o grupo, a íntima familiaridade de várias gerações confere a esses "velhos" grupos, por algum tempo, um grau de coesão que falta aos grupos menos "antigos". Nascida de uma história comum cuja lembrança se mantém presente, tal coesão constitui outro elemento de peso na configuração de possibilidades de esse grupo afirmar e manter, durante um certo tempo, seu poder e status superiores aos dos demais. Sem esse poder, sua pretensão de ter um status superior e um carisma específico logo decairia e soaria oca, por maior que fosse a singularidade de seu comportamento. Os mexericos de rejeição, as técnicas de boicote, o "preconceito" e a "discriminação" logo perderiam sua contundência, e o mesmo se daria com qualquer das outras múltiplas armas usadas para proteger seu status superior e sua distinção.

Assim, concentrada sob a forma de um modelo, a configuração encontrada em miniatura em Winston Parva mostra com mais clareza suas implicações para um campo mais amplo. Não se trata de elogiar nem de censurar, mas de contribuir para uma melhor compreensão e explicação das interdependências que, nessa comunidade, prenderam dois grupos na armadilha de uma configuração que eles não criaram, mas que produziu tensões e conflitos específicos entre eles. As tensões não surgiram porque um dos lados fosse perverso ou despótico, e o outro, não. Antes, eram inerentes ao padrão que eles formaram entre si. Se consultados, é provável que os "aldeões" dissessem que não queriam um loteamento à sua porta, e, consultadas as pessoas da Zona 3, elas provavelmente diriam preferir não se estabelecer nas imediações de um bairro mais antigo, como a "aldeia". Uma vez reunidos, eles se viram na armadilha de uma situação de conflito que nenhum dos dois era capaz de controlar, e que é preciso compreender como tal para que se obtenham melhores resultados em outros casos semelhantes. Como era natural, os "aldeões" se portaram com os recém-chegados como estavam habituados a se portar frente aos desviantes de seu próprio bairro. Os imigrantes, por sua vez, com toda a inocência, portaram-se em seu novo local de moradia da maneira que lhes parecia natural. Não estavam cientes da existência de uma ordem estabelecida, com seus diferenciais de poder e com a posição solidamente firmada do grupo nuclear de famílias dirigentes na área antiga. A maioria deles não entendia por que os velhos moradores os tratavam com desprezo e os mantinham à distância. Mas o papel de grupo de status inferior em que foram colocados, bem como a segregação indiscriminada de todos os que se instalaram no loteamento, em pouco tempo devem ter desestimulado qualquer tentativa de estabelecer contatos mais estreitos com os grupos antigos. Nessa situação, os dois lados agiram sem refletir muito, de um modo que seria previsível. Simplesmente por se tornarem interdependentes como vizinhos, eles foram colocados numa posição antagônica, sem entender muito bem o que lhes estava acontecendo e, com toda certeza, sem que tivessem culpa disso.

Esse foi, como já dissemos, um conflito em pequena escala, que não é atípico dos processos de industrialização. Se olharmos para o mundo em geral, não poderemos deixar de observar muitas configurações de natureza semelhante, embora elas sejam quase sempre classificadas sob outras designações. As tendências gerais do desenvolvimento das sociedades contemporâneas parecem levar, com freqüência crescente, a situações desse tipo. As diferenças entre os grupos sociologicamente "velhos" e "novos" podem ser encontradas em muitas partes do mundo, na época atual. São diferenças normais, se é que se pode usar esse termo, numa época em que, mais do que nunca, pode-se viajar com todos os pertences de um lugar para outro, por um preço mais barato, em melhores condições de conforto, com mais rapidez e por distâncias mais longas, e em que é possível ganhar a vida em muitos lugares diferentes daquele em que se nasceu. No mundo inteiro podemos descobrir variações dessa mesma configuração básica, encontros entre grupos de recém-chegados, imigrantes, estrangeiros e grupos de residentes antigos. Os problemas sociais gerados por esses aspectos migratórios da mobilidade social, conquanto variem no que tange aos detalhes, têm uma certa semelhança. Podemos tender a concentrar a atenção nas diferenças, a princípio. Nos estudos de casos específicos, elas sempre parecem destacar-se com mais nitidez. É comum hesitar-se em examinar a relação entre episódios específicos, como o que constituiu o tema deste estudo, e o desenvolvimento global das sociedades nos tempos modernos. Estamos mais acostumados a perceber as questões que lhe estão ligadas como uma multiplicidade de problemas sociais locais do que a encará-las como um problema sociológico. Os aspectos migratórios da mobilidade social são um exemplo disso. Às vezes, são concebidos simplesmente como aspectos geográficos: tudo o que parece acontecer é as pessoas se deslocarem fisicamente de um lugar para outro. Na realidade, elas sempre se deslocam de um grupo social para outro. Sempre têm que estabelecer novos relacionamentos com grupos já existentes. Têm que se acostumar com o papel de recém-chegados que tentam fazer parte de grupos com tradições já estabelecidas ou que são forçados a uma interdependência com eles, tendo que lidar com os problemas específicos desse novo papel. Muitas vezes lhes é atribuído o papel de outsiders em relação aos grupos estabelecidos e mais poderosos, cujos padrões, crenças, sensibilidade e costumes são diferentes dos seus.

Quando os migrantes têm a cor da pele e outras características físicas hereditárias diferentes das dos moradores mais antigos, os problemas criados por suas formações habitacionais e por seu relacionamento com os habitantes dos bairros mais antigos costumam ser discutidos sob o rótulo de "problemas raciais". Quando os recém-chegados são da mesma "raça", mas têm língua e tradições nacionais diferentes, os problemas com que eles e os antigos moradores se confrontam são classificados como problemas das "minorias étnicas". Quando eles não são de "raça" nem "grupo étnico" diferentes, mas apenas de outra "classe social", os problemas da mobilidade social são discutidos como "problemas de classe" e, não raro, como problemas de "mobilidade social", num sentido mais estrito da expressão. Não há nenhum rótulo pronto que se possa pespegar nos problemas surgidos no microcosmo de Winston Parva, porque ali os recém-chegados e os antigos residentes, pelo menos na "aldeia", não eram de "raça" nem "ascendência étnica" diferentes, salvo uma ou duas exceções, nem tampouco de outra "classe social". No entanto, alguns dos problemas fundamentais surgidos do encontro entre os grupos estabelecidos e outsiders em Winston Parva não diferiram muito dos que podem ser observados em encontros similares em outros universos, ainda que, com freqüência, estes sejam estudados e conceituados sob rótulos diferentes.

Em todos esses casos, os recém-chegados empenham-se em melhorar sua situação, enquanto os grupos estabelecidos esforçam-se por manter a que já têm. Os primeiros se ressentem e, muitas vezes, procuram elevar-se do status inferior que lhes é atribuído, enquanto os estabelecidos procuram preservar o status superior que os recém-chegados parecem ameaçar. Postos no papel de outsiders, os recém-chegados são percebidos pelos estabelecidos como pessoas "que não conhecem seu lugar"; agridem-lhes a sensibilidade, portando-se de um modo que, a seu ver, traz claramente o estigma da inferioridade social; no entanto, em muitos casos, os grupos de recém-chegados tendem inocentemente a se conduzir, ao menos por algum tempo, como se fossem iguais a seus novos vizinhos. Os mais "antigos" levantam sua bandeira, lutam por sua superioridade, seu status e poder, seus padrões e suas crenças, e em quase toda parte utilizam, nessa situação, as mesmas armas, dentre elas os mexericos humilhantes, as crenças estigmatizantes sobre o grupo inteiro, com base em observações sobre seu pior setor, os estereótipos verbais degradantes e, tanto quanto possível, a exclusão de qualquer oportunidade de acesso ao poder – em suma, as características que costumam ser abstraídas da configuração em que ocorrem sob rótulos como "preconceito" e "discriminação". Como os estabelecidos costumam ter uma integração maior e ser mais poderosos, eles conseguem, através da indução mútua e da colocação dos céticos no ostracismo, dar uma sólida sustentação a suas crenças. Muitas vezes, logram induzir até mesmo os outsiders a aceitarem uma imagem de si modelada pela "minoria dos piores", bem como uma imagem dos estabelecidos modelada pela "minoria dos melhores". É com base nos afetos e nas emoções que se produz essa forma de generalização da parte para o todo. Os mais "antigos" muitas vezes conseguem impor aos recém-chegados a crença de que estes são inferiores ao grupo estabelecido, não apenas em termos de poder, mas também "por natureza". E essa internalização da crença depreciativa do grupo socialmente superior pelo socialmente inferior, como parte da consciência e da imagem que este tem de si, reforça vigorosamente a superioridade e a dominação do grupo estabelecido.

Além disso, como acontece com a maioria das pessoas de hoje, os membros do grupo estabelecido e até os recém-chegados, talvez, são indivíduos criados com uma rigidez particular de visão e de conduta; muitas vezes, foram criados acreditando que todo o mundo tem ou deveria ter, essencialmente, os mesmos sentimentos e comportamentos que eles. É muito provável que não tenham sido preparados para os problemas que surgem quando os recém-chegados se encontram com velhos moradores de sentimentos e condutas diferentes, que reagem de maneira negativa a seus estilos de comportamento. Em suma, eles não foram preparados para os problemas sociais de um mundo com uma mobilidade social cada vez mais acentuada, mas sim para uma época passada, na qual eram menos abundantes as oportunidades de mobilidade social, no sentido mais lato da expressão. Em geral, o limiar de tolerância a formas de conduta e a crenças diferentes, quando se tem de conviver em estreito contato com seus representantes, continua a ser excepcionalmente baixo. Parece corresponder a condições sociais em que a maioria das pessoas tendia a passar a vida inteira em seu grupo natal, expondo-se com menos freqüência a um choque como o vivido pelos "aldeões" – ao choque de uma interdependência permanente com pessoas moldadas de forma diferente, que internalizaram outros papéis, que até podem ter uma aparência diferente.

Essa situação se reflete, até certo ponto, nas atuais abordagens sociológicas desses problemas. Também elas talvez sejam mais próprias dessas etapas anteriores do desenvolvimento social. Muitas vezes, são vivamente influenciadas pelo pressuposto implícito de que as comunidades "estáveis" ou "imóveis" são o tipo normal e desejável de comunidade, ao passo que as que incorporam um alto grau de mobilidade social são anormais e indesejáveis. Não são poucos os atuais conceitos sociológicos construídos como se a representação que mais se aproxima da forma mais normal e desejável de vida social fossem aldeias pré-industriais imaginárias: nelas, ao que parece, as pessoas teriam vivido com um alto grau de coesão e estabilidade, plenamente ajustadas e integradas, e, em conseqüência disso, teriam gozado de um alto grau de felicidade e satisfação. A industrialização, a urbanização e outros processos similares, com a maior mobilidade e a aceleração do ritmo de vida que acarretaram, parecem haver alterado esse estado de bem-aventurança. Frente às dificuldades de um mundo altamente móvel e em ritmo acelerado de mudança, tende-se a buscar refúgio na imagem de uma ordem social que nunca se altera e a projetá-la num passado que nunca existiu. O próprio conceito atual de adaptação, com seu postulado implícito de uma ordem social imutável, estável, equilibrada, integrada e coesa, parece um tanto deslocado nas sociedades do século XX, que mudam com rapidez e são tudo, menos estáveis; ele próprio se afigura um sintoma de inadaptação intelectual. Com o tempo, é possível que investigações empíricas como a realizada na "aldeia" e no loteamento venham a contribuir para o surgimento de um quadro mais realista. A primeira representa um tipo mais coeso de comunidade, e a segunda, um tipo menos coeso. Ambas, como se pode ver, têm suas dificuldades e inconvenientes característicos.

Ainda está por ser elaborado um conceito de mobilidade social que corresponda ao alto grau e aos múltiplos tipos de mobilidade social encontrados como um traço corriqueiro nas sociedades industrializadas. Por mais útil que seja, o atual conceito de mobilidade social concentra sua atenção em apenas um dos aspectos dela: os deslocamentos das pessoas de uma classe social para outra. É provável que houvesse menos mal-entendidos se nos referíssemos a esse aspecto da mobilidade social como mobilidade de classe. Não é fácil evitarmos considerar como socialmente móveis as pessoas que se mudam de um bairro ou comunidade para outro, seja num mesmo país ou entre países, sem necessariamente passar de uma classe para outra. De fato, é quase invariável que as pessoas que mudam de uma classe para outra também se mudem de uma comunidade, um bairro ou um círculo social para outro; ao menos por algum tempo, elas parecem ficar no papel de recém-chegados e, muitas vezes, de outsiders às portas de um grupo já estabelecido. Quer o indivíduo se mova dentro da mesma classe social ou entre classes, alguns traços elementares da mobilidade social se repetem. Podem ser menos pronunciados no caso das famílias mais altamente isoladas da classe média, cujos rituais, sentimentos, usos e costumes, pelo menos dentro de um mesmo país, tendem a ser menos afetados pelas diferenças locais, e que estão mais habituadas a formas específicas de relações de vizinhança relativamente frouxas, embora altamente reguladas. Esses traços são bastante acentuados no caso das famílias proletárias, em geral menos isoladas umas das outras e mais acostumadas

Conclusão

com a camaradagem local e os contatos entre vizinhos, além de mais necessitadas deles. A relação entre a "aldeia" e o loteamento mostrou alguns dos problemas típicos que são criados em toda parte pela crescente mobilidade social. O problema largamente discutido sob o rótulo de "preconceito" foi um deles. O relacionamento entre a velha e a nova comunidades proletárias de Winston Parva mostrou o preconceito, digamos, *in situ*, em seu contexto social, como mais um aspecto das crenças sociais de um grupo estabelecido, em defesa de seu status e poder contra o que é sentido como uma agressão dos outsiders. Hoje em dia, é mais comum estudar e conceituar o "preconceito" isoladamente. A configuração em que ele ocorre é comumente percebida apenas como um "pano de fundo". Em Winston Parva, ele foi encontrado como um elemento integrante de uma dada configuração. Essa diferença talvez ajude a ilustrar o que se pretende dizer com "abordagem configuracional". Ela esclarece o caráter não examinado da seletividade e dos juízos de valor da maioria das atuais abordagens do preconceito, que limitam seu interesse – sem dizer por quê – às crenças deturpadoras, aos esquemas de intriga e às percepções das formações sociais mais poderosas, ambos de cunho profundamente afetivo, que são usados para manter subjugadas ou afastadas as formações menos poderosas, com as quais as primeiras convivem em alguma forma de interdependência. Raramente se discutem e mal chegam a ser concebidas como "preconceito" as distorções e percepções não realistas correspondentes, encarnadas nas imagens que, por sua vez, os grupos relativamente menos poderosos fazem dos grupos estabelecidos em cuja órbita vivem, durante o período em que permanecem claramente inferiores a estes em termos de poder e status, embora possamos começar a classificar suas crenças de "preconceitos" quando eles estão a meio caminho da ascensão. Isso porque, enquanto os quadros sociais são relativamente fracos, seu "preconceito" contra os estabelecidos não tem contundência; eles não conseguem traduzi-lo em atos de discriminação, exceto, quem sabe, sob a forma da delinqüência, do vandalismo ou de outras transgressões da lei estabelecida; particularmente entre os jovens, é freqüente esses serem os únicos meios de que dispõem os membros dos grupos tratados com frieza, excluídos e agredidos em sua auto-estima, para conseguir alguma coisa dos grupos estabelecidos. O que foi dito sobre o "preconceito" também se aplica à "delinqüência". E se aplica a muitos outros tópicos que, por serem classificados sob rótulos distintos, freqüentemente são abordados pelos que se dispõem a estudá-los como se de fato existissem como um grupo de objetos separados.

Outro exemplo digno de nota nesse contexto são os problemas reunidos sob o título de "anomia". Como se pode ver, os grupos de recém-chegados e outsiders são os que mais tendem a ser atingidos por essa situação. Houve época em que esse foi um conceito com um sentido razoavelmente preciso. Ao ser cunhado por Durkheim, ele constituiu o núcleo de uma hipótese concebida para explicar, em termos sociológicos, a reiterada regularidade estatística da incidência do suicídio. Tornou-se símbolo de uma das mais fecundas e criativas hipóteses sociológicas. Mas, já a versão do conceito de "anomia" do próprio Durkheim tinha implicações valorativas específicas. Em certo sentido, o estudo do suicídio assinalou o ponto crítico em que, como muitos que o antecederam e sucederam, Durkheim passou de uma atitude de confiança e esperança no progresso da humanidade para uma atitude de dúvida crescente quanto ao caráter progressista da evolução da sociedade. Muitos acontecimentos de sua época, entre eles o aumento dos conflitos na indústria, haviam abalado a solidez de sua crença na inevitabilidade do progresso e produzido uma certa dose de desencanto. Em vez de melhorar sistematicamente, como se havia esperado, a situação da humanidade, sob certos aspectos, de fato parecia estar piorando. Podemos constatar essa mudança de estado de ânimo ao comparar a idéia durkheimiana de desenvolvimento da sociedade com a dos sociólogos da geração anterior. Comte, e sobretudo Spencer, ainda pareciam discernir apenas os benefícios que a "sociedade industrial" traria para a humanidade. Durkheim fez parte de uma geração em que essa crença foi severamente abalada. As imensas dificuldades, tensões e conflitos que são características normais dos processos de industrialização tornaram-se mais visíveis.

O estudo sociológico do suicídio pareceu fornecer claras provas científicas de algo que, até aquele momento, permanecera no nível das impressões. Mostrou inequivocamente que, observada em períodos prolongados, a incidência do suicídio, tal como indicada pelas mudanças nos índices desse fenômeno, estava aumentando. Uma vez que, segundo Durkheim, somente as mudanças das condições sociais podiam ser responsabilizadas por esse aumento, e já que a "anomia", de acordo com ele, era uma dessas condições, todo o seu argumento deixou implícito que a própria "anomia" vinha crescendo. Comparadas com o passado, as condições pareciam haver-se deteriorado, apesar – ou talvez por causa – dos avanços da indústria. Assim, desde o começo, a "anomia" teve implicações valorativas específicas. Tinha toques de desilusão com a sociedade industrial urbana em que estávamos vivendo. Continha uma sugestão de que as condições se haviam deteriorado, um vago sentimento de que estavam ficando piores do que tinham sido, e de que o passado devia ter sido melhor do que o presente. Desde então, ligou-se a esse conceito um sopro de saudade de um passado mais risonho e agora perdido, no qual não havia "anomia" – um passado que nunca existiu.

Além disso, desde o começo, o termo teve claras conotações morais. Embora uma imagem contrária, uma imagem que mostrasse o inverso da "anomia", nunca tenha sido traçada de maneira firme e clara, fosse por Durkheim, fosse pelos que empregaram esse termo depois dele, parecia ser de compreensão geral que o traço essencial dela era a coesão. Com a habitual concentração dos interesses da pesquisa nas dificuldades pelas quais o indivíduo é assaltado e com sua relativa indiferença pelos fenômenos sociais que não parecem apresentar dificuldades, poucos estudos, se é que algum, dedicaram-se especificamente a grupos não anômicos, pelo fato de eles serem não anômicos. Com freqüência, a "nomia" e a coesão social foram implicitamente concebidas apenas como fatores morais, como algo positivo e bom, a ser contrastado com a "anomia" e a "falta de coesão", que eram – e provavelmente continuam a ser – concebidas por muitos não como uma configuração social específica, acima de tudo, mas como uma censura moral.

É possível que investigações mais detalhadas de comunidades presentes e passadas, que, como a "aldeia" de Winston Parva, não sejam "anômicas", possam aos poucos levar a uma avaliação mais factual das condições a que se referem conceitos como "anomia" e "falta de coesão", e a uma abordagem em que a busca de ligações e explicações tenha prioridade em relação às valorações afetivas e à condenação moral. No caso da "aldeia", como vimos, o grau relativamente alto de coesão, quaisquer que fossem suas outras funções sociais, era também um fator significativo no poder e status da comunidade. O elevado conformismo às normas aceitas, o caráter "nômico" da vida da "aldeia", devia-se a uma mescla de uma crença sincera no valor do "espírito da aldeia", por parte de um poderoso grupo nuclear [*core group*], com um controle social coercitivo, exercido pelos membros desse grupo dirigente e por muitos de seus seguidores em toda a comunidade, tanto sobre os próprios membros quanto sobre os adversários e desviantes em potencial. Na medida do possível, a oposição e o não conformismo eram eliminados ou silenciados. Quando os líderes comunitários e seus seguidores falavam da "aldeia", freqüentemente pareciam suprimir até de sua consciência os fatos que não se coadunavam com sua imagem idealizada da "aldeia". Falavam como se esta realmente fosse, como julgavam que devia ser, uma comunidade harmoniosa, totalmente unida e inteiramente boa. Muitas vezes, o conceito de "anomia" é usado de um modo que sugere que as pessoas têm em mente, de maneira tácita, uma imagem contrária, que não difere muito da que tinha de si o grupo nuclear de "aldeões".

Com referência ao suicídio e a fenômenos correlatos, o conceito de "anomia", apesar de sua conotação intensamente valorativa, tem prestado bons serviços. Mas, no correr do tempo, as condições sociais a que nos referimos por esse nome tornaram-se cada vez menos específicas. Antes fecundamente usado por Durkheim como uma palavra-chave, relacionada com uma hipótese explicativa passível de ser testada por outros estudos empíricos, o termo "anomia" é hoje comumente empregado como se fosse a explicação última de formas de conduta social ou relações sociais censuradas; é quase sempre utilizado com uma sugestão de queixa ou censura, francas ou veladas. No sentido lato em que costuma ser empregada atualmente, a própria palavra "anomia" parece requerer uma explicação.

Há, portanto, uma estreita ligação entre a capacidade de perceber e estudar os seres humanos em configurações e a capacidade de manter fora da pesquisa os juízos de valor estranhos ao tema investigado. O reconhecimento de que o conceito e os problemas da "anomia" não podem ser esclarecidos sem que se esclareça a configuração inversa, a das condições que não são anômicas, é bastante óbvio. Se o óbvio não é visto com clareza, é porque a escolha dos problemas considerados dignos ou indignos de estudo costuma ser ditada pelo engajamento do investigador nos problemas imediatos da sociedade como um todo. Referida a uma forma de "mau funcionamento" social, a "anomia" é percebida como um problema tópico de importância considerável e, a esse título, parece digna de investigação. Seu inverso, a "nomia", é tido como "normal"; implica que "tudo está bem" e, por conseguinte, não parece suscitar nenhum problema. Desde o começo, a escolha dos temas de pesquisa é influenciada por juízos de valor externos e, como se pode constatar, o que é tido como "ruim" tende a ser preferido como tema de pesquisa ao que é visto como "bom". Há uma preocupação com tudo o que cria dificuldades, não se dando tanta importância ao que parece estar correndo bem. Levantam-se perguntas sobre o primeiro caso: as coisas "ruins" pedem explicações, mas as "boas", aparentemente não. Assim, os engajamentos e juízos de valor daí decorrentes tendem a nos levar a perceber grupos de fenômenos inseparáveis e interdependentes como se fossem separados e independentes. Ocorre que fenômenos que, para o investigador, podem estar associados a valores diametralmente opostos podem ser funcionalmente interdependentes; o que é julgado "ruim" pode decorrer do que é julgado "bom", e o que é "bom", do que é "ruim", de sorte que, a menos que se possa guardar uma certa distância, a menos que se indague sistematicamente sobre as interdependências, sobre as configurações, a despeito de o que se constata ser interdependente ter valores diferentes, corre-se o risco de separar aquilo que se manifesta em conjunto. Os exemplos fornecidos mostram isso com bastante clareza. É por se avaliar o crime e a delinqüência como "ruins" e a conformidade às leis e às normas como "boa", a "anomia" como "ruim" e a estreita integração como "boa", que se tende a estudar uma coisa independentemente da outra, num isolamento que não encontra correspondência naquilo que de fato observamos. É como se alguém se dispusesse a estudar e a procurar descobrir explicações para as doenças das pessoas sem estudar pessoas em bom estado de saúde. Em termos da investigação científica, o quadro das indagações é o mesmo em ambos os casos: não há justificativa para considerar as investigações sociológicas do que se julga serem formas de "mau funcionamento", ou, como às vezes se diz, de "disfunção", como um grupo distinto do que é formado por aquilo que se julga "funcionar bem". Como mostra o exemplo da "aldeia" e do loteamento, ambos podem ser problemas sociológicos igualmente relevantes. Em termos do que se observa na prática, a divisão dos temas de pesquisa conforme eles se refiram a "disfunções" ou a "funções" é inteiramente artificial. Equivale a separar problemas de pesquisa que, na verdade, são estreitamente ligados e amiúde inseparáveis, em consequência dos diferentes valores que lhes são atribuídos. Não se pode esperar encontrar explicações para o que se julga "ruim", para um "mau funcionamento" da sociedade, quando não se é capaz de explicar, ao mesmo tempo, aquilo que se avalia como "bom", "normal" ou "funcionando bem", e vice-versa. O mesmo se aplica a muitas outras separações baseadas em avaliações alheias ao tema estudado. Aplica-se à valoração das maiorias como sociologicamente mais significativas do que as minorias. Em alguns casos, esse pressuposto pode estar certo, mas não noutros. Se o que se verifica é um caso ou o outro, como mostrou nossa pesquisa, depende da configuração inteira. Isso também se aplica às crenças distorcidas sobre os grupos externos. Quando aqueles que as detêm são poderosos e podem pautar sua ação nelas, excluindo o grupo externo das oportunidades que estão a seu próprio alcance, damos a isso o nome de "preconceito" e o consideramos digno de investigação, talvez na esperança de que seja possível fazer alguma coisa a respeito dele no final. Mas o certo é que não se conseguirá fazer nada sobre ele se o "preconceito" for estudado em isolamento, sem referência a toda a configuração em que ocorre. O fato de geralmente não se tomarem como "preconceitos" as crenças distorcidas sobre os grupos externos, por parte de grupos relativamente fracos, incapazes de agir com base em suas crenças, é mais um exemplo da necessidade de um arcabouço configuracional como base de classificações separadas.

Por último, isso se aplica ao quadro geral de Winston Parva, tal como aos poucos foi emergindo. Quando as pessoas se tornam interdependentes, a pesquisa está fadada a ser estéril se o investigador as estudar isoladamente e se tentar explicar sua agregação em grupos como se elas fossem coisas separadas. A meta de um estudo das configurações, como vimos, não é enaltecer ou censurar um lado ou o outro ou estudar o que se poderia considerar "disfuncional": por exemplo, estudar a minoria de famílias desestruturadas do loteamento num isolamento inteiramente artificial. Também nesse caso, nossa meta não foi avaliar, e sim, tanto quanto possível, explicar – explicar seres humanos em configurações, independentemente de sua "bondade" ou "maldade" relativas, em termos de suas interdependências. A configuração das pessoas do loteamento teria sido incompreensível sem um claro entendimento da observada entre as pessoas da "aldeia", e vice-versa. Nenhum desses grupos poderia ter-se transformado no que era independentemente do outro. Eles só puderam encaixar-se nos papéis de estabelecidos e outsiders por serem interdependentes. É pelo fato de as ligações na vida social, muitas vezes, serem ligações entre fenômenos que, no mundo do observador, recebem valores diferentes, ou até antagônicos, que seu reconhecimento exige um grau razoável de distanciamento.

Não é preciso nos aprofundarmos mais, neste ponto, nos problemas do engajamento e do distanciamento,* que, como parte da teoria das configurações de Norbert Elias, foram discutidos noutro texto. De maneira implícita e, às vezes,

---

* N. Elias, "Problems of involvement and detachment", *British Journal of Sociology*, VII, 3, p.226ss., 1956.

explícita, essa teoria desempenhou um papel na condução desta pesquisa. Não há nada de novo em perceber e apresentar os fenômenos sociais como configurações. Alguns termos conhecidos, como "padrão" ou "situação", apontam exatamente nesse sentido. Mas assemelham-se a moedas que rodaram tanto de mão em mão, que as pessoas as utilizam sem dar grande importância a seu conteúdo e peso. Embora se haja passado a tomar tais conceitos por certos, eles implicam muitas coisas que continuam carecendo de exame. Apanhados entre o Cila das teorias holísticas, que fazem os padrões ou as configurações sociais parecerem algo separado dos indivíduos, e o Caribde das teorias atomísticas, que as fazem parecer massas de átomos individuais, muitas vezes ficamos impossibilitados de discernir e afirmar claramente o que significam esses termos.

Se considerarmos retrospectivamente todo este estudo, será possível afirmar que ele contribuiu de algum modo para esclarecer o problema? Será que os grupos de pessoas apresentados podem ser vistos como uma soma dos atos de "eus" e "outros" inicialmente independentes, que se encontraram numa terra de ninguém e começaram a interagir e a formar comunidades, ou padrões, situações ou configurações novas, que seriam fenômenos secundários somados à sua pura "individualidade" não social? Porventura o que vimos se coaduna com o pressuposto básico das teorias da ação e outras teorias atomísticas similares, ou seja, o de que a pesquisa sociológica tem que partir do estudo dos indivíduos como tais, ou de elementos ainda menores – as "ações" individuais –, que, sendo os átomos, compõem a "realidade última" à qual se tem que atribuir as propriedades das entidades compostas, do mesmo modo que, na física e na química, há ou houve uma tentativa de atribuir as propriedades de entidades compostas, como as moléculas, segundo uma teoria que até nessas áreas tornou-se um tanto obsoleta, às propriedades dos átomos físicos, vistos como a "realidade última"? Seria realmente possível encontrar as explicações das configurações observadas numa comunidade como Winston Parva em ações individuais pré-sociais, em átomos individuais concebidos como antecedentes das unidades compostas formadas por eles? Ou ainda, alternativamente, acaso o que se viu em Winston Parva foi um "sistema social" cujas partes se encaixassem perfeita e harmoniosamente, ou um "todo social" que representasse a "realidade última" por trás de todas as ações individuais, e que existisse como uma entidade *sui generis*, separada dos indivíduos?

Remeter esse tipo de constructos teóricos a um estudo empírico dá uma visão melhor de seu artificialismo. É fácil perceber que os pressupostos teóricos que implicam a existência de indivíduos ou atos individuais sem a sociedade são tão fictícios quanto outros que implicam a existência de sociedades sem os indivíduos. O fato de sermos apanhados na armadilha de uma polaridade conceitual irreal como essa – de sermos repetidamente tentados a falar e a pensar como se só fosse possível escapar de postular indivíduos sem sociedade postulando sociedades sem indivíduos – não pode ser contornado pela simples afirmação de que sabemos que essa polaridade é fictícia.* Muitas tradições lingüísticas e semânticas reconduzem reiteradamente nosso pensamento e nossa fala a essa mesma trilha. Até certas instituições acadêmicas, como a separação rigorosa entre as disciplinas da psicologia e da sociologia, uma supostamente interessada apenas nos "indivíduos", outra pretensamente voltada apenas para as "sociedades", baseiam-se nessa polaridade fictícia e estão sempre a ressuscitá-la.

O desconcertante, em todos esses casos, é a persistência com que continuamos a falar e pensar em termos de uma dicotomia que é, quando muito, uma hipótese de trabalho canhestra, obviamente incongruente com qualquer dado que se possa apresentar, mas que, por razões que mal chegam a ser explicitadas e decerto ainda não foram explicadas, parece difícil de substituir.

E no entanto, como vimos, a razão é bem simples. Também nesse caso, a capacidade de observar e estudar é perturbada pela preocupação com conjuntos de valores preconcebidos. A questão que parece estar sempre presente na cabeça das pessoas, nas discussões sobre a relação entre o "indivíduo" e a "sociedade", não é uma questão de fato, mas de valores. Elas formulam e tentam responder perguntas como "o que veio primeiro, o que é mais importante, o indivíduo ou a sociedade?". Mais uma vez, uma polaridade de valores, disfarçada de polaridade de fato, acha-se na raiz das dificuldades. Como os diferentes grupos de pessoas atribuem valores diferentes ao que quer que representem esses dois símbolos, "indivíduo" e "sociedade", tende-se a manipulá-los, na fala e no pensamento, como se os dois conceitos se referissem a duas coisas distintas. A longa controvérsia entre os que reivindicam a prioridade para "o indivíduo" e os que a reivindicam para "a sociedade" é, pura e simplesmente, sob a máscara de uma discussão de fatos, uma controvérsia sobre sistemas de crença. Um tipo equivocado de conceituação foi cristalizado numa polaridade aparentemente eterna por polaridades das sociedades em geral, como a da Guerra Fria, na qual a importância

---

* Debati esses problemas com E.H. Carr, que teve a bondade de reconhecer em particular, embora não em público, ao que eu saiba, que lhe fui de alguma serventia no esclarecimento deles. De tudo o que já se escreveu, sua abordagem em "O que é a história?" é a que mais se aproxima da minha. Mas, em última análise, sua exposição não vai muito além do ponto em que fica claramente demonstrado o absurdo da polaridade conceitual convencional entre "indivíduo" e "sociedade". É preciso um pouco mais para libertar dessa armadilha nossos modos de pensar padronizados. Provavelmente, essa libertação não será possível enquanto uma luta pelo poder, na sociedade em geral, mantiver as idéias de muitas pessoas aprisionadas nessa polaridade de valor, enquanto essa luta perpetuar a necessidade de afirmar, em termos dos slogans atuais, que o "indivíduo" é mais importante do que a "sociedade", ou que a "sociedade" é mais importante do que o "indivíduo". Mesmo assim, é possível que um esclarecimento teórico prepare o terreno para um degelo gradativo das polaridades congeladas. Somente a experiência pode mostrar até que ponto, dada a polaridade de poder, os modos de pensar que vão aquém e além das correspondentes polaridades de valor podem entrar no pensamento público; entretanto, como mais um experimento *in vivo*, a tentativa parece ter valido a pena. (N.E.)

maior ou menor do "indivíduo" e da "sociedade" desempenha um papel central. Uma coisa é fazer uma profissão de fé política, outra é fazer uma pesquisa sociológica. Nos dados observáveis, não há nada que corresponda a uma conceituação como "indivíduo" e "sociedade", que implica que existam de fato indivíduos sem sociedade e sociedades sem indivíduos, os quais, de algum modo, constituem grupos distintos de objetos e podem ser separadamente estudados, sem fazer referência uns aos outros.

A base factual da controvérsia relativa aos valores é bem simples. Os indivíduos sempre aparecem em configurações e as configurações de indivíduos são irredutíveis. Fundamentar a reflexão num único indivíduo, como se, a princípio, ele fosse independente de todos os demais, ou em indivíduos isolados, aqui e ali, sem levar em conta suas relações mútuas, é um ponto de partida fictício, não menos persistente, digamos, do que a suposição de que a vida social baseia-se num contrato firmado por indivíduos que, antes dele, viviam sozinhos na natureza, ou juntos numa desordem absoluta. Dizer que os indivíduos existem em configurações significa que o ponto de partida de toda investigação sociológica é uma pluralidade de indivíduos, os quais, de um modo ou de outro, são interdependentes. Dizer que as configurações são irredutíveis significa que nem se pode explicá-las em termos que impliquem que elas têm algum tipo de existência independente dos indivíduos, nem em termos que impliquem que os indivíduos, de algum modo, existem independentemente delas.

Talvez possa parecer que estas considerações teóricas fiquem meio deslocadas ao final de uma pesquisa empírica. No entanto, esse talvez seja justamente um dos lugares em que elas são pertinentes. É exatamente pelo fato de que nem as teorias atomísticas — como, por exemplo, a teoria da ação de Parsons, que, apesar de todas as suas ressalvas restritivas, trata os atos individuais como se fossem coisas que existissem antes de qualquer interdependência — nem as teorias holistas — que, como algumas formas de marxismo contemporâneo, parecem interessar-se por configurações sem indivíduos — são particularmente úteis, como guias para a condução de estudos empíricos, que as considerações teóricas deste tipo não são impróprias ao final de um estudo empírico. Isso porque, em última instância, o teste crucial da fecundidade ou da esterilidade de uma teoria sociológica é a fecundidade ou esterilidade das investigações empíricas estimuladas por ela e nela fundamentadas. Sob muitos aspectos, o estudo de Winston Parva foi um desses testes. Mostrou em ação uma teoria das configurações. As comunidades e bairros são um tipo específico de configuração. O estudo mostrou o alcance e as limitações das opções que elas davam aos indivíduos que as compunham. Podemos imaginar um recém-chegado que se instalasse no loteamento ou na "aldeia". Quer chegasse sozinho ou com a família, ele certamente disporia de algumas alternativas. Poderia, como fizeram muitas pessoas do loteamento, "manter sua reserva". Poderia seguir a minoria desordeira. Poderia tentar penetrar lentamente na sociedade da "aldeia". Poderia decidir rapidamente que nem a "aldeia" nem o loteamento lhe convinham como bairros e se mudar. Mas, caso permanecesse, tornando-se um "vizinho", não teria como deixar de ser apanhado nos problemas configuracionais existentes. Seus vizinhos começariam a "situá-lo". Cedo ou tarde, ele seria afetado pelas tensões entre os "estabelecidos" e os "outsiders". E, se morasse ali por tempo suficiente, o caráter específico de sua comunidade afetaria sua vida; as configurações de que faria parte adquiririam algum poder sobre ele. E isso se daria com intensidade ainda maior se ele morasse em Winston Parva quando criança. O estudo apontou pelo menos um dos muitos modos pelos quais a estrutura da comunidade e do bairro era capaz de influenciar o desenvolvimento da personalidade dos jovens que ali cresciam. A transição de uma identificação com a família para uma identidade mais ou menos individual é uma fase crucial do processo de crescimento de todo ser humano. A pesquisa indicou quão diferente podia ser o padrão dessa fase em bairros de estruturas diferentes. Apontou a interação entre o lugar da família na ordem hierárquica de um bairro e a formação da auto-imagem dos filhos dessa família. Esse foi um modo de mostrar por que toda teoria que aceita, que não supera explicitamente a maneira habitual de falar de "indivíduo" e "sociedade", explicando a futilidade de se presumir uma espécie de separação existencial entre esses dois "objetos", está fadada a ficar aquém de sua tarefa. Os problemas de identidade dos adolescentes são um pequeno exemplo da interdependência entre o que se pode tender a classificar como um problema puramente "individual" e um problema puramente "social". Mais uma vez, o estudo indicou o caráter processual das configurações, que se evidenciou ao longo de todo o trabalho, quer concentrássemos a atenção no desenvolvimento dos indivíduos, quer a concentrássemos, por uma perspectiva mais ampla, no desenvolvimento do bairro e da comunidade.

Não há dúvida de que, sob muitos aspectos, configurações como as estudadas nesta pesquisa exercem um certo grau de coerção sobre os indivíduos que as compõem. Algumas expressões usadas com referência a situações específicas, como "mecanismos" ou "armadilha", pretenderam apontar para essa força coercitiva. Uma das mais intensas forças motivadoras daqueles que insistem em fazer suas reflexões teóricas sobre as sociedades a partir dos "indivíduos *per se*", ou de "atos individuais", parece ser o desejo de afirmar que, "basicamente", o indivíduo é "livre". Há um certo horror à idéia de que as "sociedades", ou, para dizê-lo de maneira menos dúbia, as configurações que os indivíduos formam entre si exercem algum poder sobre esses indivíduos e restringem sua liberdade. No entanto, sejam quais forem nossos desejos, mediante o simples exame dos dados disponíveis, não se pode evitar o reconhecimento de que as configurações limitam o âmbito das decisões do indivíduo e, sob muitos aspectos, têm uma força coercitiva, ainda que esse poder não resida fora dos indivíduos, como muitas vezes se leva a crer, mas resulte meramente da interdependência entre eles. O medo de que se possa magicamente privá-los de sua liberdade, pela simples afirmação, pelo simples enfrentamento do fato de que as configurações de indivíduos podem ter um poder coercitivo sobre os indivíduos que as formam, é um dos principais fatores que impedem os seres humanos de reduzir essa força coercitiva, pois somente compreendendo melhor sua natureza é que poderemos ter esperança de adquirir algum controle sobre ela. Talvez, através de uma melhor compreensão das forças coercitivas que atuam numa configuração como a dos estabelecidos e outsiders, possamos conseguir, no devido tempo, conceber medidas práticas capazes de controlá-las.

APÊNDICE 1
Aspectos sociológicos da identificação

Os problemas da identificação têm sido estudados por diversos ângulos. S. Freud e G.H. Mead figuraram entre os primeiros, neste século, a estimular o interesse nesses problemas; a contribuição de Freud pode ser encontrada em *Totem e tabu* e em *Psicologia das massas e análise do eu*, bem como em suas *Novas conferências introdutórias sobre psicanálise* e alguns artigos mais curtos; a contribuição de Mead acha-se em *Mind, Self and Society*. Muitos outros seguiram essa trilha ou foram além dela, e qualquer seleção seria arbitrária. Mas talvez seja útil mencionar algumas contribuições que apontam, explícita ou implicitamente, para a importância sociológica dos mecanismos de identificação:

S.H. Foulkes, "On introjection", *International Journal of Psychoanalysis*, 1937, 18, p.269ss.

L.P. Holt, "Identification. A crucial concept for sociology", *Bulletin of the Menninger Clinic, 1950*, 14, p.164ss.

L.P. Howe, "Some sociological aspects of identification", *Psycho-Analysis and the Social Sciences*, vol.IV, 1955, p.61.

E.H. Erikson, "The problem of ego identity", *Journal of the American Psychoanalytical Association, 1956*, 4, p.56.

E.H. Erikson, *Young Man Luther. A Study in Psycho-Analysis and History*, 1958, p.106ss.

A ênfase de Louisa P. Howe no vínculo entre a identificação e a herança social chegou ao meu conhecimento depois que nossa experiência em Winston Parva havia chamado minha atenção para esse mesmo vínculo, tal como observado naquela comunidade. Em ambos os casos, a ênfase se opõe à atribuição acrítica da herança de continuidades entre as gerações a mecanismos biológicos, quando ela é perfeitamente explicável em termos dos mecanismos sociológicos da hereditariedade. Os comentários de L.P. Howe sobre as tendências biologizantes de Freud não são injustificados e se mostram úteis neste contexto, embora seja muito mais compreensível que um homem como Freud – que recebeu grande parte de sua formação no século XIX – exibisse tais tendências do que elas continuem a ser largamente difundidas e aceitas em meados do século XX, quando já se tornou um pouco mais fácil distinguir as formas biológicas e sociológicas da hereditariedade e estudar sua interação.

> É surpreendente, escreveu ela em "Some sociological aspects of identification", que Freud tenha-se agarrado tão tenazmente a sua idéia do assassinato primevo e ao postulado de que as lembranças inconscientes desse e de outros acontecimentos 'históricos' são transmitidas pela hereditariedade biológica, quando ele mesmo descreveu com tanto discernimento o tipo de herança social que ocorre através da identificação.

Alguns efeitos da herança sociológica já foram discutidos no texto, em conexão com a transmissão do preconceito e das atitudes discriminatórias de uma geração para outra e com o aprofundamento de seu efeito (p.142-3). Outro exemplo fornecido no texto, o do efeito da herança sociológica do ressentimento dos outsiders, mediante a identificação com as famílias socialmente rejeitadas e desestruturadas dentre eles, aponta na mesma direção. Ele é mais abrangente, uma vez que liga a identificação a toda a situação social dos pais e dos filhos. Leva em conta a interação da imagem que as pessoas têm de si mesmas com as imagens que os outros fazem delas. À primeira vista, essa extensão sociológica dos problemas da identificação (ultrapassando as relações entre uma dada criança e seus pais) à posição – e particularmente à posição hierárquica – de determinada família em relação às demais parece complicar indevidamente os problemas. Na verdade, ela os simplifica, ainda que talvez não facilite a coleta de dados. Mas aproxima-se mais daquilo que de fato observamos.

Mesmo sem um estudo sistemático, é fácil observar, na vida cotidiana, que a imagem que as crianças fazem de si é afetada não apenas pela experiência dos pais, mas também pela experiência do que os outros dizem e pensam sobre seus pais. A consciência que as crianças têm do status, embora mais carregada de fantasias, é, se possível, ainda mais aguda que a dos adultos. Muitas vezes, a segurança que uma pessoa adquire na infância, por acreditar no status superior de sua família, influencia sua autoconfiança em anos posteriores da vida, mesmo que sua própria situação seja menos segura ou que seu status tenha decaído. Do mesmo modo, a experiência da atribuição de um status inferior à própria família deixa marcas na auto-imagem e na autoconfiança dessa pessoa em épocas posteriores. É a identificação nesse sentido mais amplo que se mostra relevante para os problemas levantados no texto, dentre eles os problemas da delinqüência juvenil.

Erik H. Erikson, em *Young Man Luther* (e em alguns de seus outros escritos), discutiu diversos problemas enfrentados pelos adolescentes em sua busca da identidade, particularmente nas páginas 106 e seguintes. Também ele apontou para a necessidade de um desenvolvimento maior do conceito psicanalítico de identificação:

A psicanálise enfatizou e sistematizou a busca sexual da infância e da juventude, estendendo-se sobre a maneira como as pulsões e representações sexuais e agressivas são recalcadas e disfarçadas, ressurgindo, mais tarde, em atos compulsivos e em formas compulsivas de autocontrole. Mas a psicanálise não mostrou até que ponto essas pulsões e representações devem sua intensidade e sua exclusividade a súbitas depreciações do eu e do material disponível como elemento de construção de uma identidade futura. A criança, entretanto, tem seus pais; se eles forem medianamente dignos desse nome, sua presença definirá para ela a extensão criativa e os limites seguros das tarefas que ela terá na vida.

A comparação entre as comunidades proletárias de Winston Parva aponta para a necessidade de uma tipologia mais detalhada das configurações sociais que pesam na composição da identidade pessoal. Também nesse campo, a limitação convencional da atenção do observador às relações intrafamiliares, que dá a impressão de que as famílias vivem num vazio social, entrava nossa compreensão. É improvável que venhamos a ser capazes de enfrentar problemas como esses sem investigações sistemáticas sobre tipos de comunidades e tipos de famílias, bem como sobre a hierarquia de status em que crescem as crianças.

N.E.

APÊNDICE 2
Nota sobre os conceitos de "estrutura social" e "anomia"

Seria possível apontar muitos casos em que a "anomia" é tratada como um problema, enquanto seu oposto, a situação das pessoas "bem integradas", ou seja lá qual for o nome que se dê a isso, é apresentada de modo a parecer relativamente "não problemática", "normal" e, às vezes, por implicação, como um fenômeno que não precisa ser estudado.

Talvez nos baste escolher, a título de exemplo, alguns dos comentários finais de um conhecido ensaio de Merton, "Social structure and anomie":*

> Na medida em que uma das funções mais gerais da estrutura social é fornecer uma base para a previsibilidade e a regularidade do comportamento social, ela se torna cada vez mais limitada em sua eficácia, à medida que esses elementos da estrutura social se dissociam. Nos casos extremos, a previsibilidade é minimizada, sobrevindo o que se pode apropriadamente chamar de anomia ou caos cultural.

No fim de seu ensaio, Merton apresenta a "estrutura social" e a "anomia" como fenômenos antitéticos; elas são apresentadas como pólos opostos de um continuum: onde a "anomia" prevalece, há pouca ou nenhuma "estrutura social"; seu lugar é tomado pelo caos cultural (ou, talvez, social); "a previsibilidade e a regularidade do comportamento social" ficam reduzidas a nada.

Esse conceito de anomia, como podemos ver, é diferente do de Durkheim. Se sua utilização no estudo durkheimiano do suicídio significa alguma coisa, significa que a "anomia" é um tipo específico de estrutura social, e não seu pólo oposto num contínuo de fenômenos sociais.

Durkheim afirmou que, quando prevalece o tipo particular de estrutura social a que ele se referia como anomia, os índices de suicídio tendem a ser elevados. Ao contrário da idéia mertoniana de que a "anomia" diminui a previsibilidade do comportamento social, a teoria de Durkheim deixou implícito que entendê-la melhor como um tipo de estrutura social poderia permitir explicar os altos índices de suicídio e prever que, em condições anômicas, esses índices tendem a ser elevados.

---

* Merton, R.K., *Social Theory and Social Structure*, Glencoe, Ill., 1963, p.159.

A idéia mertoniana de uma polaridade entre a "estrutura social" e a "anomia" baseia-se num mal-entendido bastante disseminado. A "estrutura social" é identificada com um tipo de ordem social que o observador aprova, com uma "boa ordem". Daí a "anomia", considerada indesejável e incompatível com a "boa ordem", afigurar-se também incompatível com a "estrutura social". A "boa ordem" é vista como uma ordem em que o comportamento social é bem regulado. A identificação da estrutura social com uma "boa ordem social", por conseguinte, leva à suposição de que as regularidades do comportamento social diminuem quando a "estrutura social", no sentido de uma ordem "boa" e "bem regulada", cede lugar à "má ordem" da anomia. As dificuldades semânticas que surgem quando se equipara o conceito sociológico de "ordem social" com o que se considera uma "boa ordem social" na vida cotidiana, e o conceito sociológico de "regularidades do comportamento social" com o conceito valorativo de "comportamento social bem regulado", mostram-se com bastante clareza em considerações desse tipo. Aqui como noutras situações, o fato de se imiscuírem no diagnóstico sociológico juízos de valor que são alheios ao problema examinado — juízos heterônomos — encontra-se na raiz das dificuldades. Ao invadirem a análise sociológica, as avaliações como "bom" e "mau" dão a impressão de nítidas dicotomias morais, ali onde as investigações factuais simplesmente revelam, em primeiro lugar, diferenças de estrutura social. Sob esse aspecto, a abordagem de Durkheim pode servir de corretivo. Ele conseguiu mostrar que o comportamento social que "não é bem regulado" tem claras regularidades sociológicas. É fácil avaliar como "ruins" os índices elevados de suicídio. Muito mais difícil é explicar por que algumas sociedades têm índices de suicídio mais elevados do que outras. Quando isso é visto como a tarefa sociológica primordial — quando se procura, como fez Durkheim, correlacionar os diferentes índices de suicídio com as diferentes estruturas sociais —, logo se percebe que as questões são mais complexas do que simples polaridades de valor como as sugeridas por "bom" e "mau". A elevação contínua dos índices de suicídio, por exemplo, que pode ser julgada "má", pode estar ligada a mudanças na estrutura social do mesmo modo que a industrialização crescente, que seria mais difícil de avaliar como igualmente "má". Portanto, o conceito de "estrutura social" pode ser e tem sido usado, pelo próprio Merton, entre outros, num sentido menos comprometido por juízos de valor alheios ao assunto do que o usado por Merton nas frases citadas há pouco. Ele tanto pode ser usado com referência a grupos mais estreitamente integrados quanto a outros menos integrados. Não há problema em falar dos primeiros como "bem integrados" (o que sugere aprovação) e dos últimos como "mal integrados" ou "dissociados" (o que sugere uma desaprovação), desde que as diferenças estruturais e as razões dessas diferenças permaneçam firmemente no centro da atenção.

Tanto as formas de integração estreita quanto as de integração frouxa suscitam problemas que requerem investigação. A comparação entre a "aldeia" e o loteamento de Winston Parva mostrou isso de maneira bastante clara. Todos os setores de Winston Parva, inclusive a minoria desordeira do loteamento, eram setores "estruturados". Como tal, todos exibiam um certo grau de regularidade e previsibilidade do comportamento social.

No início de seu ensaio, o próprio Merton emprega o termo "estrutura social" num sentido mais sociológico. Ali, apresenta a "estrutura social" como uma condição da conduta desviante e, ao menos por implicação, da conduta conformista:[*]

> Nosso objetivo primordial é descobrir de que modo algumas estruturas sociais exercem uma pressão definida em certas pessoas da sociedade, no sentido de que elas enveredem mais por uma conduta não conformista do que por uma conduta conformista.

E ele acrescenta, muito apropriadamente, à luz dessa frase: "Nossa perspectiva é sociológica."

Mas a perspectiva deixa de ser sociológica quando a expressão "estrutura social" é aproximada tão-somente das condições e do comportamento "nômicos", enquanto a "anomia" é identificada com o caos "desprovido de estrutura". A sociologia só poderá ser reconhecida como uma disciplina científica se ficar claro que não existe caos em sentido absoluto. Nenhum agrupamento humano, por mais desordenado e caótico que seja aos olhos daqueles que o compõem ou aos olhos dos observadores, é desprovido de estrutura. Entretanto, talvez este não seja o lugar apropriado para nos estendermos nesse assunto.

Merton utiliza a expressão "estrutura social" de duas maneiras diferentes e não totalmente incompatíveis — uma vez como uma possível condição do comportamento desviante e da anomia, outra vez como um pólo de um continuum cujo extremo oposto é a "anomia". Em termos das avaliações imediatas das pessoas como participantes engajados, as estruturas que incentivam uma conduta mais "ordeira" e as que incentivam uma conduta mais "desordenada" podem ser vivenciadas como opostos independentes e incompatíveis. Em termos de uma investigação sociológica, ambas podem ser abordadas, como estruturas, num mesmo nível; em muitos casos, é possível mostrar que elas são interdependentes. Também quanto a isso, o estudo de Winston Parva é ilustrativo. Sua tarefa primordial consistia apenas em investigar como funcionavam a comunidade e seus vários setores, por que funcionavam daquela maneira específica e, entre outras coisas, por que surgiam e persistiam tensões na comunidade. Uma vez feito isso, já não pareceu tão fácil quanto antes emitir um juízo em preto e branco sobre os diversos setores de Winston Parva — em simples termos de "bom" e "mau". O loteamento exibiu, em grau bastante elevado, condições que costumam ser designadas como "anômicas". A "aldeia" poderia servir de exemplo de uma comunidade "bem integrada". Comparada ao quadro vívido e complexo que pode

---

[*] Ibid., p.132.

emergir de uma investigação empírica, a tendência a argumentar em termos gerais, como se a estreita integração de um grupo fosse uma qualidade puramente positiva, e a integração mais frouxa de outro, uma qualidade puramente negativa, afigura-se uma supersimplificação estéril. A integração estreita, como indicou o exemplo da "aldeia", está freqüentemente ligada a formas específicas de coerção. E pode estar associada a formas específicas de opressão. Tanto pode haver excesso quanto insuficiência de coesão social, assim como uma pressão excessiva ou insuficiente no sentido do conformismo. Somente um número maior de investigações empíricas poderá ajudar-nos a compreender o que realmente acontece nas comunidades em relação às quais empregamos termos como "integração estreita", e o que de fato significam, nesses casos, "excessivo" e "insuficiente". No momento, há uma tendência a acreditar que os juízos de valor usados nesses casos independem completamente dos progressos do conhecimento. Muitas vezes, há quem fale como se as pessoas adquirissem do nada os valores que defendem. Eles parecem existir *a priori*, anteriores a qualquer experiência. Sem sugerir que possam ser simplesmente derivados das pesquisas empíricas, decerto podemos dizer que eles não são independentes destas. O senso de valor dos seres humanos modifica-se de acordo com suas condições mutáveis de vida, e, como parte dessas condições, de acordo com os progressos do saber humano.

Esse ponto não deixa de ter relevância no presente contexto. A avaliação axiomática da integração estreita como incondicionalmente "boa" poderia ser retificada com a ajuda de investigações factuais. Esse é um dos muitos exemplos que se poderiam dar da maneira como certas avaliações, amplamente aceitas como evidentes em determinado estágio, podem ser afetadas pelos progressos do conhecimento. Serão necessárias muitas outras investigações empíricas comparadas de comunidades com graus variáveis de coesão, bem como dos efeitos destes nas pessoas que nelas vivem, para que se possa definir e avaliar algumas delas, com razoável segurança, como melhores do que outras. Até o momento, as organizações humanas têm sido tão imperfeitamente desenhadas e tão grande é nossa ignorância a seu respeito, que algumas formas de mau funcionamento, com o sofrimento dele resultante, são onipresentes e largamente aceitas como normais e inevitáveis. Embora os juízos de valor gerais e abstratos – dos quais a atual forma de juízos morais constitui um exemplo – possam satisfazer nossa consciência, eles são de pouca serventia para nortear ações que tenham uma perspectiva de longo prazo. Resta-nos apenas esperar agir de maneira mais adequada, com a ajuda de um conhecimento factual imensamente aprimorado sobre a sociedade. Sem tal conhecimento, não apenas é difícil dizer quais ações tenderão a ser "boas" a longo prazo e quais se mostrarão "ruins", como também é possível que, para remediar o que é avaliado como "ruim", tomem-se providências que o tornem ainda pior.

N.E.

APÊNDICE 3
Da relação entre "família" e "comunidade"

Algumas das características notáveis da "aldeia" de Winston Parva assemelham-se às anteriormente observadas em outras comunidades. Um dos estudos pioneiros nesse campo foi "Family and kinship in East London", de Michael Young e Peter Willmott, publicado pela primeira vez em 1957 e posteriormente lançado em forma de livro pela editora Pelican, numa edição revista, em 1962. Até onde pudemos saber, eles foram os primeiros a assinalar que a "família ampliada, longe de haver desaparecido, continuava bem viva no coração de Londres" (1962, p.12). Frente a uma tradição que enfatizava o papel do pai como figura central da família, provavelmente pautada na imagem que a classe média tem da família "normal", eles registraram o fato de que, nas famílias proletárias que estudaram, a mãe parecia ser a figura central de um tipo de família que costumava ser mais numerosa e que, em sua estrutura, diferia um pouco do que era freqüentemente considerado como o tipo "normal" de família européia.

Como registro de uma série de observações sumamente criativas, o estudo de Young e Willmott foi pioneiro. Representou um passo numa longa caminhada que, um dia, talvez contribua para reformular a imagem convencional da estrutura e função da família "normal", da qual o conceito de "família nuclear", como cerne e essência das famílias do mundo inteiro, constitui um exemplo. Teria sido muito menos simples reconhecer as famílias "matrifocais" de Winston Parva sem o precedente criado por Young e Willmott em seu estudo das famílias de Bethnal Green.

Mas a perspicácia das observações não encontra correspondência, no estudo desses autores, na perspicácia das conceituações. Eles parecem orgulhar-se do fato de simplesmente "observarem", sem dispor de uma teoria. Na verdade, suas observações, como as de qualquer outra pessoa, foram guiadas por idéias teóricas específicas. E é provável que estas tenham sido extraídas do reservatório das idéias gerais da sociedade como um todo. Não foram explicitamente elaboradas nem submetidas a um exame crítico. Os autores pareceram tratar suas idéias teóricas como evidentes. Não consideraram que fosse parte de sua tarefa examinar, à luz de suas observações empíricas, os conceitos gerais que empregaram ao fazê-las.

Consideremos a seguinte passagem, que aparece como um resumo do projeto que norteou seu trabalho:*

> Na parte do livro que aqui se encerra, deslocamo-nos sucessivamente do casal para a família ampliada, da família ampliada para a rede de parentesco e desta para algumas das relações entre a família e o mundo externo. Passaremos agora do econômico para o social e examinaremos se, fora do local de trabalho, as pessoas dessa comunidade local específica que não eram ligadas pelo casamento ou pelo sangue tinham algum outro tipo de ligação.

Não é preciso tecer comentários sobre expressões como "o econômico" ou "o social". Elas são um indício do tipo de classificações que estavam presentes na mente dos autores. O procedimento delineado nessa citação é significativo. Ele sugere que a observação, atravessando uma série de estágios, passa do casal ou da família, que aparece como centro do universo social, para o que aparece como a concha denominada "mundo externo". Trata-se de um arcabouço teórico centrado na família e concebido de maneira um tanto vaga, que tem certa semelhança com as antigas concepções geocêntricas do universo, segundo as quais a Terra era o miolo e o céu era a casca externa.

O conceito familiocêntrico de sociedade não é incomum na atual literatura sociológica referente à família. Por estar a atenção concentrada na escolha de dados sobre "a família", a estrutura familiar destaca-se claramente, enquanto a de outros aspectos das sociedades é sumariamente concebida como o mundo "externo" a ela e permanece bastante imprecisa. Em suas observações, Young e Willmott foram apenas moderadamente inibidos por sua imagem familiocêntrica da sociedade. Presumiram como um dado corriqueiro que as famílias têm uma estrutura independente. Mas não se preocuparam particularmente em examinar essa proposição geral. Tampouco ela os impediu de notar que havia algum tipo de relação entre a estrutura familiar e a estrutura da comunidade. Mas, como não refletiram sobre a natureza dessa relação, eles tiveram certa dificuldade de expressar o que observaram a seu respeito:

> Por ser muito envolvente a vida familiar em Bethnal Green, talvez fosse de esperar que ela abrangesse tudo. Nesse caso, o apego aos parentes se daria em prejuízo do apego a outras pessoas. Na prática, porém, não é isso que parece acontecer. Longe de eliminar os vínculos com as pessoas de fora, a família age como um meio importante de promovê-los. ...
>
> A função do parentesco só pode ser entendida quando se percebe que a moradia de longa data é a praxe no local. Cinqüenta e três por cento das pessoas da amostra geral haviam nascido em Bethnal Green.

---
* M. Young, P. Willmott, op. cit., p.104.

Portanto, também nesse caso, como no de Winston Parva, um tipo específico de estrutura familiar — as redes de parentesco matrifocais de duas ou três gerações — estava associado a um tipo específico de estrutura comunitária; elas se desenvolviam dentro do contexto de uma antiga comunidade proletária. Talvez, em Bethnal Green, as mulheres também trabalhassem fora.

Mas, pelo que se pode ver, Young e Willmott só se interessaram marginalmente pela estrutura da comunidade. Sua atenção estava concentrada nos tipos de famílias.

As dificuldades geradas por essa abordagem podem ser mais diretamente vistas em *Family and Social Network*, de Elizabeth Bott. Dois trechos deverão ser suficientes para situar o problema:[*]

> Com base nos dados colhidos nas famílias incluídas na pesquisa, é impossível analisar a trama de forças que afeta suas redes. Para examinar esses fatores, é necessário ir além dos dados de campo e recorrer aos conhecimentos gerais sobre a sociedade urbana industrializada. ...
>
> Na literatura sobre a sociologia da família, existem referências freqüentes à "família na comunidade", com isso ficando implícito que a comunidade é um grupo organizado em cujo seio está contida a família. Nossos dados sugerem que esse uso é enganoso. Naturalmente, toda família tem que viver em algum tipo de área local, mas poucas áreas urbanas podem ser chamadas de comunidades, no sentido de formarem grupos sociais coesos. É mais conveniente considerar o meio social imediato das famílias urbanas não como o espaço local em que elas vivem, mas como a rede de relações sociais efetivas que mantêm, independentemente de estas se restringirem à área local ou ultrapassarem suas fronteiras.

Nesses trechos, podemos ver a forte tendência da autora não apenas a "observar" as famílias, mas também a refletir sobre o problema geral levantado pelo relacionamento da família com a comunidade. Essencialmente, entretanto, suas reflexões são elaborações de crenças axiomáticas comuns a muitos estudos sociológicos sobre família, em particular a crença de que "a família" tem uma estrutura própria, que é fundamental e mais ou menos independente da que prevalece no mundo ao redor. Trata-se de uma crença que, como se pode constatar, persiste a despeito de todos os dados que revelam que a estrutura "da família" se modifica de acordo com as mudanças da sociedade em geral, tais como, por exemplo, a crescente urbanização e industrialização.

A linha de raciocínio representada nessas passagens não deixa de ser característica da circularidade de pensamento que costuma se produzir quando se aceitam determinadas técnicas de pesquisa como dadas e absolutas, e quando se permite que a concepção daquilo que se está pretendendo descobrir torne-se dependente dos resultados dessas técnicas, sejam quais forem suas limitações. E.

---

[*] E. Bott, *Family and Social Network*, Londres, 1957, p.97-9.

Bott afirma, primeiramente, que as técnicas empregadas para a coleta de dados em seu estudo restringiram as informações a famílias específicas; não possibilitaram a consideração de fatores externos às "famílias pesquisadas" que pudessem ter alguma influência em sua estrutura. Essa é uma admissão muito legítima das limitações dos métodos utilizados e das porções do tecido social enfocadas com a ajuda deles. Todavia, a partir do reconhecimento dessas limitações, a autora passa a dizer que somente aquilo que seus métodos de pesquisa destacaram tem uma estrutura sólida, e que os grupos mais amplos, as comunidades em que as famílias vivem, não têm nenhuma estrutura reconhecível. Esse é um exemplo de um tipo de erro comum nos estudos da sociedade: os aspectos da sociedade que podem ser descortinados com a ajuda das técnicas convencionais de determinado período – e cuja estrutura, portanto, pode ser reconhecida em maior ou menor grau – são tratados como aspectos sociais básicos. Os demais aspectos da sociedade, aqueles que as técnicas de um determinado período não conseguem desvendar com um certo grau de segurança, são corriqueiramente tomados como não tendo nenhuma organização ou estrutura sólidas. Com bastante freqüência, os primeiros são tidos como determinantes efetivos do fluxo dos acontecimentos sociais, enquanto os outros, que se presume não terem uma estrutura sólida, aparecem como mais ou menos passivamente determinados por eles. Uma vez que os dados coligidos por E. Bott deram a impressão de que somente a família, e não a comunidade, tinha uma estrutura sólida, a autora presumiu, implicitamente, que era possível desprezar a comunidade como um dos fatores da estruturação das famílias. O exemplo da "aldeia" de Winston Parva mostrou que considerar uma comunidade como uma unidade dotada de uma estrutura específica não é tão enganoso quanto sugeriu E. Bott e que é perfeitamente possível investigar a estrutura das famílias e da comunidade ao mesmo tempo. Quando isso é feito, logo transparece a interdependência dessas respectivas estruturas.

O vínculo entre a estrutura familiar e a estrutura comunitária pode ser menos visível nos bairros residenciais de classe média do que em antigos bairros proletários. Mas, ainda que, no caso deles, as famílias tenham muitas relações fora de sua área residencial, seu bairro de modo algum é desprovido de estrutura.

N.E.

Posfácio à edição alemã
Outras facetas da relação estabelecidos-outsiders
O modelo Maycomb

1. As desigualdades entre grupos e indivíduos estão entre as marcas distintivas recorrentes das sociedades humanas. Por que isso acontece é algo que ainda precisamos esclarecer. Mas não deixa de ter importância, para a compreensão das sociedades humanas, examinar e questionar a reivindicação, feita por algumas delas, de representarem um estado de igualdade. Certamente se pode afirmar com razão que em muitas sociedades do tipo que denominamos "democrático", a desigualdade é menor ou, se preferirem, a igualdade é maior do que em sociedades avançadas não-democráticas. Contudo, quando se transforma o enunciado comparativo, referido a um processo, em um enunciado absoluto e referido a uma situação estática, chega-se a uma falsa representação simbólica da realidade. Numerosos fenômenos de nosso tempo, para nos restringirmos a ele, provaram drasticamente que uma tal visão falsa do mundo em que vivemos é perigosa. Ela pode levar facilmente ao ocaso da humanidade.

Uma forma específica de desigualdade social encontra-se no ponto central deste livro. O movimento nazista foi um bom exemplo para um modelo de relação que é possível achar no mundo todo. Ele eleva a si próprio ao coroamento da humanidade, ao tipo humano mais valioso, que é convocado pela natureza para dominar todos os outros grupos. Os judeus eram considerados como contraponto, como a parte menos valiosa da humanidade. Na mitologia nacional-socialista, eles eram uma corporificação dos eternos outsiders, que deviam ser removidos da face da Terra. Em função da extrema brutalidade da lenda nazista, talvez se perca a percepção de que relações dessa espécie são uma realidade universal. Ao que parece, quase todos os grupos humanos tendem a perceber determinados outros grupos como pessoas de menor valor do que eles mesmos. O grau de estigmatização pode variar de um caso para o outro, e as ações que devem tornar claro para o grupo outsider o fato de seus membros serem um objeto de maior desprezo podem ser ruidosas e bárbaras, ou aparecerem em uma tonalidade mais amena. Seja como for, relações estabelecidos-outsiders têm sempre algo em comum.

Karl Marx foi o primeiro a descobrir que os conflitos de grupos e os processos ligados a eles, apesar das diferenças de suas manifestações, podem possuir uma estrutura fundamental semelhante. Sua constatação de que tais conflitos não surgem da má vontade ou da fraqueza de caráter de um lado ou do outro, mas de particularidades estruturais da sociedade em questão, foi um passo muito grande no desenvolvimento da teoria sociológica. Todavia, Marx afirmava implicitamente que todos os conflitos de grupos eram essencialmente conflitos de classe, sendo que uma delas tem a possibilidade de monopolizar as chances de poder econômico. Outros aspectos, que hoje em dia ocupam um lugar central para os seres humanos, permaneciam à margem de seu campo de visão. Conflitos étnicos, conflitos de partidos, conflitos entre castas diversas ou Estados Nacionais são exemplos evidentes. A rivalidade em torno de chances de poder econômico tem um papel significativo na maioria desses conflitos. Entretanto, Marx desenha um quadro das sociedades humanas no qual todos os diferenciais de poder podem ser explicados a partir do poder econômico. A monopolização decisiva parecia ser, para ele, a do controle sobre os meios de produção – sobre o "capital". Em outras palavras, ele esboçou um modelo reducionista, pelo qual se tem a impressão de que relações de classes como as existentes entre empresários e trabalhadores são a chave para a configuração de todas as outras relações humanas, a força motriz da dinâmica social.

O motivo desse reducionismo é claramente visível. Marx procurou, em sua teoria, associar entre si duas funções que via de regra são incompatíveis: a função de uma representação simbólica das sociedades humanas, até onde fosse possível em consonância com a realidade observável nelas, e a função de uma arma nas batalhas ideológicas da classe dos trabalhadores com a dos empresários. E à medida que ele construía essa arma ideológica, definia o tom da teoria para as gerações posteriores de cientistas sociais. A emancipação das ciências sociais em relação a esse modelo marxista foi um processo difícil. Hoje em dia, quando nos esforçamos para distinguir entre modificações científicas que levam a um engajamento maior e as que levam a um maior distanciamento, talvez isso não soe tão pretensioso como por exemplo no meio da acirrada luta da Guerra Fria.

2. Na parte principal deste livro, apresentei Winston Parva como caso exemplar ou modelo de uma relação estabelecidos-outsiders. Os estudos empíricos de casos têm, para os sociólogos, uma importância comparável à que os experimentos têm para os físicos. A capacidade de visualizar os casos singulares limitados torna possível seguir determinados detalhes de certa figuração, que em figurações maiores do mesmo tipo dificilmente seriam percebidos e comprovados. Através do caso exemplar, atentamos para as regularidades de um nexo de acontecimentos, o que nos possibilita então testar, por meio da investigação de outros casos, se tais regularidades são observáveis em todos eles e, se não forem, por que isso acontece.

No que diz respeito aos experimentos físicos está implicado, como algo evidente, o fato de que seus resultados têm validade para todos os outros casos, portanto para todo o plano de integração física do universo. Existe a suposição tácita de que aquilo que ocorre em um experimento é um caso particular de uma lei universal. Com o caso empírico exemplar de uma formação social as coisas são diferentes; o conceito de uma lei geral para inumeráveis casos particulares idênticos confunde mais do que esclarece, ao ser aplicado a modelos sociológicos. Estes funcionam de uma maneira própria, de acordo com seu campo de objetos.* Basta lembrar como podem ser diversificadas as relações estabelecidos-outsiders. Não só pequenas comunidades, mas também homens e mulheres, governos e partidos políticos, assim como dúzias de grupos que costumamos caracterizar por sua proveniência "étnica", estão entrelaçados em muitas sociedades como estabelecidos e outsiders. Para percebermos as regularidades de todas essas figurações e as suas distinções, para podermos esclarecer suas semelhanças e diferenças estruturais, precisamos de modelos empíricos mais ou menos padronizados. O exemplo de Winston Parva serve aqui como um tal modelo. A partir de uma série de motivos dos quais falamos anteriormente, ele é muito apropriado para esse propósito.

Para tornar compreensível esse uso dos estudos de caso enquanto modelos empíricos, acrescento a investigação corrente de uma segunda comunidade, na qual as fronteiras entre determinados grupos é, em alguns aspectos, mais aguda e rígida do que em Winston Parva, e na qual o desrespeito a essas fronteiras pode ser fatal, como veremos. Ao mesmo tempo, a semelhança entre a relação estabelecidos-outsiders que encontramos em um caso e no outro é bastante grande, de maneira que em uma comparação tanto as identidades quanto as diferenças das duas – e suas razões – ficam mais compreensíveis. Meu material é retirado de um romance da escritora americana Harper Lee, intitulado *Who Kill the Mocking Bird?*** Ele veio a público pela primeira vez em 1960, foi muito lido

---

* Ainda hoje, as leis de Newton constituem para muitas pessoas a imagem ideal da solução científica de problemas. Tais pessoas retrocedem lamentavelmente à noção de que a realização científica deve permanecer vedada às ciências sociais, porque não se pode esperar de seus modelos solução de problemas do mesmo tipo das que dizem respeito às leis naturais. Entretanto, leis como as de Newton não aparecem aqui como produções científicas ideais porque seu modelo corresponde especialmente aos fatos reais, mas sim porque nelas a imagem modelar e simbólica da realidade, através de sua circularidade e precisão, aproxima-se em grande medida de uma imagem ideal da formação de teorias científicas. Assim, atribui-se a uma imagem ideal do trabalho científico, preconcebida, quase estética, a preferência em relação ao seu valor de conhecimento.

Questionamentos mais detalhados sobre essa problemática encontram-se em meu artigo "Wissenschaft oder Wissenschaften? Beitrag zu einer Diskussion mit wirklichkeitsblinden Philosophen", *Zeitschrift für Soziologie*, 14, 1985, p.268-81.

** A utilização de um romance como material para um estudo sociológico traz vantagens e desvantagens. Um romance pode exagerar para um lado ou para o outro. O livro de Harper Lee não está livre dessas falhas. Em sua composição, as idealizações em favor de uma doutrina liberal-democrata certamente têm um papel significativo. Contudo elas são facilmente reconhecíveis e também muito realistas em si mesmas. A imagem que a autora fornece da relação entre negros e brancos nos anos 30 do século XX, para ser investigada pelos que vivenciaram um período posterior, é bastante confiável se procurarmos averiguar a maneira de ver das próprias pessoas envolvidas; além disso, um romance tem a vantagem de preservar, até certo ponto, o idioma de sua época.

nos EUA, traduzido em 25 línguas e teve 30 milhões de exemplares vendidos, segundo anuncia o texto de capa de uma edição de 1989.

O romance trata de uma ocorrência típica em uma comunidade americana dos estados do sul — não como são hoje, mas como eram há meio século, na época de organizações racistas do gênero do Ku-Klux-Klan. Considerados superficialmente, os protagonistas são muito diferentes daqueles que conhecemos no caso de Winston Parva. Em Maycomb, Alabama, os brancos constituem o establishment, mesmo quando analfabetos e pobres, e talvez justamente *porque* são pobres. Seus privilégios enquanto participantes do establishment permanecem firmes e inabaláveis. Igualmente claros são os símbolos da posição outsider no que diz respeito aos negros, como indivíduos ou grupos familiares.

A história é contada pela filha, então com dezoito anos, de um velho advogado branco, Atticus Fink, cuja família morava naquela localidade havia várias gerações. Atticus acabara de aceitar a defesa de um jovem negro, acusado de ter violentado uma mulher branca. Ele estava convencido de que o jovem, Tom Robinson, não tinha cometido o crime. Por isso, sua intenção era assumir a defesa com seriedade e energia, agüentando todas a hostilidades que um comportamento assim sofre em uma comunidade dominada por brancos. As pessoas o chamavam de "amigo de preto", enquanto seus filhos eram obrigados a suportar, na escola, as conseqüências do fato de o pai deles ter rompido o círculo da solidariedade dos brancos. Ele também sabia que só um homem branco muito decidido podia salvar o negro acusado das garras de seus adversários.

A mera suspeita de ter tido relações sexuais com uma mulher branca normalmente significava, para um negro, que ele não iria mais viver. O romance mostra a estratégia social do establishment local em um caso como esse. O público tinha motivos importantes para acreditar que a acusação a Tom Robinson era fingida. Ele foi defendido e tinha alguma chance de sair livre. Isso seria um golpe contra a autoridade dos brancos. Para evitar esse desfecho, a milícia branca não-oficial foi ativada. Alguns homens, encarregados ou motivados por iniciativa própria, pegaram em armas e assumiram a incumbência de executar a sentença esperada e exigida. O procedimento normal era mandar a polícia do lugar (muitas vezes com o seu consentimento) atrás de uma pista falsa, procurar o prisioneiro em sua cela, convencê-lo a fugir e então matá-lo a tiros.

Desta vez, porém, a tentativa malogrou. Atticus estava preparado para aquilo. Na véspera do julgamento, seus filhos o observaram enquanto, depois do jantar, tirava o carro da garagem e partia. Curiosos, seguiram-no até finalmente o acharem em frente à prisão, lendo o jornal à luz de uma lanterna que havia trazido. O que ele pretendia tão tarde da noite? Os filhos viram quatro carros dobrando a esquina. Homens vestidos com macacões saltaram dos carros. A filha de Atticus fixou os olhos à procura de um rosto conhecido entre eles, e encontrou; pertencia ao pai de um colega de turma, um camponês pobre que certa vez havia sido cliente de Atticus. Falou com ele: "Oi, Mr. Cunningham", e o enredou em uma longa conversa sobre seu filho e a batalha jurídica daqueles dias. Por meio dessa intervenção da menina e da lembrança da gratidão que devia a seu advogado, o homem ficou indeciso. "Vamos garotos, vamos embora", disse afinal, e desapareceu com os outros na noite.

Assim, o processo seguiu seu curso. A jovem narradora acompanhava os debates no balcão do tribunal, onde outrora sentavam os negros. A primeira testemunha de acusação era o pai da mulher envolvida, Bob Ewell, um homenzinho arrogante, que evidentemente não fora abençoado com muitos bens, mas sem dúvida era branco. Ele declarou que, na tarde de 21 de novembro, voltando da floresta, ouviu sua filha gritar. Através da janela da casa, viu-a deitada no chão, com Tom Robinson sobre ela. Quando correu até a porta, o negro fugiu. Ainda segundo ele, o rosto de sua filha estava inchado do lado direito. Não, declarou, não estava habituado a bater em sua filha. A defesa provou que Bob Ewell era canhoto. Sua história foi confirmada pela filha, uma moça de 19 anos chamada Mayella, que era a testemunha seguinte.

Depois disso chamaram Tom Robinson. Quando ele prestou seu juramento, todos puderam observar que seu braço esquerdo escorregou da bíblia como uma borracha: o braço era aleijado e inutilizado. Atticus fez o melhor possível para introduzir entre os jurados a questão de como esse homem poderia ter violentado uma mulher jovem e forte, batendo no lado direito do seu rosto. O acusado fez constar dos autos que passava diariamente na casa dos Ewell, onde costumava prestar pequenos serviços para a filha mais velha. No dia em questão, ela o tinha chamado para consertar uma porta dentro da casa, mas a porta não tinha problemas. Ela o abraçou, embora ele tenha pedido com insistência para que o soltasse. Nesse momento, o pai apareceu e ele, Tom, fugiu de medo. "Por que o senhor ficou com medo?" perguntou Atticus, e recebeu a resposta: "Mr. Fink, se o senhor fosse um negro como eu, o senhor também teria medo."

O júri precisou de três horas até considerar por unanimidade o réu culpado. Atticus afirmou que ia recorrer da sentença. Pouco tempo depois, o jornal informou que Tom Robinson havia sido baleado tentando fugir. Dessa vez, ele realmente tinha tentado fugir, em total desespero.

Os homens do século XX devem perguntar: como isso pôde acontecer? Como essas pessoas que haviam condenado à morte um homem inocente, em nome da lei e da justiça, puderam continuar vivendo com suas consciências tranqüilas? E de fato era justamente esse o gênero de questões que Atticus Fink se fazia. "Eu não poderia mais encarar meus filhos", exclamou, "se não tivesse aceitado a defesa." Mas a maioria dos brancos era alheia a tais escrúpulos. Os homens que pretendiam matar Tom Robinson, condená-lo à morte e depois atirar nele, não fizeram tudo isso por saberem, no fundo de seus corações, que ele era inocente; fizeram porque estavam profundamente convencidos de que ele era culpado. Os fatos importavam pouco para eles. Seu problema não era se um determinado homem negro havia tido relações sexuais com uma determinada mulher branca, com ou sem o seu consentimento. Essa forma de mistura entre negro e branco era, aos olhos deles, uma ferida tão grave na ordem geral que qualquer um merecia ser castigado mesmo que pesasse sobre ele apenas a suspeita da culpa. Se Tom Robinson havia realmente cometido o ato que lhe atribuíam era, para eles, algo relativamente sem importância. Ele tinha merecido a morte, e, enquanto não estivesse morto, suas consciências não os deixariam em paz. Era intolerável viver em um lugar onde se podia encontrar a qualquer momento um homem negro que era suspeito de ter dormido com uma mulher branca. Dormir com mulheres brancas constituía um dos mais importantes privilégios dos homens brancos. Se começassem a aceitar retalhos nesse privilégio, logo toda a estrutura de privilégios estaria esmigalhada e destruída.

Tanto em Winston Parva quanto em Maycomb nos deparamos com uma relação estabelecidos-outsiders típica. São semelhantes, apesar de estarem muito longe de ser iguais. Em ambos os casos temos um grupo estabelecido maior, do qual se destaca uma camada dirigente menor. Em Maycomb, o poder social também estava ligado à longevidade de uma tradição comum: "Havia realmente um sistema de castas em Maycomb", lembra a narradora, "mas para mim isso só se manifestava no fato de que os cidadãos mais velhos, que conviviam fazia muito tempo com os outros e moravam ao lado deles, sempre sabiam de antemão, com certeza, como cada um reagiria em determinadas situações." As "velhas famílias" da cidade eram apoiadas pelos camponeses das redondezas, alguns dos quais, com seus macacões, tinham pretendido matar Tom Robinson. Entretanto mesmo os brancos miseráveis faziam parte do establishment, pelo menos em relação aos outsiders negros. Nesse sentido, a riqueza tinha um papel notavelmente insignificante como fator de legitimação da superioridade social em Maycomb – assim como em Winston Parva.

A família Ewell encontrava-se em um nível bem baixo da escala da Maycomb branca, comparável ao das famílias do "loteamento" de Winston Parva, que não podiam impedir seus filhos de se tornarem um escândalo para a maioria dos habitantes daquela localidade. Afora o cheque mensal da previdência social, eles não tinham nenhuma renda regular. Em outras palavras, pertenciam à camada mais baixa da camada inferior. Mas sua pobreza, no lugar de diminuir, reforçava o orgulho de sua origem branca. Um dos filhos freqüentava a mesma turma de escola da narradora. Ela escreve sobre o menino: "Era a criatura mais suja que eu já tinha visto. Seu pescoço era cinzento, a parte de trás das mãos parecia recoberta de ferrugem e as unhas tinham pontas negras e largas." Apesar de sua pobreza e de sua sujeira (os Ewell moravam em um casebre ao lado do depósito de lixo), a sociedade branca de Maycomb não hesitou nem por um instante em vingar uma moça dessa família quando achou que sua honra havia sido maculada por um homem negro. Nenhum branco tinha um status tão baixo a ponto de não mobilizar os sentimentos de solidariedade do establishment local quando as circunstâncias exigiam. Neste caso, a solidariedade dos brancos de Maycomb era tão incondicional quanto a dos estabelecidos de Winston Parva.

Em contraposição aos Ewell, Tom Robinson e sua família ocupavam um nível bastante elevado na seção negra da população local. Ele tinha um trabalho estável, e portanto uma renda baixa mas fixa. A família toda ia regularmente à igreja. Em uma comunidade como Maycomb, freqüentar a igreja era um dos fatores principais que determinavam o nível de uma família, sobretudo o de uma família negra. Tom Robinson era um freqüentador da mesma igreja de Calpurnia, a cozinheira negra que cuidou dos serviços domésticos e das crianças na casa de Atticus após a morte de sua mulher.

Poderíamos dizer que os Ewell e os Robinson representavam pólos opostos no espectro social de Maycomb: enquanto os primeiros faziam parte da camada mais baixa da sociedade branca, os últimos faziam parte da camada mais alta da sociedade negra. Entretanto, na época a distância entre negros e brancos na comunidade era grande demais para que alguém que vivesse ali pudesse perceber a Maycomb branca e a Maycomb negra como constituindo uma única formação social, cujas diversas camadas fossem consideradas segundo a mesma medida. A seus próprios olhos, os Robinson e os Ewell pertenciam a mundo separados.

Como dissemos antes, só pela suspeita de se ter aproximado de uma moça branca, um homem negro já corria perigo de vida. Assim, um negro se encontrava em uma situação difícil caso uma mulher branca tentasse ter relações sexuais com ele. Ele podia se recusar, mas naturalmente sabia que toda a Maycomb branca, com poucas exceções, estaria ao lado dela, se resolvesse fazer insinuações a respeito de tal relação ou se um boato desses fosse espalhado pelos fofoqueiros do local. O que ele devia fazer? Se recusasse, incitaria a cólera da mulher e talvez o seu desejo de desforra; se assentisse, estaria assinando sua própria sentença de morte. Tom Robinson estava preso em uma armadilha. Por trás de qualquer possibilidade de escolha em relação a Mayella Ewell, a catástrofe espreitava. O que quer que os descendentes de escravos fizessem em tal situação podia abrir o abismo à beira do qual viviam.

Armadilhas sociais, e coerções sociais em geral, talvez necessitem de uma investigação mais completa e mais profunda do que as feitas até hoje. O conhecimento sobre sociedades humanas ainda não alcançou um ponto no qual se veja inequivocamente que problemas de liberdade e problemas de poder encontram-se em estreita conexão. Até agora tem sido pouco aceito que o trabalho dos sociólogos seja inútil caso seus resultados não sejam referidos ao estágio no desenvolvimento social da organização da violência física. As semelhanças e as diferenças entre as figurações estabelecidos-outsiders em Winston Parva e em Maycomb não podem ser compreendidas se não levarmos em conta que as duas comunidades representam estágios diversos no desenvolvimento do Estado Nacional, e especialmente da organização da violência física.

O equilíbrio de poder entre negros e brancos nos EUA se deslocou notavelmente desde a primeira metade do século XX. Naquela época os negros ainda estavam submetidos, na maior parte do país, a atos de violência mais ou menos organizados, ou à ameaça dessa violência, por parte dos brancos, sem que pudessem encontrar proteção legal. Os EUA eram de fato – e são em certa medida até hoje – um Estado com algumas peculiaridades que o diferenciam de todos os Estados europeus ou da maioria deles. Todos, com uma ou outra exceção, atravessaram uma fase em que o monopólio da violência física era rigidamente centralizado. Na América, em contrapartida, uma maioria de homens brancos, sem moldes institucionais claros, participava do monopólio estatal da violência física à medida que este se desenvolvia. Trata-se de uma determinada estrutura do Estado, vinculada a uma determinada estrutura da personalidade, que merece atenção do ponto de vista sociológico, independente do que se considera um Estado "normal" ou uma personalidade "normal". Ela merece atenção porque o desenvolvimento estatal particular dos EUA atua sobre aqueles aspectos que pretendemos investigar comparativamente. É possível reconhecer isso aqui.

Mas talvez não se reconheça prontamente o nexo entre o desenvolvimento estatal singular e, como se costuma denominar, o "problema racial" nos EUA. Na realidade, a peculiaridade estrutural da América, que à primeira vista pode aparecer como um problema racial, só pode ser compreendida como problema estatal. O modelo da relação estabelecidos-outsiders em Winston Parva é surpreendentemente livre do uso da violência física. Comparativamente, o modelo Maycomb demonstra um outro estágio de desenvolvimento da organização e regulação da violência física. Os moradores de Winston Parva viviam em uma sociedade na qual o monopólio estatal da violência era constituído com rigidez e efetivamente manipulado. As pessoas não podiam tomar em suas mãos o direito ou, em outras palavras, utilizar a violência, sem correr o risco de ser castigadas. Em Maycomb isso era totalmente diferente. Aqui, todos os membros do establishment, todos os homens brancos, tinham acesso a armas de fogo. Seu modo de vida requeria intimidade com a luta física. Para os outsiders negros, por sua vez, o acesso a armas de fogo era quase sempre vedado, quaisquer que fossem seus patrões, e a prática da luta física entre eles era severamente controlada. O privilégio da posse e do emprego mais ou menos permitido de armas dava ao grupo superior, como em todos os casos desse tipo, a possibilidade de tomar decisões sobre a vida e a morte de outros cidadãos do Estado que não eram privilegiados da mesma maneira, obtendo assim chances de poder que estavam completamente fora do alcance dos grupos não-privilegiados. Em Winston Parva não existia nenhuma diferença perceptível do controle estatal que regulasse o uso de violência física entre os estabelecidos e os outsiders. Por esse motivo, a distância social entre os grupos estabelecidos e outsiders era muito menor do que em Maycomb.

Podemos dizer que, no modelo Winston Parva, o direito representa um pai imparcial, que atribui a todos os indivíduos penas iguais; os cidadãos são vistos simbolicamente como ocupando a mesma posição e tendo o mesmo poder, mesmo se suas fontes reais de poder diferem intensamente. No modelo Maycomb, ao contrário, não há nenhuma igualdade simbólica dos indivíduos. Membros de grupos sociais diferentes são percebidos e tratados como tais. A mesma ação pode ser considerada insignificante e normal, caso seja praticada por um membro de certo grupo, e um pecado imperdoável, caso seja praticada por um membro do outro grupo. Quando os representantes do Estado falham em preservar o costume e a ordem tradicionais, quando deixam sem castigo uma violação contra a tradição, é preciso enganá-los e punir o malfeitor que violou a tradição. Matar a tiros um homem negro não era grande coisa. Podemos questionar por que o assassinato de um outro homem era, nesse estágio, algo tão fácil para a população branca. A resposta é que os brancos não consideravam os negros como seres humanos no mesmo sentido que consideravam a si próprios.

No Estados escravocratas [*Sklavenstaaten*] da América, os dois monopólios, o da violência física e o do gozo das mulheres brancas, eram ingredientes indispensáveis da auto-estima dos homens brancos. A posse de armas de fogo e a posse de mulheres brancas eram, para eles, atributos irrevogáveis de seu orgulho. Qualquer enfraquecimento desses privilégios seria experimentado, pelos homens brancos de uma sociedade em que a posição de um indivíduo ou de uma família tinha grande importância, como um enfraquecimento de sua própria auto-estima. Por isso, a massa desses homens não concedia nenhum perdão, caso um homem negro fosse suspeito, mesmo que só por boatos, de se ter aproximado de uma mulher branca para manter relações sexuais. Se Tom Robinson, após ter escapado do primeiro atentado contra sua vida, fosse posto em liberdade inesperadamente antes do julgamento, o grupo dos estabelecidos teria atacado uma segunda ou terceira vez. O seu orgulho ferido não os deixaria em paz enquanto o pretenso violador de tabu não estivesse morto. Muitas vezes, denominamos um tal comportamento "irracional". As relações estabelecidos-outsiders permitem esclarecer as origens das exigências políticas e sociais depois do *apartheid*.

Um dos poucos que acreditaram firmemente na inocência de Tom Robinson foi Atticus Fink. É característico o fato de que justamente ele, que tinha um lugar elevado na escala da comunidade, não fosse impelido pela necessidade de matar um homem que a grande maioria do establishment branco encarava como rival negro e como uma ameaça à sua auto-estima. Atticus, antigamente um excelente atirador, não tocava em arma alguma fazia muito tempo. Em sua posição sólida e relativamente superior, tinham papel pouco significativo os símbolos da superioridade social nos quais se baseava o sentimento de autovalorização de todos os seus companheiros de grupo pertencentes a níveis mais baixos. Foi isso que facilitou sua empatia com o outsider, sua identificação com o outro e a compreensão de suas motivações.

3. As figurações estabelecidos-outsiders possuem regularidades e divergências recorrentes. Os exemplos apresentados neste livro mostram suficientemente as duas coisas. No fundo sempre se trata do fato de que um grupo exclui outro das

chances de poder e de status, conseguindo monopolizar essas chances. A exclusão pode variar em modo e grau, pode ser total ou parcial, mais forte ou mais fraca. Também pode ser recíproca. Em numerosas sociedades antigas, era total a exclusão das mulheres de posições no governo e de muitos outros cargos ou empregos. Freqüentemente, essa exclusão caminhava lado a lado com a exclusão dos homens de um complexo de atividades específicas das mulheres. Algumas dessas desigualdades diminuíram atualmente, mesmo não tendo desaparecido.

Uma das relações estabelecidos-outsiders mais interessantes é a que tem lugar nos Estados partidários [*Parteistaaten*], onde a condução do partido e do governo se encontra nas mãos de uma pessoa, ou então as funções partidárias e governamentais por princípio são mantidas separadas. Deputados do parlamento podem ser outsiders em relação a membros do governo, membros de partido podem ser outsiders em relação aos membros do parlamento e do governo; meros membros do partido podem assumir uma posição de outsiders em relação a todas as funções partidárias mais elevadas, assim como os eleitores sem partido, em relação a membros de partidos. Em geral nos deparamos com uma multiplicidade de relações estabelecidos-outsiders nas organizações políticas. As pessoas que constituem um establishment e bloqueiam o acesso de grupos outsiders a determinadas informações e decisões, podem ser, por seu lado, outsiders no que diz respeito a establishments de uma ordem superior. Em ambos os sentidos, aqueles que monopolizam o acesso a informações e decisões asseguram para si mesmos certas fontes de superioridade em termos de poder e status. A destreza necessária para a aquisição de saber é uma dessas fontes. Segundo uma tradição antiga, o saber, inclusive o saber de como adquiri-lo, é visto apenas em sua qualidade de meio de conhecimento. Normalmente se dá pouca atenção ao saber como meio de poder. Entretanto, as duas coisas são praticamente inseparáveis. Comunicação, transmissão de saber – de grupo para grupo ou de indivíduo para indivíduo –, e conseqüentemente também a recusa de transmitir um saber, nunca dizem respeito apenas ao aspecto cognitivo das relações humanas, mas incluem sempre as relações de poder.

Um traço característico no desenvolvimento da sociologia é a proporção em que a função do saber sociológico, enquanto representante de uma determinada constelação de poder, volta sempre a sobrepor suas funções cognitivas. Assim, talvez haja a tendência de considerar a pesquisa sobre as relações estabelecidos-outsiders em primeiro lugar segundo o aspecto ideológico e não, ou muito pouco, segundo o aspecto do progresso que ela traz para o conhecimento. A fim de ressaltar o ganho cognitivo dessas pesquisas, retorno a um ponto que já mencionei anteriormente mas sem a ênfase que lhe convém. Trata-se da questão de por que a necessidade de se destacar dos outros homens, e com isso de descobrir neles algo que se possa olhar de cima para baixo, é tão difundida e enraizada que, entre as diversas sociedades existentes na face da Terra, não se encontra praticamente nenhuma que não tenha encontrado um meio tradicional de usar uma outra sociedade como sociedade outsider, como uma espécie de bode expiatório de suas próprias faltas. É assim que os holandeses costumam ver os frísios e os ingleses costumam ver os holandeses – a série dos exemplos não tem começo nem fim. Ressaltando a universalidade das relações desse tipo, chama-se a atenção para um aspecto da estrutura da personalidade humana para a qual ainda não temos uma conceituação apropriada. Talvez possamos falar da necessidade humana, nunca serenada, de elevar a auto-estima, de melhorar o valor da própria pessoa ou do próprio grupo.

A busca por diferenças na estrutura de diversas sociedades não deve ser restrita a particularidades econômicas. Já destaquei o fato de que diferenças na organização e no desenvolvimento das instituições que exercem a violência física têm um papel considerável. O mesmo se aplica ao desenvolvimento das relações de autovalorização. Elas são especialmente significativas no presente contexto. O núcleo em torno do qual o sentimento de auto-estima de uma pessoa está construído pode variar notavelmente não só de indivíduo para indivíduo, mas também de sociedade para sociedade. Existem sociedades em que o orgulho de um homem se baseia essencialmente em sua potência guerreira e sexual, ou em sua habilidade como pastor. Em outros casos, o contato de alguém com o mundo dos espíritos é algo central. Ali onde uma pessoa se vê ligada aos deuses, uma confirmação dessa crença pode fortalecer muito seu sentimento de amor-próprio; grandes discrepâncias entre as previsões e o curso efetivo dos acontecimentos podem enfraquecê-lo ou até destruí-lo. O orgulho das mulheres pode ter o seu ponto de virada ou de encaixe em sua capacidade profética ou na força dos filhos homens que elas geraram. Seja como for, os seres humanos são sempre valorizados do seu próprio ponto de vista e aos olhos dos outros.

Em outras palavras: o curso efetivo dos acontecimentos assume seu significado e seu sentido, para os homens envolvidos nele, através da elevação ou diminuição em um esquema prévio de autovalorização. Hoje em dia, com freqüência se faz uso do conceito de "valor" como se um indivíduo encontrasse os seus valores flutuando livremente pelo ar. Todavia não é esse o caso.

Um segundo modo de ver, igualmente freqüente e equivocado, nos faz acreditar que a autovalorização só é possível como resultado da desvalorização de uma outra pessoa ou grupo. O reconhecimento de que o valor do próprio grupo pode ser aumentado *sem* diminuir o valor de um outro grupo ainda não está muito difundido. E no entanto existem muitas maneiras de ganhar valor sem perda do valor dos outros.

Numerosos exemplos ensinam que a insolubilidade de um problema tem mais a ver com a imprecisão do modo de colocá-lo do que com a impossibilidade real de achar uma solução. Mencionei que nos antigos estados do sul dos EUA o assassinato de um homem negro, suspeito de um crime sexual contra uma mulher branca, tinha estreita conexão com a perda de valor que os homens brancos experimentariam, caso não fossem capazes de vingar o crime – real ou imaginário

— atentando contra o acusado. Através de uma pesquisa sobre a perda e o ganho de valor nas relações estabelecidos-outsiders nos aproximamos de fato da essência do problema.

Mas por que a necessidade de relações estabelecidos-outsiders, portanto de elevar o próprio grupo e diminuir os outros grupos, é tão difundida que quase não podemos imaginar uma sociedade humana que não tenha desenvolvido, em relação a certos grupos, uma técnica de estigmatização semelhante à que se tornou visível em Winston Parva? No fim das contas, essas técnicas parecem ter a ver com o sentido da própria sobrevivência. Os grupos humanos vivem na maioria das vezes com medo uns dos outros, e freqüentemente sem conseguirem articular ou esclarecer as razões do seu medo. Eles se observam mutuamente, enquanto se tornam mais fracos ou mais fortes. Sempre que possível, tentam evitar que um grupo vizinho alcance um potencial maior do que o próprio. Sejam quais forem as formas assumidas por essas rivalidades, elas não são subprodutos ocasionais, mas traços estruturais das figurações em que se encontram envolvidos. Tais figurações indicam, em meio a grande variação, determinados aspectos em comum. Um deles é o perigo em potencial que os grupos representam uns para os outros, e com isso o temor que têm uns dos outros. Nessa situação, a promoção da auto-estima coletiva fortalece a integração de um grupo, melhorando suas chances de sobrevivência.

Profundamente enraizada nas crenças e nos costumes de todos esses grupos, mais ou menos interdependentes, encontra-se muitas vezes a idéia ou lenda de que um deles foi quem trouxe à tona o temor. Normalmente, trata-se dos outros. O fato de que a figuração que desperta o medo não tenha um começo é esquecido depressa, assim como a reciprocidade do temor. Aqui se percebe mais uma vez a função que a busca de origens tem em um conflito. Ela permite aos participantes encontrar um culpado, o outro que foi quem "iniciou" o conflito. Mas, na realidade, quase nunca é possível apontar o começo de um conflito. Eles são encontrados com mais regularidade nos choques entre algo em movimento e algo parado. Pego uma toalha de rosto e começo a usá-la. Isso pode valer como um início autêntico. Mas nos pontos onde dois ou mais movimentos se encontram, tal modo de considerar as coisas não é apropriado. O começo de uma revolução, por exemplo, é o resultado de uma longa figuração conflituosa anterior. Quando o processo de um conflito dentro de um Estado irrompe em violência, podemos falar do início de uma revolução. Contudo a palavra "início" engana. Ela representa, como ocorre muitas vezes, a redução de um processo a uma situação estática.

O mesmo acontece com o problema expresso no fato de que praticamente todas as sociedades estigmatizam outros grupos como sendo grupos de status inferior e de menor valor. Uma grande quantidade de estereótipos serve para esse propósito. Tradicionalmente, o conceito de "preconceito" é usado como símbolo unificador para o desprezo de grupos em palavras e atos. Mas a natureza do preconceito, o motivo pelo qual um grupo estabelecido encara um grupo outsider como estando em uma posição mais baixa e tendo menos valor, permanece normalmente sem esclarecimento. Também há casos em que não se trata apenas de dois, mas de três ou mais estágios de estigmatização dos grupos: o grupo A possui, aos olhos de seus membros, um status e um valor mais elevados do que os do grupo B, que por sua vez apresenta, aos olhos de seus próprios membros, um tipo de pessoas dignas de maior valor do que as do grupo C. O espectro das palavras e das atitudes discriminadoras é muito amplo. Basta observar desde uma expressão comparativamente branda de desprezo, como o que os ingleses manifestam por quase todas as outras nações do mundo, até as palavras e atitudes que renegam a humanidade dos grupos outsiders, classificando-os como animais, se não explicitamente, ao menos implicitamente. Por exemplo, atribui-se ao grupo outsider um cheiro repugnante; a proximidade corporal com seus membros é experimentada como desagradável, o contato direto, mesmo passageiro, como indigno e sujo.

    Ainda há muito o que dizer sobre as razões disto. Aqui deve ser suficiente prestar atenção em dois pontos, que certamente merecem ser melhor investigados e comprovados. Um deles diz respeito à particularidade do orgulho dos grupos humanos. Ele está estreitamente vinculado com o orgulho pessoal dos homens. De modo genérico, é possível averiguar que um certo grau de orgulho pessoal e de orgulho grupal faz parte da vida humana. Suas bases podem ser diversas, conforme já foi indicado. Para mim, é inesquecível o caso de um trabalhador cuja tarefa era remover a sujeira e a poeira do interior de uma fábrica. Tive uma conversa breve com ele sobre o seu emprego e lembro-me de como ele me mostrou com orgulho de que maneira era melhor juntar e levar para longe a sujeira. O orgulho social pode, mas não precisa, estar ligado ao status ou função de uma pessoa na sociedade. Ele pode se basear em uma multiplicidade de características ou capacidades. É fácil confundi-lo com uma propriedade de certos indivíduos. Na verdade, o orgulho é variável e extremamente sensível. Sua fragilidade é no mínimo um dos fatores responsáveis pela onipresença da discriminação entre os grupos humanos. Isso pode ser visto mais claramente quando se alcança um plano mais elevado de integração. Assim, o orgulho se torna reconhecível como uma forma positiva da auto-avaliação das pessoas enquanto indivíduos ou grupos. E esse valor que alguém atribui a si mesmo, enquanto membro de um grupo ou enquanto indivíduo, é um elemento fundamental da existência humana. Ele tem um papel central nas tentativas incessantes de grupos humanos, sejam tribos ou Estados Nacionais, de alcançar ou conservar uma posição elevada em meio a seus semelhantes – uma posição mais elevada do que a dos concorrentes em potencial. A mesma necessidade de confirmação ou ascensão do próprio valor coletivo se expressa nos esforços, por meio de palavras e atos, de destacar as vantagens do próprio grupo e as falhas dos outros.

O papel que os processos de elevação e diminuição do próprio valor como grupo têm nas relações entre os povos ainda não foi suficientemente estudado. Até o momento, a investigação mais avançada e mais profunda foi feita por Sigmund Freud, sob o título de "Narcisismo". Como era de se esperar, Freud tinha coisas novas e esclarecedoras para dizer sobre esse tema, mas concentrando-se na pessoa singular. Freud separava a identidade individual e a identidade dos grupos. Esta última permanecia, em geral, fora de seu horizonte de investigação. Por isso, o acesso que sua obra oferece ao problema do amor-próprio dos grupos, por exemplo na forma do nacionalismo, foi pouco pesquisado. Existe também uma falta de clareza sobre os aspectos positivos, se pudermos denominar assim, da auto-avaliação. Comparado ao termo tradicional, "egoísmo", o "narcisismo" de Freud significou um passo adiante no caminho da elaboração de formas de conceituar mais neutras. "Auto-avaliação" avança mais um passo nessa mesma direção. Ela abrange o ódio a si mesmo e o amor-próprio, a auto-superestima e a auto-subestima [*Selbsthaß, Selbstliebe, Selbsterhöhung, Selbsterniedrigung*], deixando espaço para que as pessoas se aceitem e se rejeitem. A maioria faz as duas coisas, em uma mistura específica a cada vez. E se alguém perdeu seu amor-próprio e sua auto-estima, por infelicidade ou por uma forma de vida desfavorável, a vida pode lhe parecer como não sendo mais digna de ser vivida.

A força da função vivificadora do sentimento de valor próprio se mostra na universalidade da tendência de elevar o valor do próprio grupo às custas do valor de outros grupos. As pessoas em Winston Parva ganharam um acréscimo considerável de auto-estima ao excluir os outsiders. Talvez eles precisassem dessa elevação de seu valor próprio. Se tivermos em vista uma série de casos em que outsiders foram ou são discriminados, logo descobrimos determinados traços em comum, a matéria-prima de uma hipótese. Existem diferenças marcantes na tolerância e intolerância com que grupos estabelecidos tratam grupos outsiders, e sem dúvida vários fatores contribuem para isso. Mas talvez possamos dizer que grupos até certo ponto seguros de seu próprio valor, grupos com uma auto-estima relativamente estável, tendem mais para a moderação e a tolerância em relação aos outsiders; e por outro lado, aquelas seções de um grupo estabelecido em que os membros são mais inseguros, mais incertos acerca de seu valor coletivo, tendem à mais aguda hostilidade na estigmatização de grupos outsiders, a ser implacáveis na luta pelo status quo e contra uma queda ou abolição dos limites entre estabelecidos e outsiders. Normalmente são eles quem mais tem a perder no caso de uma ascensão dos outsiders. Em Maycomb isto era evidente.

Como foi indicado, o temor que se articula nessa situação por parte dos grupos humanos é uma das principais razões da hostilidade entre esses grupos. Isso vale para as relações estabelecidos-outsiders, mas certamente não só para elas. Quando nos perguntamos por que conflitos internos atravessam toda a estrutura da sociedade humana, a resposta está nesse temor que os diversos grupos despertam uns nos outros permanentemente. Eles temem ser escravizados, espoliados, despojados ou destruídos pelos outros. Não deixa de ser proveitoso, do ponto de vista prático, recordar que só se pode esperar uma maior igualdade nos ou entre os grupos humanos, caso se consiga reduzir o nível do temor recíproco, tanto no plano individual quanto no plano coletivo.

Não há dúvida de que a necessidade humana de autovalorização poderia ser satisfeita de outras formas. O desenvolvimento das competições esportivas no século XX indica a direção em que se deveriam buscar tais satisfações – duradouras e não passageiras. Além disso, o exemplo das competições esportivas deixa muito claro que dedicação *e* felicidade na busca de satisfação por parte dos indivíduos ou grupo desempenham um papel significativo. Atualmente, só podemos supor que muitos aspectos da vida humana ainda se encontram ocultos para os homens ou inutilizados em seus esforços. Somos marcados por uma herança de relativismo, o que dá a impressão de que aspirar pelo avanço e ampliação do saber não vale mais o esforço que precisamos investir para alcançá-los. Na verdade ainda há muitas coisas desconhecidas acerca dos homens, que são dignas do esforço para conhecê-las. No campo das ciências humanas um estreitamento precipitado das fronteiras da curiosidade científica contribuiu muito para desmotivar os esforços de conhecimento muito antes que ele desse frutos.

BIBLIOGRAFIA SELECIONADA

AICHHORN, A., *Wayward Youth*, Londres, 1936.
ALEXANDER, F. e W. HEALY, *Roots of Crime*, Nova York, 1935.
ANGELL, R.C., *The Family Encounters the Depression*, Nova York, 1936.

BAKKE, E.W., *The Unemployed Man*, Londres, 1933.
BELL, LADY, *At the Works: A Study of a Manufacturing Town*, Londres, 1907.
BENDIX, R., "Concepts and generalisations in comparative sociological studies", *American Sociological Review*, vol.28, 4, 1963.
——————, *Max Weber*, Londres, 1960.
BERNARD, J., "An instrument for the measurement of neighbourhood with experimental applications", *South Western Social Science Quarterly*, setembro de 1937.
BLOCH, H.A., *Disorganisation: Personal and Social*, Nova York, 1952.
——————, e A. NIEDERHOFFER, *The Gang*, Nova York, 1958.
BLOS, P., *The Adolescent Personality*, Nova York, 1941.
BLUMENTHAL, A., *Small Town Stuff*, Chicago, 1933.
BOOTH, C., *Life and Labour of the People in London*, Londres, 1902.
BOSANQUET, H., *Rich and Poor*, Londres, 1899.
BOTT, E., *Family and Social Network*, Londres, 1957.
BOWLBY, J., *Maternal Care and Mental Health*, Genebra, 1951.
BRENNAN, T., E.W. COONEY e POLLIM, *Social Change in South West Wales*, Londres, 1959.
BRIGGS, A., *Victorian Cities*, Londres, 1963.
BURT, C., *The Young Delinquent*, Londres, 1955.

CARR-SAUNDERS, MANNHEIM, RHODES, *Young Offenders*, Cambridge, 1942.
CHOMBART DE LAUWE, P., *La Vie quotidienne des familles ouvrières*, Centre de la Recherche Scientifique, Paris, 1956.
CLEMENT, P. e N. XYDIAS, *Vienne sur le Rhône: La Ville et les habitants, situations et attitudes*, Paris, 1955.
COHEN, A.K., *Delinquent Boys*, Glencoe, 1955.
COLE, G.D.H., *Studies in Class Structure*, Londres, 1955.
COLEMAN, J., *The Adolescent Society*, Glencoe, Ill., 1961.
CRUTCHFIELD, R.S., "Conformity and Character", *American Psychologist*, 10, 1955.

DAHRENDORF, R., "Sozialwissenschaft und Werturteil", in *Gesellschaft und Freiheit*, Munique, 1961.
DAVIE, M.R., "Pattern of urban growth", *in* G.R. MURDOCH (org.), *The Science of Society*, New Haven, 1937.
DAVIS, K., "Adolescence and the social structure", *The Annals of the American Academy of Political and Social Science*, vol.236, novembro de 1944.

──────────, "The sociology of parent-youth conflict", *American Sociological Review*, agosto de 1940.
DURANT, R., *Watling: A Survey of Social Life on a New Housing Estate*, Londres, 1939.
DURKHEIM, E., *Suicide: A Study in Sociology*, Londres, 1952.

EISENSTADT, S.N., *From Generation to Generation: Age Groups and Social Structure*, Glencoe, Ill., 1956.
ELIAS, N., "Problems of involvement and detachment", *British Journal of Sociology*, vol.VII, 3, 1956.
──────────, *Über den Prozess der Zivilisation*, Basiléia, 1939 [*O processo civilizador*, 2 vols., Rio de Janeiro, Zahar, 1990, 1993].
──────────, *Die öffentliche Meinung in England*.
──────────, "Nationale Eigentümlichkeiten der englischen öffentlichen Meinung", in *Vorträge, Hochschulwochen für staatswissenschaftliche Fortbildung in Bad Wildungen*, Bad Homburg, 1960 e 1961.
ERIKSEN, E.G., *Urban Behaviour*, Londres, 1954.
ERIKSON, E.H., *Childhood and Society*, Nova York, 1950.
──────────, "The problem of ego identity", *Journal of the American Psychoanalytical Association*, 1956.
──────────, *Young Man Luther, A Study in Psycho-Analysis and History*, 1958.

FELLIN, P.H. e E. LITWAK, "Neighbourhood Cohesion and Mobility", *American Sociological Review*, vol.28, 3, 1963.
FIRTH, R. (org.), *Two Studies of Kinship in London*, London School of Economics, Monographs on Social Anthropology, 15, Londres, 1956.
FLEMING, C.M., *Adolescence*, Londres, 1948.
FOULKES, S.H., "On introjection", *International Journal of Psychoanalysis*, 1937.
FREUD, S., *Psicologia das massas e análise do eu*, ESB, Rio de Janeiro, Imago, vol.XVIII, 1ª ed., 1969.
──────────, *Novas conferências introdutórias sobre psicanálise*, *ESB*, vol.XXII, 1ª ed., 1969.
FRIEDLANDER, K., *The Psycho-Analytic Approach to Juvenile Delinquency*, Londres, 1947.

GENNEP, A. VAN, *Rites of Passage*, Londres, 1961.
GLASS, D.V. (org.), *Social Mobility in Britain*, Londres, 1954.
GLASS, R., *The Social Background of a Plan*, Londres, 1948.
GLUECK, S.H. e E., *Delinquents in the Making*, Nova York, 1952.
──────────, *Unravelling Juvenile Delinquency*, Nova York, 1950.
GOLDFARB, W., "Effects of psychological deprivation in infancy and subsequent stimulation", *American Journal of Psychiatry*, vol.102, 1, 1945.
──────────, "Psychological privation in infancy and subsequent adjustment", *American Journal of Orthopsychiatry*, vol.XV, 2, 1945.
GORER, G., *Exploring English Character*, Londres, 1955.

HANDLIN, O., *The Uprooted*, Boston, 1951.
HAVIGHURST, R.J. e H.T., *Adolescent Character and Personality*, Nova York, 1949.
HINKLE, R.C., "Antecedents of the action orientation in American sociology before 1935", *American Sociological Review*, vol.28, 5, 1963.
HODGES, M.W. e C.S. SMITH, "The Sheffield Estate", in E.I. BLACK e T.S. SIMEY (orgs.), *Neighbourhood and Community*, Liverpool, 1954.
HOLLINGSHEAD, A., *Elmstown's Youth*, Nova York, 1945.
HUNTER, F., *Community Power Structure*, Universidade da Carolina do Norte, 1953.

ISAACS, S., *Social Development in Young Children*, Londres, 1945.

JEPHCOTT, A.P., *Some Young People*, Londres, 1954.
JOUVENEL, BERTRAND DE, *On Power*, Boston, 1948.
JUNOD, H.A., *The Life of a South African Tribe, I. Social Life*, Londres, 1927.

KARDINER, A., *Psychological Frontiers of Society*, Nova York, 1945.
KERR, M., *The People of Ship Street*, Londres, 1958.
KLINEBERG, O., "How Far Can the Society and Culture of a People Be Gauged through their Personality Characteristics", *in* F.L.K. HSU, (org.), *Aspects of Culture and Personality*, Nova York, 1954.
KRAMER, D. e M.K., *Teen Age Gangs*, Nova York, 1953.
KUPER, L. et al., *Living in Towns*, Birmingham, 1950.

LANDER, B., *Toward an Understanding of Juvenile Delinquency*, Nova York, 1954.
LÉVI-STRAUSS, C., "The family", in H.L. SHAPIRO (org.), *Man, Culture and Society*, Nova York, 1960.
LEWIS, O., *Life in a Mexican Village*, Universidade de Illinois, 1951.
LIEBERSON, S., *Ethnic Patterns in American Cities*, Nova York, 1963.
―――――, "The old-new distinction and immigrants in Australia", *American Sociological Review*, vol.28, 4, 1963.
LINTON, R., "What we know and what we don't know", in F. L. K. HSU (org.), *Aspects of Culture and Personality*, Nova York, 1954.
LIPSET, S.M. e R. BENDIX, *Social Mobility in Industrial Society*, Londres, 1959.
LOCKWOOD, D., *The Black Coated Worker*, Londres, 1958.
LYND, R.S. e H.M., *Middle Town*, Nova York, 1950.
―――――, *Middle Town in Transition*, Nova York, 1950.

MAINE, H.S., *Village Communities in the East and West*, Londres, 1872.
MANNHEIM, H., *Social Aspects of Crime in England*, Londres, 1950.
MAYHEW, H., *London Labour and the London Poor*, Londres, 1851.
MEAD, G.H., *Mind, Self and Society*, Chicago, 1934.
MEAD, M., *Growing up in New Guinea*, Londres, 1954.
MERTON, R.K., "Social structure and anomie", in *Social Theory and Social Structure*, IV e V, Glencoe, Ill., 1957.
―――――, "Patterns of influence: A study of inter-personal influence and of communication behaviour in a local community", in P.F. LAZARSFELD e F.N. STANTON (orgs.), *Communications Research 1948-1949*, Nova York, 1949.
MITCHELL, G.D. e T. LUPTON, "The Liverpool Estate", in E.I. BLACK e T.S. SIMEY (orgs.), *Neighbourhood and Community*, Liverpool, 1954.
MOGEY, J.M., *Family and Neighbourhood*, Oxford, 1956.
MORRIS, T., *The Criminal Area*, Londres, 1957.
MORRISON, A., *The House of the Jago*, Londres, 1939.

NEUMEYER, M.H., *Juvenile Delinquency in Modern Society*, Nova York, 1949.
NZEKWU, O., *Blade among the Boys*, Londres, 1962.

ORGANIZAÇÃO DAS NAÇÕES UNIDAS, *Relatório sobre a Situação Mundial*, ONU, Nova York, 1957 e 1961.

PACKER, E.L., "Aspects of working-class marriage", *Pilot Papers*, II, 1947.

Paneth, M., *Branch Street*, Londres, 1944.
Parsons, T., "Certain primary sources and patterns of aggression in the social structure of the Western World", in P. Mullahy (org.), *A Study of Interpersonal Relations*, Nova York, 1949.
_____, e R.F. Bales, *Family Socialisation and Interaction*, Glencoe, Ill., 1955.
Piaget, J., *The Moral Judgement of the Child*, Londres, 1950.

Radcliffe-Brown, A.R., *Structure and Function in Primitive Society*, Londres, 1952.
_____, e D. Forde (orgs.), *African Systems of Kinship and Marriage*, Londres, 1950.
Read, M., *Children of their Fathers*, Londres, 1959.
Redfield, R., *The Little Community*, Chicago, 1955.

Scott, J.F., "The changing foundations of the parsonian actions scheme", *American Sociological Review*, vol.28, 5, 1963.
Seeley, J.R., *Crestwood Heights*, Londres, 1956.
Self, P.J.P., "Voluntary organisations in Bethnal Green", in A.F.C. Bourdillon (org.), *Voluntary Social Services*.
Sherif, M., *The Psychology of Social Norms*, Nova York, 1936.
Sinclair, R., *East London*, Londres, 1950.
Slater, E. e M. Woodside, *Patterns of Marriage*, Londres, 1951.
Spaulding, C.H.B., "Cliques, Gangs and Networks", *Sociology and Social Research*, XXXII, 1948.
Sprott, W.J.H., *Human Groups*, Londres, 1959.

Thrasher, F.M., *The Gang*, Chicago, 1927.
Titmuss, R.M., *Essays on the Welfare State*, Londres, 1958.
_____, *Problems of Social Policy*, Londres, 1950.
Townsend, P., *The Family Life of Old People*, Londres, 1957.
Tumin, M.M., *Caste in a Peasant Society*, Princeton, 1952.

Unesco, *The Social Implications of Industrialisation and Urbanisation*, Calcutá, 1956.

Veblen, T.H., *The Theory of the Leisure Class*, Nova York, 1934.
Vidich, A. e J. Bensman, *Small Town in Mass Society*, Princeton, 1958.

Warner, W.L. e P.S. Lunt, *The Social Life of a Modern Community*, New Haven, 1941.
_____, *The Status System of a Modern Community*, New Haven, 1947.
_____, R.J. Havighurst e M.B. Loeb, *Who Shall be Educated?*, Londres, 1946.
Weber, M., *The City*, Londres, 1960.
_____, *The Methodology of the Social Sciences* (trad. e org. de E.A. Shils e H.A. Finch), Glencoe, Ill., 1949.
Whyte, W.F., *Street Corner Society*, Chicago, 1943.
Williams, W.M., *The Sociology of an English Village: Gosforth*, Londres, 1956.
Wilson, B.R., "Teenagers", in *Twentieth Century*, agosto de 1959.

Young, A.F. e F.T. Weston, *British Social Work in the Nineteenth Century*, Londres, 1956.
_____, e P. Willmott, *Family and Kinship in East London*, Londres, 1962.

ÍNDICE REMISSIVO

administração familiar, 161ss
"aldeia" *ver* Zona 2
análise e sinopse das figurações, 56ss, 67, 176s, 181ss
análise estatística, problemas da, 53s, 55, 56, 57, 58s
  limitações da (nos estudos do desenvolvimento comunitário), 67s
  limitações da (na explicação das diferenças de status), 67s
"anomia", conceito de, 176, 177ss, 190ss
"antigo proletariado", 52s, 66ss, 105s
  Ver também Zona 2: elite proletária; subestratificação
"antigüidade":
  como componente da estrutura da comunidade, 52s, 59, 114, 128, 163s, 166s
  como elemento do fluxo de fofocas, 121s, 127
  como categoria sociológica, 51s, 59s, 63s, 67s, 167ss, 171ss
  Ver também "novidade"
associações locais:
  Comitê Beneficente, 99s, 124
  Clube de Boliche, 99s
  clubes da igrejas e das capelas 89, 135s, 140, 142, 152, 153s
  clubes juvenis paroquiais, 53, 135, 140, 147s, 152s
  escola noturna, 99
  "Evergreens" *ver* Clube dos Idosos
  Companhia de Teatro Paroquial, 93, 94
  Associação Conservadora, 100ss
  Clube dos Conservadores, 100ss
  composição dos membros:
    ligada ao status das famílias, 166s
    local de residência, 92s 94, 99, 100s, 102
  monopolização dos cargos principais nas, 65, 103
  liderança nas (Tabela VI), 104s
  Clube dos Idosos, 87, 93, 94, 96ss, 122
  Clube Juvenil Aberto, 136, 147ss, 151ss
  Banda Premiada da Temperança, 98s
  Clube de Rugby, 137
  associação dos escoteiros, 137
  Igreja de St. Michael, 93s, 95, 96
  Clube dos Operários, 97, 100, 111s

Bott, E., 196

carisma grupal e desonra grupal, 131s
coesão social, 21, 54, 128, 170s, 172, 176, 179s, 192s
Comte, A., 178
comunidade, conceito sociológico de, 54s, 165ss, 175, 184s, 188s, 193, 194ss
conduta "civilizada", código de, 170s
conformismo, pressão para o, 54s, 81s, 105s, 148, 170ss, 180, 192s
  Ver também controle social; "nomia"; normas sociais; Zona 2: pressão para o conformismo
consciência, formação da 112s, 130
  nos grupos outsiders,
  Ver também relações estabelecidos/outsiders; delinqüência; Zona 3: imagem da
conselheiro Drew, 71s, 99, 101ss, 104s, 137, 147
controle social em Winston Parva, 64s, 103, 105s, 134, 158
  na Zona 2, 81ss

Comitê Beneficente como instrumento de, 99s
das crianças, 130
dos outsiders, 105ss, 109s
ostracismo como instrumento de, 81s, 134
dos jovens, 142s, 158
Ver também conformismo, pressão para o; fofocas
crenças coletivas/comunitárias, 54s, 65, 96, 105s, 148, 150s, 174s, 179
efeito da competição em grupos estreitamente unidos nas crenças coletivas, 125s
impermeáveis aos dados da realidade, 66, 127
Ver também carisma grupal e desonra grupal; relações estabelecidos/outsiders; Zona 2: crenças coletivas
crianças:
aprendizagem das diferenças de status, 127, 164
número de crianças em W.P., 151
controle social das crianças, 130, 131
meninos de rua, 151, 152
Ver também delinqüência; jovens

delinqüência, 15, 117s, 134s, 145s, 153s, 177s
mudança nos índices de (explicação da), 160ss
estrutura comunitária e delinqüência, 139s
diagnóstico psicológico e sociológico da, 139s
Ver também famílias desestruturadas; gangues; identificação
desenvolvimento comunitário, 68, 81, 104, 105s
Ver também Winston Parva: desenvolvimento; Zona 1: desenvolvimento; Zona 2: desenvolvimento; Zona 3: desenvolvimento
desenvolvimento social, 177
e estrutura social, 59, 67ss, 105ss, 166s
estudo do (como parte integrante dos estudos sobre as comunidades), 59, 87ss, 166s

Ver também Winston Parva; Zona 1; Zona 2; Zona 3
diferenças de status:
como problema de pesquisa, 51ss, 59s, 67, 82, 114s
atritos inerentes às, 81s, 83s
Durkheim, E., 177ss, 179, 190ss

Elias, N., 170n, 181
Erikson, E.H., 187s
espírito comunitário, 71s, 105s
Ver também crenças coletivas
estrutura comunitária, 66s, 192s
e estrutura familiar, 85s, 194ss
Ver também famílias; estrutura familiar; estrutura social; Winston Parva: parentes, distribuição dos; Zona 1: padrões familiares; Zona 2: padrões familiares; Zona 3: padrões familiares
estrutura familiar, 195, 196s
e estrutura do bairro, 85s, 90s, 194ss
Ver também famílias
estudos sobre comunidades, 58ss, 67ss

famílias:
desestruturadas, 55s, 117ss, 128s, 134s, 146, 154, 161ss, 188
de classe média, 70s, 76sd, 85, 194
"matrifocais", 85ss, 90, 95s, 194ss
"nucleares", 95, 194
"antigas", 52s, 128, 132, 166s,169s
com 3 filhos ou mais, 151
proletárias, 93ss, 176s, 194
Ver também "novidade"; "antigüidade"; Zona 1: padrões familiares; Zona 2: padrões familiares; Zona 3: padrões familiares
família, teoria sociológica centrada na, 194s
"famílias antigas", 51s, 128, 131s, 166s, 169ss
Ver também "famílias antigas"; Zona 2: padrões familiares
figurações sociais, 51, 52s, 53, 57ss, 67s, 114, 145, 168, 170s, 172s, 174s, 180, 181, 182s, 188s
tensões inerentes às, 173
caráter de processo das, 114, 185
poder das, 185s

Ver também desenvolvimento social; estrutura social
fofoca, 83, 121ss
   fofocas depreciativas [*blame gossip*], 113, 124, 133
   estrutura comunitária e fofoca, 121, 124-5, 128s, 132s
   competição como determinante das fofocas, 125s
   eficácia da (dependente do poder social), 130
   valor de entretenimento da, 122s
   fatores de distorção, 125s
   circuitos e canais de, 122, 158, 159
   impossibilidade de retaliação, razões da, 130s
   função integradora das fofocas, exame da, 124s, 128ss
   fofocas elogiosas [*praise gossip*], 123s, 133, 147
   fofocas de rejeição, 119, 124, 127, 158, 172, 174s
   como instrumento de controle social, 81s, 96s
   como ideologia de status, 65
   e diferenciais de status, 130s
   fofocas de apoio, 123
   sistema de centros de, 121
Foulkes, S.H., 187
Freud, S., 144, 187, 188

gangues, 144, 152s, 157, 161s
   Ver também delinqüência
"Garotos, Os" *ver* gangues
grupos de imigrantes,
   exclusão pelos moradores antigos, 110ss, 172s
   problemas sociológicos, 63ss, 66, 114, 172s, 174ss
   Zona 3 como comunidade de imigrantes, 113s, 163, 173
   Ver também problemas comunitários dos novos moradores; relações estabelecidos/outsiders; mobilidade social; Winston Parva: desenvolvimento; Zona 3: desenvolvimento

habitação e status, 51s, 62, 71s
herança/hereditariedade sociológica, 145s, 163, 169, 187s
hierarquia de status, 64, 73, 96, 145, 163s, 171s
Holt, L.P., 187s
Howe, L.P., 187
Hunter, F., 72

identificação:
   de indivíduos com grupos, 131, 132
   de jovens com as normas dos mais velhos, 142
   problemas de identificação dos jovens, 142s, 185
   aspectos sociológicos da, 187ss
ideologia de status *ver* crenças coletivas/comunitárias; fofoca
industrialização, 66s, 68, 173, 176, 196s
   Ver também Winston Parva: fábricas; urbanização

jovens:
   em Winston Parva, 134ss, 177s
   comportamento coletivo no cinema, 138ss
   padrões de namoro, 148s
   das famílias desestruturadas, 142ss
   efeitos da estrutura comunitária no crescimento dos, 134s, 141ss
   relações estabelecidos/outsiders entre jovens da Zona 2 e da Zona 3, 142, 147, 151, 163s
   atividades de lazer, 135s, 140s
   escassez de atividades de lazer, 140ss
   grupos outsiders da nova geração, 139, 143ss
   busca da identidade, 141, 145, 185ss
   relações sexuais, 148s, 156s

Kerr, M., 86-7, 88

lazer:
   atividades de lazer dos jovens, 135ss, 152s
   escassez de atividades de lazer para os jovens, 140ss
   associações locais e atividades de lazer, 103
   reuniões sociais e lazer, 63ss

tipo de atividades de lazer nas
  comunidades pré-industriais, 92
  Ver também associações locais; fofoca,
    valor de entretenimento da;
    Winston Parva: *pubs*; Zona 2:
    atividades de lazer e rituais de
    visitas
líderes comunitários, 71s, 100, 103ss
  Ver também conselheiro Drew;
    "famílias antigas"
"loteamento", o, 66ss
  Ver também Zona 3

Merton, R.K., 190ss
métodos sociológicos, 16s, 52ss, 136,
  183s, 191s, 196s
  Ver também análise e sinopse das
    figurações; análise estatística
minorias:
  minoria de famílias desestruturadas,
    146, 157, 161ss, 191s
  minoria de jovens desajustados, 142ss,
    150ss, 157
  "minoria dos melhores" na
    auto-imagem dos grupos
    estabelecidos, 132s, 175
  "minoria dos piores" na imagem dos
    marginalizados, 115s, 175
  na Zona 1, 55s, 70s, 74s, 78, 118
  na Zona 2, 55s, 74s, 79, 118
  na Zona 3, 55s, 74, 79, 111, 115s, 117,
    118, 157, 184s
  significação sociológica das, 51s, 118s,
    174s
  Ver também relações
    estabelecidos/outsiders; grupos de
    imigrantes
mobilidade social, 173ss
  aspectos migratórios da, 105s, 163,
    173ss, 176ss
Morris, T., 160
mulheres:
  trabalhando fora, 75ss
  papel das, 87s, 89
  Ver também famílias; estrutura familiar

"nomia", conceito de, 179, 180, 192
  Ver também coesão social
normas, 134, 166s, 169ss, 183
  conformidade às, 54s, 65, 147

internalização das normas dos grupos
  estabelecidos pelos outsiders, 130,
  141s, 147, 156
os jovens e as normas da geração mais
  velha, 142, 147, 156
Ver também conformismo, pressão para
  o; controle social; Winston Parva:
  elite de poder; Zona 2: crenças
  coletivas
"novidade",
  como componente da estrutura da
    comunidade, 52s, 63s, 114s, 166ss
  como categoria sociológica, 51s, 59s,
    63s, 67s, 114s, 167ss, 173s
  Ver também problemas coletivos dos
    novos moradores; relações
    estabelecidos/outsiders; Zona 2:
    relacionamento com a Zona 3;
    status das zonas de Winston Parva

observação participante, 136s
ordem/classificação do status:
  nas comunidades, 51s, 81, 82, 83s,
    95s, 114s, 163s
  importância para os jovens, 141, 188
  aspectos teóricos, 82, 130s

Parsons, T., 184
poder como condição da eficácia das
  fofocas, 130
  distribuição do poder entre as
    gerações, 142
  poder e autocontrole, 170
  Ver também relações
    estabelecidos/fofocas; Zona 2
poder social em Winston Parva, 21, 51s,
  54, 65, 81s, 103, 167s
  superioridade de status e poder social,
    51s, 68
  elite de poder, 81, 99s, 103ss, 105s,
    167
  monopólio dos cargos principais como
    fonte de poder social, 105s, 170
  inserção na rede de famílias antigas
    como fonte de poder social, 103ss
preconceito social, 176s, 181, 188
pressão social *ver* conformismo, pressão
  para o
problemas comunitários dos novos
  moradores, 110ss, 115

Ver também Zona 3; relações estabelecidos/outsiders; grupos de imigrantes; mobilidade social

redes:
   redes de famílias isoladas, 85s, 114
   rede de famílias, 94, 114, 165s, 171s
   rede de "famílias antigas", 92ss, 104s, 114, 132, 168ss
relações de classe, 51ss, 63s, 174s
relações estabelecidos/outsiders, 55s, 64s, 66s, 81s, 105s, 110s, 128ss, 132, 166, 170ss, 174s, 177, 184s
   entre os jovens, 139, 142, 147, 151s, 163s
   gangues como grupos marginalizados, 144, 152, 155
   Ver também fofocas; Winston Parva: relações de vizinhança; Zona 2: relacionamento com a Zona 3; Zona 3: relacionamento com a Zona 2

Spencer, H., 178
status das zonas de Winston Parva, 51ss, 63, 64, 66, 73, 111ss
   e as fofocas, 130s
   e o poder, 83, 130s
   refletido na inserção nas associações locais, 95s
   das famílias, 95s, 103ss, 129s, 169s, 185, 188

Townsend, P., 88

urbanização, 68, 126, 139, 176s, 196s

"velhas famílias" *ver* "famílias antigas"
vergonha, vergonha dos outsiders pelas fofocas depreciativas [*blame gossip*], 112, 113, 129s
   Ver também consciência

Weber, M., 57
Wilmott, P., 194
Wilson, B., 16
Wilson, C. (fundador de Winston Parva), 61, 62
Winston Parva:
   delitos dos adultos, 158s
   "Batalha de Winston Parva", 116s

distribuição das classes, 74
relações entre as classes, 51ss, 73s
cinema, 137ss
Diretoria Municipal de Ensino, 136
Serviço Municipal de Liberdade Condicional, 16
desenvolvimento, 51, 61s, 67, 70ss, 166s
fábricas, 63, 66, 75, 76
descrição geral, 51s
imigrantes, 62ss, 107
associações locais, 93ss
relações de vizinhança, 51ss, 63ss, 67, 76, 100, 102, 105ss, 109s, 126, 129, 164, 166ss, 176s
estrutura ocupacional, 51s, 71, 74, 80ss, 107
ostracismo, 81s, 174, 175
partidos políticos, 71s, 100s
polícia, 139, 141, 157
população, 70
elite de poder, 72s, 82s, 99s, 103, 105s
pubs [bares], 64, 89, 110s, 157s, 167
parentes, distribuição dos, 107s
chefe dos supervisores da liberdade condicional, 16
ordem de status, 51ss, 81s, 82s, 112s, 129, 185, 188
ruas, 61
Conselho Distrital Urbano, 71
padrões de votação, 100s
encarregado do Serviço de Menores, 158
Ver também associações locais; relações estabelecidos/outsiders; famílias; lazer; jovens; Zona 1; Zona 2; Zona 3

Young, M., 86n, 194

Zona 1, 51, 55,
   distribuição de classes, 74s
   desenvolvimento, 62
   padrões familiares, 85, 89s, 93, 108
   imagem, 55, 71, 110
   ocupações dos moradores, 71, 74
   visão geral, 70ss
   convenções de visitação, 78
   minoria proletária, 55, 70s, 72
Zona 2, 51, 55

associações locais, 92ss
crenças carismáticas, 100s
igrejas e capelas, 93
distribuição das classes, 74s
crenças coletivas, 65, 100s, 106s, 125s, 126n, 127ss, 132s, 179
condições de poder dos antigos residentes, 130
pressão para o conformismo, 81s, 105, 119
desenvolvimento, 61ss, 166s
fábricas, 66s, 74s
padrões familiares, 76, 85ss, 92ss, 108s, 114
fofoca como indicador da estrutura, 126s
casas, 74, 115, 167
imagem, 53, 55, 56, 106, 109, 114, 150, 179
relações internas de vizinhança, 62, 78ss
falta de privacidade, 78
liderança, 72, 101s
atividades de lazer, 92ss, 142
minorias:
    minoria de baixo, 79s
    minoria do proletariado, 79, 80, 82, 105s
    minoria da classe média, 55s, 79, 58s, 118
elite do proletariado, 79, 80ss, 106
estrutura ocupacional, 51s, 62s, 74, 80ss, 107
nível organizacional, 103
visão geral, 70ss
relacionamento com a Zona 1, 53s, 73
relacionamento com a Zona 3, 52s, 64ss, 66, 67, 128ss
aluguéis, 58, 114s

estrutura, 64ss
subestratificação, 79ss
convenções do proletariado, 78, 79
jovens, 134ss
Zona 3, 51, 55
automóveis, 128s
distribuição das classes, 74s
problemas comunitários dos novos moradores, 53s, 110s
delinqüência, 118, 119, 134s, 151ss, 158s
desenvolvimento, 62ss, 107ss, 166s
padrões familiares, 108s, 114, 115ss, 135ss, 142s
casas, 115, 117, 135s, 167s
imagem, 53, 56, 109, 110, 112, 113ss, 120, 126, 127, 150
distorções da, pelos moradores da Zona 2, 115s, 120
falta de coesão, razões da, 103, 105
minoria de famílias desestruturadas, 56, 58s, 112, 115, 117s, 119s, 128s, 135s
relações de vizinhança, 102s, 105s, 109s, 112, 128s
estrutura ocupacional, 74, 107
nível organizacional, 102
posição marginalizada dos residentes, 105, 106, 111
visão geral, 107ss
participação nas associações locais, 92ss
"beco dos ratos", 113s
relacionamento com a Zona 2, 51s, 63s, 66, 67, 128ss
aluguéis, 107, 115
padrões de higiene, 115
tipo de fofocas, 128ss
padrões de votação, 101ss

1ª EDIÇÃO [2000] 9 reimpressões

ESTA OBRA FOI COMPOSTA POR TEXTOS & FORMAS EM BODONI OLD FACE
E IMPRESSA EM OFSETE PELA GRÁFICA PAYM SOBRE PAPEL ALTA ALVURA DA
SUZANO S.A. PARA A EDITORA SCHWARCZ EM AGOSTO DE 2021

A marca FSC® é a garantia de que a madeira utilizada na fabricação do papel deste livro provém de florestas de origem controlada e que foram gerenciadas de maneira ambientalmente correta, socialmente justa e economicamente viável.